Rose Rosetree · **Aus Gesichtern lesen**

Rose Rosetree

Aus Gesichtern lesen

Mimik und Gesichtsmerkmale richtig deuten

Aus dem Amerikanischen von Martin Rometsch

Oesch Verlag

Die amerikanische Originalausgabe erschien 1998 unter dem Titel
The Power of Face Reading bei Women's Intuition Worldwide, Sterling

Die in diesem Buch vorgestellten Tipps und Übungen dienen der Selbsthilfe. Sie sind wirksam, leicht durchführbar und für jeden geeignet. Sollten Sie jedoch ernsthafte Gesundheitsprobleme haben, gleich, ob physischen oder psychischen Ursprungs, begeben Sie sich bitte in fachliche Behandlung.
Die Angaben in diesem Band basieren auf dem bei Erscheinen aktuellen Wissensstand von Medizin und Naturheilkunde, soweit er Autorin und Verlag zur Verfügung gestanden hat.
Alle Ratschläge wurden von Autorin und Verlag sorgfältig erwogen und geprüft; dennoch kann eine Garantie nicht übernommen werden. Eine Haftung der Autorin bzw. des Verlags und seiner Beauftragten für Personen-, Sach- und Vermögensschäden ist ausgeschlossen.

2., überarbeitete Auflage 2008

Satz: Oesch Verlag
Umschlagfotos: © A: Stock Images B: Ibid / © bab.ch/mauritius-images.ch
Druck und Bindung: Ebner & Spiegel, Ulm
Printed in Germany

ISBN 978-3-0350-0047-4

Gern senden wir Ihnen unser Verlagsverzeichnis:
Oesch Verlag, Jungholzstraße 28, 8050 Zürich
E-Mail: info@oeschverlag.ch
Telefax 0041/44 305 70 66 (CH: 044 305 70 66)

Unser Buchprogramm finden Sie im Internet unter:
www.oeschverlag.ch

Inhalt

Physiognomik auf einen Blick

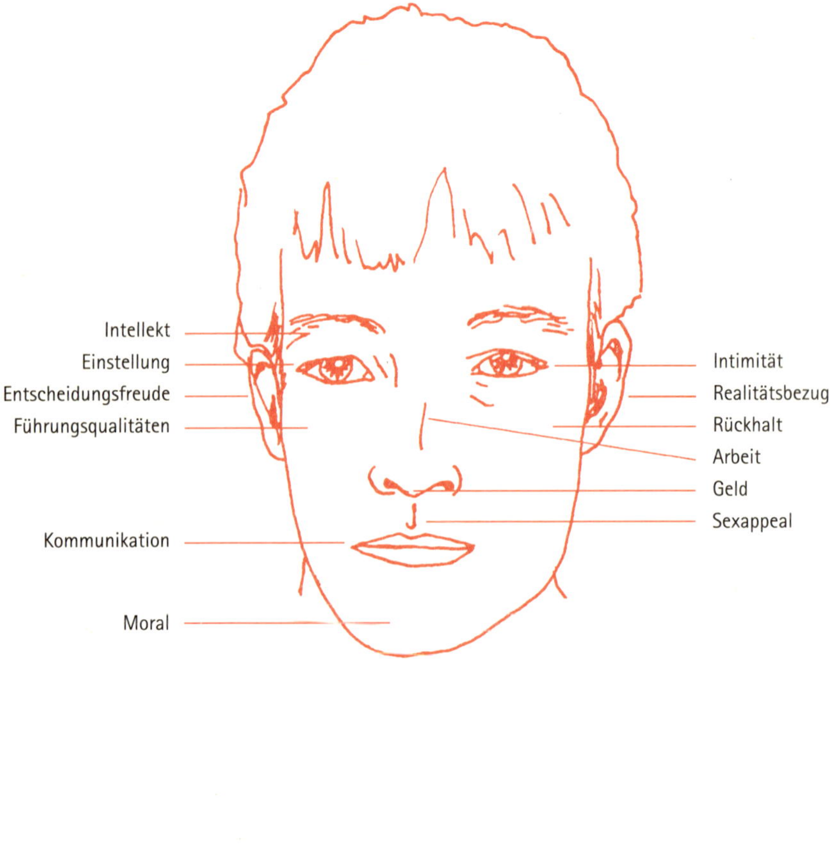

Vorwort

Seit Anbeginn der Zeit müssen Menschen in Gesichtern lesen, um zu überleben. Darum entwickelte sich unser Gehirn. Wir sind also geborene Physiognomen.

Das systematische Erforschen des Gesichts begann mit den Schamanen, und im allgemeinen ist dieses Studium eine esoterische Kunst für wenige Eingeweihte geblieben. Das chinesische System setzt beispielsweise eine Ausbildung voraus, die bisweilen 40 Jahre dauert. Daher war diese Kunst lange Zeit schwer zugänglich.

Das begann sich im Westen während des Mittelalters zu ändern. Ein Mann namens Lavater befaßte sich ernsthaft mit Gesichtern und zeichnete sie. Er begründete eine ungewöhnliche Tradition, die danach strebte, die Physiognomik ans Licht der Öffentlichkeit zu bringen. Wir Menschen sind allerdings von Natur aus extrem im Urteil, und darum klingt die physiognomische Literatur manchmal überaus schroff. Ich habe einmal folgendes gelesen: »Eine konkave Nase ist nur ein Schritt vom Tierhaften und Bestialischen entfernt.« Nun, wer hat eigentlich eine konkave Nase? In erster Linie Kinder!

Kein Wunder, daß nur die eifrigsten Physiognomen die gesamte einschlägige Literatur studieren. Ich kenne sechzig Titel, die seit Lavater erschienen sind. Als ich diese Werke für mein erstes Buch durcharbeitete, fiel mir ein Büchlein mit dem Titel *I Can Read Your Face* auf. Es war Rose Rosetrees erstes Buch zu diesem Thema und anders als alle anderen. Es war das erste Buch über Physiognomik, das mit dem Herzen geschrieben wurde – und die Wahrheit sagte.

Heute, einige Jahre später, hat Rose ein weiteres bahnbrechendes Buch verfaßt. Es zeigt, wie man Gesichter im Alltag liest, und bringt eine Menge praktische Beispiele. Rose macht die Physiognomik verständlich, leicht erlernbar und unvergeßlich. Ihr Stil ist erfrischend optimistisch, begeistert und leidenschaftlich. In keinem anderen Buch finden Sie tiefere Erkenntnisse über die Deutung von Gesichtern.

Rose geht davon aus, daß jeder Mensch Talente hat und unseren Respekt verdient. Ihre Einstellung lautet: Wir müssen uns selbst und unsere Mitmenschen lieben, damit wir gemeinsam leben können. Sie zeigt uns, was die Physiognomik für uns und für unsere Beziehung zu anderen, zu unserer Gemeinde und zur Menschheit tun kann. Ich ermutige Sie, gemeinsam mit ihr dieses Abenteuer zu wagen.

Dr. phil. Narayan Singh Khalsa
Boulder, Colorado, USA
November 1997

1. Wissen ist Macht

Vielleicht geht es Ihnen wir mir: Mein Interesse an Gesichtern hat nichts mit Lust an der Macht zu tun. Trotzdem ist es so, daß Sie mächtiger werden, wenn Sie Gesichter lesen können – Wissen ist Macht. Und da die meisten Menschen keine Ahnung haben, daß sie aus Gesichtern tiefes Wissen schöpfen können, sind Sie im Vorteil, wenn Sie sehen und lernen, anstatt zu übersehen.

Die Physiognomik befaßt sich jedoch nicht mit dem Gesichtsausdruck, den die meisten Leute für höchst aufschlußreich halten. Wir müssen zwischen dem Deuten des Gesichts und dem Deuten des Gesichtsausdrucks unterscheiden. Darauf gehe ich im nächsten Kapitel genauer ein.

Auch an Ihrem eigenen Gesicht wird Ihnen manches auffallen, was Ihnen bisher entgangen ist, etwa die Stellung der Ohren und die Dicke der Oberlippe. Seit 1986 habe ich Tausende von Gesichtern gedeutet, und die meisten meiner Klienten haben dabei überraschende Entdeckungen gemacht. Wie ist das möglich? Nun, sie hatten vorher nie genau hingesehen! Das wird sich bei Ihnen jetzt ändern. Ich empfehle Ihnen, einen Spiegel bereitzustellen, während Sie dieses Buch lesen. Die Physiognomik macht auch deshalb soviel Spaß, weil man viel über sich selbst entdeckt.

Aber Sie werden noch mehr lernen: Wie man Gesichter deutet, warum und wozu man es tut kann. Wissen ist Macht, und das gilt auch für das Wissen über Gesichter.

Kommen Sie mit in mein virtuelles Klassenzimmer, wo sich einige Leute wie Sie versammelt haben. Sie und Ihre Mitschüler dürfen mir Fragen stellen, die Ihnen jetzt durch den Kopf gehen:

Wie zutreffend ist die Gesichtsdeutung?

Ich habe Tausende von Gesichtern gedeutet, und zum Schluß frage ich immer nach, wie genau meine Befunde sind. In rund 99 Prozent aller Fälle ist die Antwort positiv. Und mein System ist so leicht zu erlernen, daß meine Schüler ebenfalls eine hohe Trefferquote erreichen.

Darf man denn im Leben anderer herumschnüffeln?

Die kurze Antwort lautet: ja. Die längere Antwort möchte ich an einem Beispiel erläutern. Angenommen, Sie suchen Arbeit. Sammeln Sie dann nicht möglichst viele Informationen über Ihren potentiellen Arbeitgeber? Und falls Sie der Chef sind: Informieren Sie sich nicht gründlich über den Bewerber? Das Einstellungsgespräch sagt Ihnen ja nicht alles, was Sie wissen wollen.

Im Berufsleben gehen die Leute unnatürlich höflich miteinander um – an der Oberfläche. In Wahrheit versuchen sie hektisch, die Persönlichkeit und den Charakter des anderen auszukundschaften. Immerhin verbringen Sie an Werktagen mehr Zeit mit Ihren Kollegen als mit Ihrem Ehepartner.

Angenommen, Ihr Freund Georg hat Informationen aus erster Hand über einen mysteriösen Kollegen – würden Sie zuhören? Wenn ja, warum beschaffen Sie sich diese Informationen nicht selbst, indem Sie Gesichter deuten?

Vergleichen wir einmal die Physiognomik mit der Graphologie, die aus der Handschrift auf den Charakter schließt. Wußten Sie, daß sich ein Großteil der französischen Firmen auf die Graphologie verlassen? Laut Carol Moore, einem Graphologen, der Gutachten für Gerichte erstellt, wird die Graphologie in Israel sogar so geschätzt, daß niemand ohne Schriftprobe eine Stelle oder eine Wohnung bekommt. Es lohnt sich eben, mehr über das Innere eines Menschen zu erfahren. Gesichter liefern ähnliche Informationen – und sie lassen sich leichter lesen. Ein Manager drückte es so aus: »Das Gesicht ist ein wandelnder Lebenslauf.«

Präsident Lincoln wurde einmal aufgefordert, einen bestimmten Mann in sein Kabinett aufzunehmen. Er lehnte mit den Worten ab: »Sein Gesicht gefällt mir nicht.« »Aber der arme Mann kann doch nichts für sein Gesicht!« protestierte einer seiner Berater. Lincoln entgegnete: »Jeder Mann über vierzig ist für sein Gesicht verantwortlich.« Er hatte recht.

Kann es falsch sein, ein Gesicht zu deuten?

Ja. Verzichten Sie darauf, wenn ein Mensch jünger als 18 Jahre ist. Kinder hatten noch nicht genügend Zeit, um ein eigenes Gesicht zu formen. Als Vater oder Mutter wissen Sie, wie schnell Kinder sich ändern: Heute ähneln sie der Mama, morgen eher dem Papa. Im vorigen Jahr war die Nase zu groß, in diesem Jahr holen andere Gesichtszüge auf. Geben Sie also unreifen Gesichtern Zeit, sich zu entwickeln, bevor Sie ihnen ein Etikett aufkleben. Und wenn Sie es nicht lassen können, halten Sie wenigstens den Mund, und verwirren Sie empfindsame Kinder nicht.

Ich bin noch nicht 18. Soll ich Gesichter lesen?

Sie können nie früh genug damit anfangen! Hüten Sie sich aber davor, in Ihr Gesicht zuviel hineinzudeuten, wenn Sie noch nicht 18 sind, und deuten Sie auch nicht die Gesichter Ihrer Freunde. Beschränken Sie sich auf Erwachsene, vor allem auf Lehrer und andere Autoritäten. Wenn andere Leute Ihnen gegenüber am längeren Hebel sitzen, dann dürfen Sie als Ausgleich auch deren kleine Geheimnisse erforschen!

Kann ich die Physiognomik wie Tarotkarten benutzen?

Sie können damit nicht die Zukunft lesen, aber Sie können die Zukunft positiv beeinflussen, weil Sie sich besser kennenlernen. Die Physiognomik eignet sich also auch für Leute, die Wahrsagerei verabscheuen.

Macht es mich und andere nicht verrückt, in Gesichtern zu lesen?

Die Gesichtsdeutung ist eine Methode, die Sie anwenden *können*, aber nicht *müssen*. Außerdem stellen Sie nicht jedes Mal tiefschürfende Analysen an, wenn Sie ein Ohr oder ein Kinn sehen. Stellen Sie es sich wie einen Fernseher vor: Wenn Sie mehr über jemanden wissen wollen, schalten Sie ein, und wenn Sie etwas anderes im Kopf haben, schalten Sie aus.

Aber welche Wirkung hat das Deuten von Gesichtern? Haben die Leute nicht Angst davor?

Manche Leute, in deren Gesicht ich lese, fürchten sich zunächst, weil ich so genaue Angaben mache. Aber weil ich behutsam vorgehe, entspannen sie sich bald. Wenn Sie Gesichter deuten, werden Sie den Menschen meist sympathischer, weil Sie besser auf sie eingehen können. Das vertieft eine Beziehung selbst dann, wenn Sie nicht sagen, was Sie entdeckt haben. Spüren Sie nicht auch, ob jemand wirklich an Ihnen interessiert ist oder nur so tut, als ob? Und reagieren Sie nicht anders, wenn ein Gesprächspartner echtes Interesse an Ihnen zeigt?

Wollen Sie im Ernst behaupten, Sie gehen zu einem Fremden, sagen etwas über seine Nase, und er liebt Sie ewig?

Die Moral und die guten Manieren verlangen, daß wir nur in Gesichtern lesen, wenn die Leute es wollen. Und sie wollen nur, wenn sie bereit sind, unsere Kommentare zu hören. Das heißt nicht unbedingt, daß sie alles glauben – die Physiognomik ergänzt andere Informationen; sie sagt uns viel, aber sie ersetzt nicht den gesunden Menschenverstand.

2. Woher kommt die Physiognomik?

Im Jahr 1975 hatte ich mich der Mensa angeschlossen, einem Club, in dem ich Freunde zu finden hoffte. Dort mußte ist den langweiligsten Vortrag meines Lebens über mich ergehen lassen.

Timothy Mar, ehemaliger Diplomat und berühmter Experte der chinesischen Physiognomik, stand in einem Raum, der mit Leuten wie mir vollgestopft war. Wir waren zwar intelligent, hatten aber keine Ahnung von Physiognomik. Mar hielt sein neustes Buch in die Höhe und verkündete: »Ich möchte, daß Sie alle dieses Buch kaufen. Darum sage ich Ihnen nicht, was darin steht.« Da er jedoch über irgend etwas reden mußte, erzählte er uns eine Stunde lang, wie angenehm es für ihn sei, Gesichter deuten zu können. Das Publikum wurde zappelig, und ich gähnte. Daß dies mein erster Kontakt mit meinem künftigen Beruf war, ahnte ich nicht.

Nach dem Vortrag überhäuften wir Neugierigen und von den dürftigen Ausführungen Unbefriedigten Mar mit Fragen über die Gesichtsdeutung. Endlich kam er zur Sache und sprach über Nasen, Ohren und Wangen. Ich stand am Rande der Gruppe und hörte gespannt zu. Dann wollte mich jemand beeindrucken: »Bitte deuten Sie ihr Gesicht«, sagte er zu Mar.

Ich zuckte zusammen. Bestimmt würde Mar mich lächerlich machen!

Nach einer kurzen, aber professionellen Musterung sagte er: »Schön.«

Dann fügte er hinzu: »Lehrerin.«

Ich schluckte. In den vergangenen vier Jahren hatte ich kaum etwas anderes getan, als Kurse über Persönlichkeitsentwicklung zu geben. Das Unterrichten war mein Leben. Gerne hätte ich noch mehr von ihm erfahren, aber er hielt den Mund.

Mein eigenes System

In den folgenden Monaten und Jahren las ich alle Bücher über Physiognomik, die in englischer Sprache erschienen waren. Eine Zeitlang lebte ich beinahe in der Kongreßbibliothek. Ich war wie besessen. Meine Intuition sagte mir, daß unser Gesicht bedeutsam ist. Wenn der Gesichtsausdruck wichtig ist, wenn die Körpersprache die Wahrheit über Sie verrät – kann das Gesicht, das Sie immer bei sich tragen, dann nebensächlich sein?

Aber ich brauchte große Ausdauer und innere Stärke. Das chinesische System *Siang Mien,* das so alt ist wie die Akupunktur, ist zwar faszinierend, kommt uns heutzutage jedoch ziemlich arrogant vor, weil es davon ausgeht, daß es den »optimalen Mund« oder »die optimalen Augenbrauen« gibt. Wenn Sie diese Merkmale nicht besitzen, erklärt *Siang Mien* Ihnen unbekümmert und bisweilen sehr detailliert, warum Sie ein Versager sind. Was meine Augenbrauen betrifft, so ist das *Siang Mien* kurz angebunden: »Ein Mensch mit solchen Brauen wird es im Leben nie zu etwas bringen.«

Weitere niederschmetternde Informationen erhielt ich, als ich zu den Ohren überging. Das *Siang Mien* ging natürlich auch auf deren Position ein, und das Urteil lautete: Meine Ohren standen ungewöhnlich hoch – »Sie hat ihre größten Erfolge ganz früh im Leben.« Ich war damals Mitte dreißig und hatte anscheinend, ohne es zu merken, bereits meinen Gipfel erreicht.

Natürlich studierte ich auch andere Systeme der Physiognomik. Ich hatte von einer Methode gehört, die den nahen Tod an einem Merkmal der Augen erkannte. Das behagte mir nicht, da Todessehnsucht nicht zu meinen Hobbys gehörte.

Einige Leute hatten mir etwas von der makrobiotischen Physiognomik vorgeschwärmt, aber ich hielt nichts von Deutungen wie »Dein Mund zeigt, daß deine Mutter zu viele Milchprodukte gegessen hat«. Selbst wenn es stimmte – was konnte ich daran ändern?

Allmählich wurde mein Wunsch stärker, aus dem Gelernten ein neues System zu entwickeln, und zwar ohne gräßliche Vorhersagen. Es sollte eine Methode sein, die den Menschen half, und ihre Prämisse sollte lauten: »Gott erschafft keinen Plunder.«

Jahrelanges Meditieren hatte meine Intuition geschult. Wenn meine Augenbrauen nicht auf Versagen hindeuteten, was sagten sie mir dann? Und was bedeutete die Position der Ohren? Als die Antworten kamen, testete ich sie zuerst an mir, dann an Freunden und zuletzt an zahlenden Kunden.

Der persönliche Stil und die Lebensweise

Ich werde oft gefragt, wie ich mein System entwickelt habe. Außer meiner Intuition halfen mir auch juristische Vorlesungen und Kurse in Sozialarbeit. Dabei lernte ich unter anderem etwas über Lebensweisen.

Damit ist gemeint, welche Entscheidungen wir im Leben üblicherweise treffen: Wir ernähren uns gesund, um Herzerkrankungen vorzubeugen, und wir ziehen vor einer Verabredung Kleider an, die zeigen, wie wir gerne leben würden. In den sechziger Jahren schien die Lebensweise ein Teil des Schicksals (oder zumindest der sozialen Stellung) zu sein: Professoren in Boston hatten eine andere Lebensweise als Außenseiter der Gesellschaft. Heute sehen wir sie eher als bewußte Entscheidung. Wenn Ihre Lebensweise unerwünschte Folgen hat, etwa einen Herzanfall, können Sie sie ändern – und das sollten Sie auch tun, es sei denn, Sie glauben an Reinkarnation und möchten möglichst oft wiedergeboren werden.

Ebenso wichtig wie die Lebensweise, aber viel weniger bekannt ist der persönliche Stil. Er sagt uns, wie ein Mensch sich im Alltag benimmt und welcher Lebensbereich ihm besonders wichtig ist.

Manche Menschen wollen beispielsweise unbedingt »dazugehören«. Sie haben erstklassige Manieren und halten sich an alle Regeln. Andere schätzen ihre Unabhängigkeit und wollen zunächst einmal ihren Kopf durchsetzen. Später bemühen sie sich dann um Schadensbegrenzung.

Das sind Beispiele einer unterschiedlichen gesellschaftlichen Anpassung. Für mich war es ein Durchbruch, als ich erkannte, daß Gesichter mir etwas über diesen persönlichen Stil verraten. Was die soziale Konformität anbelangt, sagen die Winkel der Ohren mir, was ich wissen will.

Warum Konformität? Warum Ohrenwinkel? Nun, das ist die Symbolik des Gesichts, es ist so, wie es ist. Wenn Anatomen das Herz untersuchen, studieren sie seine Funktion, aber sie konstruieren es nicht. Das gleiche gilt für Physiognomen: Sie studieren, aber sie konstruieren nicht. Wir bemühen uns aufrichtig zu entdecken, was da ist, und weil wir eine geistige Wahrheit suchen, benutzen wir dazu unser Bewußtsein und nicht ein Labor.

Manche Leute finden diese Methode plausibel, andere rümpfen die Nase. Meiner Meinung nach verpassen die Zweifler etwas. Wenn Sie bereit sind, der Physiognomik eine Chance zu geben, sollten Sie zwei Punkte im Auge behalten:

- Das Gesicht verrät Ihnen nicht das Schicksal eines Menschen. Der persönliche Stil kann sich ebenso ändern wie die Lebensweise.
- Der persönliche Stil ist weder gut noch schlecht. Es ist egal, ob Ihre Ohren abstehen oder eng anliegen, alles kann seine Vorteile im Leben haben.

Der persönliche Stil und die Talente

Wir können den persönlichen Stil am besten analysieren, wenn wir ihn mit dem Talent vergleichen. Talente sind angeborene Begabungen, die wir bewußt nutzen.

Andrea mit ihren eng anliegenden Ohren ist zum Beispiel ein soziales Chamäleon. Sie verhält sich ganz unterschiedlich, je nachdem, mit wem sie zusammen ist. Jahrelang quälte sie sich mit dem Gedanken: »Wo ist meine Persönlichkeit? Warum bin ich so sprunghaft?«

Ein Physiognom kann sie darauf hinweisen, daß es zu ihrem persönlichen Stil gehört, ungewöhnlich empfindsam auf die Erwartungen anderer zu reagieren. Wenn Andrea sich ihres persönlichen Stils bewußt ist, kann sie daraus sofort ein Talent machen. Nehmen wir an, sie arbeitet als Verkäuferin im Außendienst. »Aha!« denkt sie. »Nicht jeder kann sich der Atmosphäre in den einzelnen Firmen so gut anpassen wie ich. Mir gelingt das so mühelos, daß ich mir gar nichts dabei dachte.« Sie hat ihre Begabung erkannt, und das stärkt ihr Selbstbewußtsein und fördert ihre Leistung.

- Wenn Sie etwas über ein Persönlichkeitsmerkmal lesen, das Sie besitzen, lernen Sie etwas über einen Aspekt Ihres persönlichen Stils, den Sie als Talent nutzen können.
- Ein Talent kann die Selbstachtung stärken.
- Wenn Sie etwas über Persönlichkeitsmerkmale anderer Menschen lesen, lernen Sie etwas über andere persönliche Stile. Das kommt Ihren Beziehungen zugute.
- Sie können anderen Menschen helfen, ihre Talente zu erkennen und zu entwickeln. Auch dadurch fördern Sie Ihre Beziehungen.

Mein physiognomisches System hat noch einen Vorteil: Sie können ein Persönlichkeitsmerkmal, das Sie bisher gestört hat, mit neuen

Augen sehen. Es ist, als würden Sie ein altes Porträt in einen schönen, neuen Rahmen stecken. Was den Charakter anbelangt, ist den meisten Menschen nicht klar, daß ihre Schwächen und Eigenheiten eng mit ihren Stärken verbunden sind.

Nehmen wir wieder Andrea als Beispiel. Sie hält viel von guten Manieren und ärgert sich über schlechtes Benehmen.

Viele Jahre lang störte es sie, daß sie sich manchmal wie ein Snob benahm, obwohl sie versuchte, nett zu sein. Auf eleganten Partys murmelte sich vor sich hin: »Warum erwarte ich, daß alle so gute Manieren haben wie ich?«

Es ist hilfreich, wenn Andrea erkennt, daß ihre Einstellung ihre hohen Ansprüche an sich selbst widerspiegelt. Wenn sie in Zukunft Menschen mit schlechtem Benehmen trifft, kann sie dem Ärgernis einen neuen Rahmen geben: »Ich kann nicht von jedem Menschen gleich gute Manieren erwarten. Ich bin eben talentiert, wenn es um das Benehmen geht. Also kann ich auch geduldiger mit anderen Leuten sein.« Dann braucht Andrea kein Snob mehr zu sein – und sie hat eine Lektion gelernt, die das Leben ihr erteilen wollte.

Lektionen des Lebens

Ist Ihnen schon aufgefallen, daß Sie auf einem Lernplaneten leben? Er ist ein Schulzimmer, in dem Vorschulkinder Seite an Seite mit Studenten sitzen. Wir alle werden spirituell ausgebildet, ob es uns gefällt oder nicht. Und der Unterricht ist öffentlich.

Äußerlichkeiten wie der soziale Status, Reichtum und Ruhm sagen nicht viel über die Leistungen der Schüler aus. Berühmte Leute können Klassenbeste oder Dummköpfe sein oder sich irgendwo dazwischen befinden. Und die Sanftmütigen können Topmanager oder Hilfsarbeiter sein.

Die Physiognomik informiert Sie darüber, was ein Mensch vom Leben lernt. Zunächst müssen wir lernen, Talente zu erkennen und zu nutzen. Dann gilt es, mit der Kehrseite des Talents geschickt umzugehen. Jedes Talent geht nämlich mit einer Herausforderung einher, wie Sie weiter unten erfahren werden.

Solange Sie eine Lektion des Lebens noch nicht gelernt haben, leiden Sie unter der Schattenseite Ihres Talents. Aber die Physiognomik verhilft Ihnen zu einem neuen Rahmen, und sobald Sie gelernt haben, was Sie lernen sollten, weicht auch der Schatten dem Licht. Wenn Sie also etwas von einem Problem lesen, das Sie nicht mehr haben, dürfen Sie sich auf die Schultern klopfen.

Kontroversen

Fassen wir zusammen: Die Physiognomik ermöglicht Einblicke in die Lektionen des Lebens; sie enthüllt sowohl Talente als auch deren Schattenseiten. Das hilft Ihnen, Ihre Fehler und die der anderen in neuem Licht zu sehen, ganz nach dem Motto: Gott erschafft keinen Plunder. Gesichtszüge sind kein bedeutungsloses Produkt der Gene, sondern eine Datenbank. Wenn Sie darin lesen, werden die Menschen Ihnen sympathisch.

Dennoch ist die Physiognomik umstritten. Sie widerspricht einigen Auffassungen von der Realität, wie die folgenden Fragen zeigen.

Ich bin bereit, die Physiognomik zu testen. Aber ist es fair, Gesichter zu lesen, die wir geerbt haben?

Die Gene sind nur ein Teil der Wahrheit, was das Leben betrifft. Ich glaube, die Seele sucht sich aus, was der Genpool ihr anbietet. Ein Physiognom hat zum Beispiel berichtet, daß er und zwei seiner Brüder sich sehr ähnlich sind. Nur der »Rebell« unterscheidet sich deutlich von ihnen. Ist das Zufall? Nicht für Physiognomen. Oder denken Sie an ein Ehepaar, das seit mindestens zehn Jahren glücklich verheiratet ist. Sind ihre Gesichter sich nicht ähnlicher geworden? Können Sie diese Ähnlichkeit auf die Gene zurückführen?

Physiognomen erklären seit Jahrtausenden (also lange vor der modernen Genetik), daß zwischen dem Gesicht und dem inneren Selbst eine enge Verbindung besteht.

Was wir glauben, hat seine Folgen. Wenn Sie davon überzeugt sind, daß die Gene Ihr Leben bestimmen, schränken Sie Ihren freien Willen ein. Die Physiognomik will Ihnen helfen, die Verantwortung für Ihr Aussehen zu übernehmen, so wie für die anderen Aspekte Ihres Lebens. Wenn Sie sich Gesichter genau ansehen, staunen Sie darüber, wie sehr sie sich im Laufe der Zeit verändern – sie spiegeln das geistige Wachstum wider!

Ich habe mein Leben lang darunter gelitten, daß meine afroamerikanischen Gesichtszüge Vorurteile auslösen. Ist »Physiognomik« nicht ein anderes Wort für »Vorurteil«?

Nein, die Physiognomik bietet Leuten, die andere als »gut« oder »schlecht« abstempeln, keinen Vorwand. Sie gibt uns die Chance zu lernen. Sie ist nicht deterministisch, weil das Gesicht sich im Laufe des Lebens verändert. Sie teilt die Menschen nicht nach Rassen ein, sondern kümmert sich um die Formen, Winkel und Proportionen eines Gesichts. Die Farbe der Haare, der Augen oder der Haut spielt keine Rolle.

Aber Sie bestreiten doch nicht, daß bestimmte Merkmale bei bestimmten Rassen häufiger vorkommen?

Das ist ein Klischee. Wenn Sie genauer hinsehen, dann sehen Sie Individuen. Betrachten Sie jeden Teil des Gesichts nacheinander, und zwar gründlich. Jeder Teil hat viele Merkmale, die Sie deuten können. Wenn Sie geglaubt haben, daß bestimmte Merkmale immer auf die ethnische Herkunft schließen lassen, werden Sie eine Überraschung erleben.

Der Nasenbonus

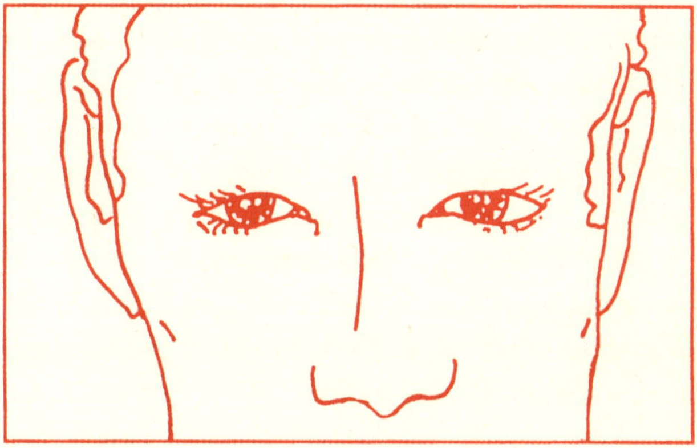

Mit Nasenbonus

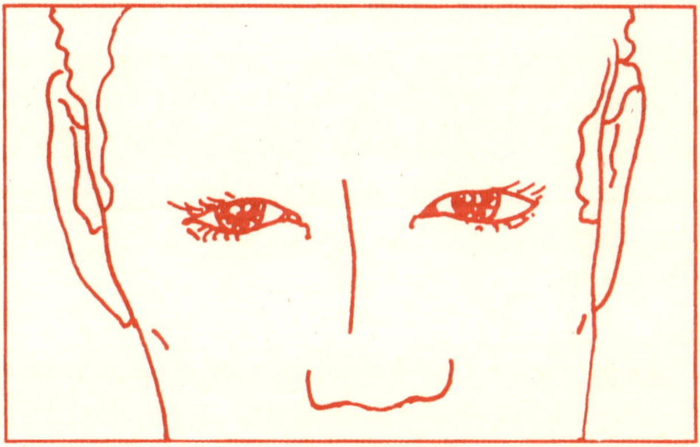

Ohne Nasenbonus

Nehmen wir den »Nasenbonus« als Beispiel. Bei manchen Menschen hängt die Nasenspitze ein wenig herab. Meine jüdischen Vorfahren kommen aus Deutschland und Rußland; meine Eltern, meine Schwester sowie meine Basen und Vettern haben dieses Merkmal nicht – und bei mir trat es erst in den Zwanzigern auf. (Denken Sie daran, daß das Gesicht nicht nur genetisch bestimmt ist und sich im Laufe des Lebens ändert.)

Was bedeutet dieser Nasenbonus?

Wenn Sie einen Nasenbonus haben, wollen Sie der Menschheit auf irgendeine Art dienen. Wenn Sie nicht im tiefsten Inneren glauben, mit Ihrer Arbeit den Menschen zu helfen, dann werden Sie nie zufrieden sein, selbst wenn Sie viel Geld verdienen und großes Ansehen haben. Mit der Rasse hat das nichts zu tun.

Menschen mit Nasenbonus

Martin Luther King	afroamerikanischer Bürgerrechtskämpfer
Albert Schweitzer	deutscher Arzt und Theologe
Anwar Sadat	ägyptischer Präsident
Leo Esaki	japanischer Physiker
Henri Bergson	französischer Philosoph
Jacinto Benavente y Martínez	spanischer Autor
Yuan T. Lee	chinesisch-amerikanischer Chemiker
Aung San Suu Kyi	burmesische Bürgerrechtskämpferin
Mairead Corrigan	irische Pazifistin
Har Gobind Khorana	indisch-amerikanischer Biochemiker
Camillo Golgi	italienischer Pathologe
Dag Hammarskjöld	schwedischer Politiker, UN-Generalsekretär
Iwan Pawlow	russischer Psychologe
Tiger Woods	amerikanischer Golfspieler

Kann die Physiognomik uns helfen, Rassenvorurteile zu überwinden?

Wenn Sie erst einmal drei oder mehr Merkmale eines Gesichts studiert haben, sehen Sie nur noch das Individuum, kein Klischee. Schauen Sie sich einmal die Zeichnung unten an. Sie zeigt Tiger Woods, den berühmten Golfspieler. Da Sie nur die Umrisse sehen, kann die Hautfarbe Sie nicht beeinflussen. Studieren Sie das Gesicht Stück für Stück.

Woods ist zu ¼ Chinese, zu ¼ Afrikaner, zu ¼ Thai, zu ⅛ Indianer und zu ⅛ Weißer. Was ist er hauptsächlich? Er ist jedermann, ein Mischling – er ist er selbst.

Tiger Woods

Ein weiteres Beispiel für menschliche Vielfalt ist Betty Crocker, eine der erfolgreichsten (imaginären) Werbefiguren in Amerika. Bettys Gesicht wurde oft verändert, damit sie »die heutige Amerikanerin« widerspiegle. Die Frisuren haben sich ebenso geändert wie das Make-up. Bettys immer gleiches Hauskleid wurde abgeschafft, weil eine »moderne Frau« sich nicht mehr hauptsächlich als Hausfrau versteht.

Eines änderte sich im Laufe der Jahre jedoch nicht: Betty blieb eine blauäugige, brünette Weiße. Das hinterfragte man erst vor ihrem 75. Geburtstag. Die Firma veranstaltete einen Wettbewerb, um Betty ein Image zu verpassen, mit dem die Verbraucherinnen sich identifizieren konnten. Ihre ethnische Herkunft war nicht vorgeschrieben; darum entwickelten die 75 Gewinner des Wettbewerbs unterschiedliche Ideen.

Mit dem Computer wurden alle Merkmale verschmolzen, und es entstand eine neue Betty Crocker, die man heute noch bewundern kann. Bettys Augen sind jetzt braun, ihr Teint ist eine Spur dunkler. Ihre »Rasse« dürfte kaum zu ermitteln sein.

Ähnlich wie Betty sind auch Sie, unabhängig von der Hautfarbe, ein standardisierter Mensch. Erst wenn Sie nach Einzelheiten suchen, etwa nach der Form der Zähne oder Nasenlöcher, kommt Ihre Individualität zum Vorschein. So geht es allen. Und die Physiognomik hilft Ihnen, diese Individualität zu erkennen.

3. Mit den Augen des Physiognomen

Es ist lange her, daß Sie wie ein Kind gegessen haben. Denken Sie dennoch an diese Zeit zurück, damit ich Ihnen erklären kann, wie Sie mit den Augen eines Physiognomen sehen können.

Kinder essen sehr bewußt, fast mit dem Eifer eines Zen-Meisters. Vielleicht wollten auch Sie eine Zeitlang nur Hähnchen essen. Sie fischten es mit unfehlbarer Sicherheit aus dem Topf und entfernten mühelos die winzigsten Petersilienzweige. Sie wollten nur Hähnchen in den Mund stopfen.

Kinder können sehr aufmerksam sein. Eine meiner Freundinnen, die als Zauberin auftritt, erzählte mir, wie schwer es sei, ihre Kunststücke einer Gruppe von Fünfjährigen vorzuführen. »Man kann sie nicht täuschen«, klagte sie. »Normalerweise lenke ich die Zuschauer ab, und der Trick ist gelaufen. Aber Kinder lassen sich nicht ablenken. Sie sehen alles, was ich tue, auch das, was ich verbergen möchte. Und am Ende warten sie immer noch auf die Magie!«

Die Magie der Kindheit ist mit solchen Tricks nicht zu erfassen. Und die Magie eines Gesichtes ist nicht mit den üblichen Betrachtungsweisen zu finden.

Alte Gewohnheiten

Selbst wenn Sie nicht für ein Meinungsforschungsinstitut arbeiten, haben Sie seit Ihrer Kindheit Daten gesammelt. Wenn Sie ein Gesicht sehen, erkennen Sie innerhalb von Sekunden

- ob es einem Mann oder einer Frau gehört;
- ob es jung oder alt ist;
- welche Hautfarbe es hat (das sagt Ihnen auch etwas über die Rasse);
- ob es einem Lebenden oder Toten gehört (wahrscheinlich sehen Sie nicht viele Tote auf der Straße wandeln; aber glauben Sie mir: Wenn Sie einer Leiche begegnen, merken Sie es!).

Soweit die Demographie. Weitere Informationen betreffen die Attraktivität. Manchmal ist Attraktivität sehr wichtig, und wenn wir einen Partner suchen, nehmen wir vielleicht nichts anderes wahr. Psychologische Studien belegen, daß die meisten Menschen Partner mit einem ähnlichen Schönheitsquotienten wählen.

Oft fasziniert uns ein Blick mehr als das ganze Gesicht. Wichtig sind auch eine zum Gesicht passende Frisur, das richtige Make-up und die Ausstrahlung (obwohl wir diese nicht bewußt wahrnehmen). Was wir sehen, findet unsere Zustimmung oder Ablehnung, und damit ist der Fall erledigt. Diese Methode sollten wir aber nicht mit Physiognomik verwechseln!

Manchmal dürfen wir uns reine soziale Neugier erlauben. Spiegelt sich Reichtum im Gesicht wider? Oft lautet die Antwort: Ja, durch die Zähne, die Körperpflege, die Neigung des Kopfes und die Ohrringe.

Wie steht es mit der sozialen Schicht? Was das T-Shirt verschweigt, enthüllt der Gesichtsschmuck. Hängt ein Kreuz am Hals, oder sehen Sie ein Tilaka oder einen Nasenring?

Gründlicher ist, wer Daten über die Lebensweise sammelt. Vielleicht haben Sie sich angewöhnt, auf Körpersprache, Ausstrahlung oder Mimik zu achten. Das alles hilft Ihnen, die subtilen Merkmale einer bestimmten Gruppe zu entdecken.

Ein säkulares Beispiel: Sie sitzen im Restaurant, in dem ein Firmentreffen stattfindet. Ist Ihnen schon einmal aufgefallen, daß alle

Gesichter den »Firmenausdruck« angenommen haben? Stellt das Unternehmen etwa nur ähnlich aussehende Mitarbeiter ein?

Manchmal forschen wir im Gesicht nach Anzeichen von Krankheiten. Körperliche oder seelische Wunden können sich im Gesicht widerspiegeln. Wenn Sie genügend Erfahrung haben, kennen Sie die Symptome, die auf Alkoholismus, chronische Arthritis oder andere Leiden hinweisen. Depressionen, Impotenz, Grausamkeit, Scham – je nachdem, was wir durchgemacht haben, sind wir mit bestimmten Nuancen vertraut und erkennen sie mühelos, selbst wenn anderen gar nichts auffällt.

Das ist ein hart erarbeitetes und nützliches Wissen. Aber es ist immer noch keine Physiognomik. Selbst wenn Sie in Ihrem Beruf ständig mit leidenden Menschen zu tun haben, sind Sie es sich schuldig, in deren Gesichtern auch nach anderem zu suchen: Wir können nicht nur aus Tragödien lernen, sondern auch aus Talenten.

Der Gesichtsausdruck

Das Fernsehen hat uns beigebracht, Gesichter zu beobachten – der Gesichtsausdruck ist der Schlüssel zu allen bedeutsamen Szenen. Gerade wenn es heiß hergeht, zeigt die Kamera die Gefühle in Nahaufnahme, die Hintergrundmusik wird lauter. Wir haben gelernt, daß Augen und Lippen das Wichtigste jeder Geschichte verraten.

Ist das wirklich wahr?

Nun, die Wahrheit hat, wie immer, viele Gesichter. Der Gesichtsausdruck ist nützlich, wenn wir etwas über einen Menschen erfahren wollen. Aber er ist auch trügerisch.

Wenn Sie sich auf den Gesichtsausdruck verlassen, öffnen Sie der Täuschung Tür und Tor. Wir alle lernen nämlich schon als kleine Kinder, mit dem Gesichtsausdruck Eindruck zu machen. Das heißt nicht unbedingt, daß wir lügen; aber wir ziehen es vor, nur einen Teil der Wahrheit zu sagen. Angenommen, Sie sehen Ihren Sprößling streng an und fragen:

»Hast du gerade einen Keks gegessen?«

Der Kleine erinnert sich daran, daß zwischen dem Verzehr des Kekses und Ihrem Erscheinen eine Mikrosekunde lag, und erklärt mit Unschuldsmiene: »Nein, ich bin nur auf dem Sofa rumgehopst.«

Außerdem zeigt der Gesichtsausdruck Stimmungen, die rasch vergehen können. Wie oft haben Sie einen Freund sagen hören: »Ich habe ihm vertraut, weil er so nett aussah«? Wenn ein Mensch bei einem Rendezvous oder Vorstellungsgespräch »nett« ist, sagt das nichts über sein normales Verhalten, seinen persönlichen Stil und seinen Umgang mit Macht und Verantwortung. Um solche Informationen zu erhalten, müssen wir im Gesicht lesen, denn die Merkmale eines Gesichts lassen sich im Gegensatz zum Gesichtsausdruck nicht vortäuschen.

Entscheidend ist auch: Der Gesichtsausdruck ist unvollständig. »Die Augen sind der Spiegel der Seele«, sagen die Leute. Gewiß, etwas von der Seele mag da auszumachen sein, aber es gibt auch Emotionen. Und meist reagieren wir nicht auf die unergründliche Seele, sondern auf die Emotionen.

Für den Physiognomen hingegen spiegelt das ganze Gesicht die Seele wider.

Was wissen Sie bereits über Gesichtsdeutung?

Nach dem folgenden kleinen Test werden Sie eine bessere Vorstellung davon haben, wie ein Physiognom in Gesichtern liest. Sind die Aussagen richtig oder falsch? Die Antwort finden Sie am Ende dieses Kapitels.

1. Wer auf den Gesichtsausdruck eines potentiellen Kunden achtet, hat die Situation im Griff.
2. Trau niemandem mit Knopfaugen.
3. Trau niemandem, der deinem Blick ausweicht.
4. Das Kinn ist der Teil des Gesichts, den die Leute an sich selbst am wenigsten mögen.
5. Männer mit Bart wollen ein schwaches Kinn verbergen.
6. Menschen mit vollen Lippen sind besonders sexy.
7. Die Schädelform verrät die Intelligenz.
8. Menschen der gleichen Rasse sehen ähnlich aus.
9. Das Gesicht verrät mir den Charakter eines Menschen. Ich kann mich auf meinen ersten Eindruck verlassen.
10. Ich weiß genau, wie mein Gesicht aussieht.

Sehen Sie bewußt!

Als Physiognom sehen Sie bewußt. Worauf zielen Sie mit dem Auge, dem Verstand und dem Herzen ab? Die Augen studieren natürlich das Gesicht. Der Verstand und das Herz unterstützen die Augen im Bemühen, mehr über die Menschen zu lernen.

Das soll nicht heißen, daß Sie sich unaufhörlich einhämmern: »Ich weiß, daß ich es kann. Ich weiß, daß ich es kann ...« Der schlichte Wunsch genügt. Dann dürfen Sie darauf vertrauen, daß Sie es können.

Die besten Physiognomen, die ich kenne, sind bescheiden. Nicht, weil sie mit ihrer Bescheidenheit glänzen wollen, sondern weil ihr Ziel lautet: »Ich möchte gerne mehr über diesen Menschen wissen«, »Ich möchte gerne von diesem Menschen lernen« oder: »Ich möchte diesem Menschen gerne helfen.«

Wenn Sie also nur beweisen wollen, wie schlau Sie sind (das lernen wir ja bereits als Kinder), dann sollten Sie mit dieser – oft unbewußten – Gewohnheit brechen. Holen Sie tief Luft. Entspannen Sie sich. Sie werden jetzt in Gesichtern lesen.

Auf gleicher Höhe

Wenn Sie ein Gesicht deuten wollen, sollten Sie es genau von vorne studieren. Das gleiche gilt, wenn Sie Ihr Gesicht im Spiegel betrachten.

- Schauen Sie nicht zu einem Menschen auf, und schauen Sie nicht auf ihn hinab. Die Wahrheit finden Sie nur auf gleicher Höhe.

Außerdem brauchen Sie zum Sehen Zeit, vor allem wenn Sie lernen, etwas Neues zu sehen. Es genügt zum Beispiel nicht, einen flüchtigen Blick auf ein Gesicht zu werfen und dann zu verkünden, es habe einen »großen Zinken«. Wenn Sie sich mit der Nase befassen, müssen Sie sie genau ansehen. Fragen Sie sich: »Inwiefern ist sie groß?«, und sehen Sie noch einmal hin. Welches Merkmal ist Ihnen zuerst aufgefallen? Es gibt viele Möglichkeiten:

- Die Nase ist lang.
- Die Nase ist breit.
- Die Nase ist, seitlich betrachtet, deutlich gewölbt.
- Die Nase ist oben breit oder schmal.
- Die Nasenspitze ist breit oder schmal.
- Die ganze Nase ist breit oder schmal.
- Die Nase wird von oben nach unten deutlich breiter.
- Die Nasenspitze ist dick.
- Der Prioritätsbereich II ist am deutlichsten ausgeprägt (mehr dazu in Kapitel 11).

Sie finden das kompliziert? Keine Sorge. Dieses Buch zeigt Ihnen systematisch, wie Sie die Teile des Gesichts – z. B. die Nase und die Ohren – analysieren. Jeder Gesichtsteil umfaßt mehrere Kategorien, die ihrerseits Eigenschaften oder Merkmale aufweisen. Zur Nase gehört beispielsweise die Kategorie Nasenlänge. »Lang« ist ein Merkmal der Nase, »kurz« ebenfalls.

Die Abbildungen in diesem Buch fassen verschiedene Eigenschaften der einzelnen Kategorien zusammen. Um Ihren Blick für die unterschiedlichen Eigenschaften zu schärfen, sind die Gesichter innerhalb einer Kategorie identisch bis auf die Eigenschaft, die Sie studieren.

Und jedes Merkmal hat seine Bedeutung. Wenn es Ihnen in einem Gesicht auffällt, gilt seine Beschreibung für jeden Menschen, der es hat. Das ist alles! Von nun an können Sie die Geheimnisse jedes Gesichts ergründen. Und sobald Sie Gesichter klarer sehen, geht es Ihnen wie den Kindern: Sie durchschauen jede Verstellung, und zwar um so besser, je älter Sie werden.

Ich möchte schon in Gesichtern lesen. Aber wie soll ich das anstellen? Ich bin ungefähr so aufmerksam wie eine Nacktschnecke!

Wenn Sie die Worte auf dieser Seite lesen können, dann können Sie auch ein Gesicht lesen. Bedenken Sie, daß die Merkmale eines Gesichts Ihnen bisher nichts bedeutet haben – warum hätten Sie also darauf achten sollen? Es ist wie beim Lesen: Bevor Sie es lernten, sahen die Buchstaben b, d, p und q wie Lutscher aus. Die Eigenschaften eines Gesichts sind ebenfalls Buchstaben, und sobald Sie sie erlernt haben, können Sie lesen. Und sobald Sie das können, wird die Physiognomik einfach. Mit ihr verhält es sich so wie mit anderen Fähigkeiten: Wir sehen, was uns interessiert.

Im Namen aller Künstler muß ich protestieren.
Die Farbe ist Gottes Pinselstrich in einem Gesicht.
Warum nehmen Sie sie nicht in Ihr System auf?

Es gibt bestimmt ein paar Leute, die den Farbton Ihrer Haut oder Ihres Haares bewundern. Aber es gibt noch viel mehr Leute, die Sie aufgrund Ihrer Hautfarbe in eine Schublade stecken, Sie also nicht wirklich sehen. Freuen Sie sich an den Farben eines Gesichts, aber »lesen« Sie sie nicht. Wenn Sie Akte zeichnen, fordern Sie auch nicht alle Leute, die Sie treffen, auf, sich zu entkleiden, nur um Ihr künstlerisches Auge zu erquicken. Wenn Sie eine Weile darauf verzichten, Farben zu beurteilen, fallen Ihnen die anderen, ebenso schönen Merkmale erst richtig auf.

Testauswertung

1. *Falsch.* Der Gesichtsausdruck ist zwar nicht unwichtig, aber Sie reagieren eher auf ihn, als ihn aktiv zu beeinflussen. Um Ablehnung in Zustimmung zu verwandeln, müssen Sie das Verkaufsgespräch steuern, indem Sie sich auf die Wellenlänge des Kunden einstimmen. Studieren Sie beispielsweise die Form der Augenbrauen.

2. *Falsch.* Was sind eigentlich »Knopfaugen«? Stehen sie eng beieinander, liegen sie tief, oder sind sie nur verschwollen? Wenn Sie solche Eigenschaften nacheinander deuten, erleben Sie wahrscheinlich eine Überraschung.

3. *Falsch.* Wer jemandem nicht gerne in die Augen schaut, muß nicht unehrlich sein. Andere mögliche Gründe sind zum Beispiel Schüchternheit, Unsicherheit gegenüber dem anderen Geschlecht oder Depression. Manche Menschen weichen dem Blickkontakt aus, weil das in ihrer Kultur als höflich gilt.

4. *Falsch.* Nach einer Umfrage der Zeitschrift *Psychology Today* gefällt zwar 30 Millionen Amerikanern ihr Kinn nicht, aber noch

mehr, 60 Millionen, sind mit ihrer Nase unzufrieden. Übrigens: Nach meiner Erfahrung betrachten 99 Prozent aller Menschen ihr Gesicht mit neuem Respekt, sobald sie über die tiefere Bedeutung bestimmter Merkmale Bescheid wissen.

5. *Falsch.* Mit einem Bart hat ein Mann die Möglichkeit, die Form des Kinns zu ändern. Dank unserem freien Willen können wir unser Gesicht ohnehin auf mancherlei Weise beeinflussen. Wenn ein Mann sein Kinn mit einem Bart bedeckt, transformiert er es, und seine Persönlichkeit ändert sich mit.

6. *Falsch.* Jeder kann unter gewissen Umständen sexy sein – oder auch nicht. Die Fülle der Lippen hat etwas mit Aufgeschlossenheit zu tun. Je voller sie sind, desto offener ist ein Mensch.

7. *Falsch.* Phrenologen, die anhand der Höcker auf dem Schädel die Intelligenz messen wollten, bezeichneten Menschen oft vereinfacht als gut oder schlecht. Das ist längst widerlegt. Die Physiognomik hilft uns, Menschen besser zu verstehen, und sie hat nichts mit Phrenologie, Aberglauben oder Determinismus zu tun. Der gesunde Menschenverstand sagt uns, daß ein Gesicht mehr verrät als der Hinterkopf.

8. *Nur wenn Sie nicht genau hinsehen.* Einige Merkmale, etwa die Hautfarbe und die Textur der Haare, genügen zwar manchen Leuten, um Klischees in die Welt zu setzen; aber in der Physiognomik spielen Rassenmerkmale keine große Rolle. Wenn Sie in Gesichtern lesen können, werden Menschen zu Individuen.

9. *Falsch.* Der erste Einruck ist unvollständig und irreführend. Lernen Sie, Gesichter zu lesen, um Ihre Menschenkenntnis und damit auch Ihre Beziehungen zu verbessern.

10. *Vielleicht.* Aber die meisten Menschen beschäftigen sich vor allem mit Teint, Falten und Gesichtsausdruck. Wenn Sie Gesichter lesen können, entdecken Sie in Ihrem Gesicht vermutlich vieles, was Ihnen bisher entgangen ist. Und alles hat seine Bedeutung.

4. Augenbrauen

Wenn wir Leute treffen, die wir noch nicht kennen, reden wir mit ihnen über neutrale Themen wie das Wetter, das nennt man Smalltalk. Wir erfahren dadurch aber auch manches über andere Menschen. Wenn Psychologen Tintenkleckse deuten, warum sollen wir uns dann nicht über Wolken unterhalten?

Da Sie an Menschen interessiert sind, möchte ich Ihnen hier die Augenbrauen vorstellen. Sie verraten Ihnen schon nach einer Minute mehr als eine Stunde Geplauder.

Die Verteilung der Härchen

Die Verteilung der Augenbrauenhaare ist ein wichtiger Anhaltspunkt. Beginnen Sie mit dem Lesen neben der Nase, und lassen Sie den Blick Richtung Ohr wandern. Studieren Sie eine Braue nach der anderen.

- Abnehmende Brauen kommen am häufigsten vor. Die Haare stehen am Anfang dicht und werden dann spärlicher.
- Bei zunehmenden Brauen ist es umgekehrt: Die spärlichen Haare neben der Nase wachsen zu den Ohren hin immer dichter.
- Bei gleichmäßigen Brauen sind die Haare überall gleich verteilt.

Wie steht es mit dicken und dünnen Brauen?
Das ist eine andere Kategorie: die Menge der Haare. Auch die Form der Brauen fällt in eine andere Kategorie.

Sehen die Augenbrauen nicht voller aus, wenn sie dunkel sind?
Ja, aber als geschulter Physiognom studieren Sie eine Eigenschaft nach der anderen. Bei der Menge spielt die Farbe keine Rolle.

Stört Make-up?
Nein. Wenn Sie geübt sind, sehen Sie durch das Make-up hindurch.

Die Verteilung der Haare verrät, wie ein Mensch mit Details umgeht. Abnehmende Brauen findet man bei Menschen, die gut Projekte in Gang setzen können, weil sie die nötige Begeisterung mitbringen. Bei ihnen besteht jedoch die Gefahr, daß ihr Interesse bald nachläßt. Wenn sie nicht lernen, ihre Kreativität durch Beharrlichkeit zu ergänzen, droht ihnen folgendes:

- Wenn Ihre Brauen etwa in der Mitte anfangen, dünner zu werden, verlieren Sie das Interesse meist, wenn ein Projekt halb fertig ist.
- Wenn Ihre Brauen nach drei Vierteln dünn werden, langweilen Sie sich, wenn ein Projekt zu drei Vierteln abgeschlossen ist.
- Wenn Ihre Brauen bereits nach einem Viertel dünner werden (so wie bei mir), fällt Ihnen Beharrlichkeit besonders schwer.

Menschen mit abnehmenden Augenbrauen haben mehr neue Ideen als die anderen Typen. Aber sobald sie ein Projekt angerissen haben und sehen, wohin es führt, sucht ihre Kreativität neue Betätigungsfelder. Menschen mit solchen visionären Brauen kümmern sich nicht sehr um Einzelheiten; sie liefern die brillanten Einfälle. Innovatoren mit abnehmenden Brauen waren zum Beispiel Thomas Edison, Florence Nightingale und Louis Pasteur. Und obwohl das *Siang Mien* sich abfällig über solche Menschen äußert, weil sie im Leben angeblich wenig erreichen, kann man das von diesen drei gewiß nicht behaupten.

Die Verteilung der Augenbrauenhaare

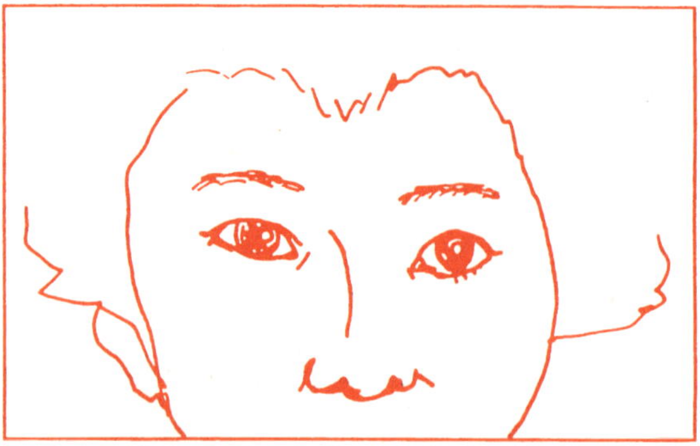

Gleichmäßig

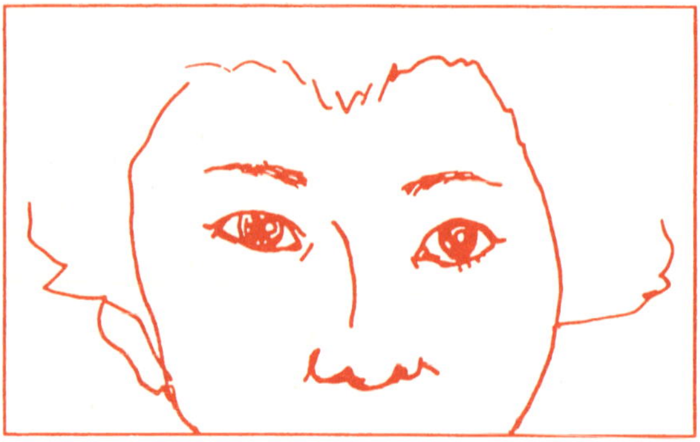

Abnehmend

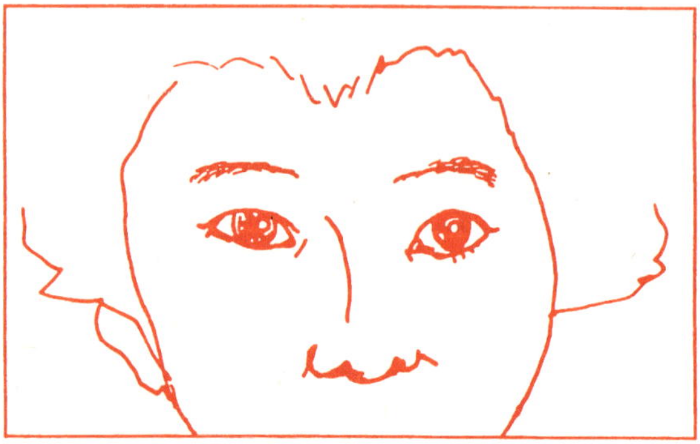

Zunehmend

Menschen mit abnehmenden Brauen können also sehr erfolgreich sein – sofern sie sich einen Ruck geben und durchhalten. Sie sind außerdem gut beraten, wenn sie mit Leuten zusammenarbeiten, die zunehmende Brauen haben.

Zunehmende Brauen symbolisieren nämlich den Blick fürs Detail. Je weiter man mit einem Projekt kommt, desto mehr Einzelheiten finden Menschen mit solchen Brauen, um die man sich kümmern muß. Allerdings sollten sie sich davor hüten, ein unausstehlicher Perfektionist zu werden.

Beharrlichkeit kann durchaus zum Problem werden, und zwar, wenn sie in Trägheit ausartet, in das Unvermögen, Pläne in die Tat umzusetzen. Jemand mit abnehmenden Brauen weiß eben, was auf ihn zukommt. Ohne Fleiß gibt es keinen Preis. Ein Mann, den ich kenne, brauchte drei Jahre, bis er sich dazu durchringen konnte, seinen schiefen Schlafzimmerschrank zu reparieren. Dann brauchte er sechs Stunden, und natürlich war das Ergebnis tadellos.

Menschen mit zunehmenden Brauen sind wie Dynamit, sobald sie in Schwung gekommen sind. Gemäß dem *Siang Mien* sind sie auch vorzügliche Soldaten. Das gilt vor allem, wenn die Augenbrauen zu einem diamantförmigen Gesicht mit vorstehenden Wangenknochen gehören. Zum Glück eignen sich solche Menschen auch für friedlichere Berufe, wie der Cellist Yo-Yo Ma und der berühmte japanische Architekt Kenzo Tange beweisen. Und vergessen wir nicht den Gedächtniskünstler Kevin Trudeau.

Gabriel García Márquez hat erstaunlich dicke zunehmende Brauen. Sie fielen mir auf, als ich in der *Washington Post* einen Artikel über ihn las. Kein Wunder, daß neben dem Bild stand: »Der Romancier verbringt sein Leben damit, das große Bild zu beschreiben – und seine Tage mit Detailschilderungen.« Selbst wenn Sie nichts weiter lernen, als die Verteilung der Haare in den Brauen zu interpretieren, werden Sie von nun an mehr Freude an Ihrer Tageszeitung haben.

Wenn Sie gleichmäßige Augenbrauen haben, kümmern Sie sich um jede Einzelheit, so wie Augusto Failde, der zunehmende *und* abnehmende Brauen hat (später erfahren Sie mehr über dieses seltene Merkmal). Sie denken wie geschmiert, haben eine Idee, feilen sie zurecht und haben alle wichtigen Details im Auge.

Natürlich hat auch diese Eigenschaft einen Haken: mangelnde Toleranz gegenüber dem Rest der Menschheit. »Warum sind die anderen nur so schwerfällig? Warum machen sie es nicht so wie ich? Alles ist doch so simpel!« Glauben Sie mir: Wenn die anderen Ihr Talent hätten, würden sie es mit Vergnügen nutzen!

Können die Augenbrauen mir helfen, Leute kennenzulernen und Freundschaften zu schließen?

Ja, die Brauen geben Ihnen wichtige Tips. Angenommen, Sie gehen mit einer Frau spazieren, die Sie interessiert. Was sagen Sie zu ihr an einer Großbaustelle?

- Wenn sie abnehmende Brauen hat: »Was für ein riesiges Projekt! Meinst du, die werden irgendwann fertig?«
- Wenn sie zunehmende Brauen hat: »Hut ab vor den Leuten, die bei einem solchen Projekt den Überblick behalten!«
- Wenn sie gleichmäßige Brauen hat: »Ist dir auch schon aufgefallen, wie schwer es ist, Leute zu finden, die ein Projekt durchziehen können?«

Das heißt aber nicht, daß Sie mit all Ihren Bekanntschaften zu einer Baustelle gehen müssen. Sie brauchen nur das Prinzip zu kennen: Um einem Menschen näherzukommen, müssen Sie auf ihn eingehen. Wenn Sie etwas Nettes über Probleme sagen, die mit einem bestimmten Gesichtsmerkmal zusammenhängen, sammeln Sie wahrscheinlich ein paar Punkte.

Herzlichen Glückwunsch – Sie sind mit der ersten Kategorie fertig. Von nun an wollen wir bei jeder Eigenschaft folgende Reihenfolge einhalten: Zuerst sehen wir uns die Eigenschaften an, die in eine Kategorie fallen. Dann sehen Sie nach, welche Eigenschaft Sie aufweisen. Und schließlich deuten wir jede Eigenschaft und ziehen Beispiele heran. Bevor wir zum nächsten Merkmal übergehen, möchte ich etwas besprechen, was allen Physiognomen früher oder später auffällt.

Ein wichtiger Hinweis

Wenn Sie schon etwas Übung haben, fällt Ihnen etwas Interessantes auf: Ein bestimmtes Merkmal kann unauffällig sein oder extrem ins Auge stechen. Es ist wichtig, daß Sie darauf achten, denn eine extrem auffällige Eigenschaft hat auch eine extreme Bedeutung. Physiognomen benutzten seit Jahrtausenden diese Regel:

- Körperlich extrem = innerlich extrem
- Körperlich unauffällig = innerlich unauffällig

  Praktische Konsequenz:
- Was körperlich kaum zu sehen ist, können wir vernachlässigen.

Wie lernt man, Extreme zu erkennen?

Die Zeichnungen und Beschreibungen in diesem Buch vermitteln Ihnen einen ersten Eindruck. Der Übergang zu Gesichtern aus Fleisch und Blut beginnt mit einem Blick in den Spiegel. Dann wenden Sie sich anderen Leuten zu. Am besten studieren Sie mehrere Gesichter gleichzeitig und vergleichen sie. Bald wird Ihnen klar, wie verschieden die Merkmale sein können.

Angenommen, Sie beschäftigen sich mit der Form der Augenbrauen. Sie halten nur nach Brauen Ausschau und nur nach ihrer Form, und Sie springen von einem Gesicht zum anderen. Schließlich werden Sie irgendwann feststellen: »Aha! John hat geschwungene, Jane hat gerade Augenbrauen.«

Sobald Sie Merkmale identifizieren können, suchen Sie auch nach Extremen, beispielsweise bei der Form. Vergleichen Sie zwei Menschen mit demselben Merkmal, um dieses Extrem zu entdecken.

Nach einiger Zeit fällt Ihnen ein Gesicht selbst in einer Menschenmenge auf – nicht weil Sie sich auf den ersten Blick verlieben, sondern weil Sie einen zweiten Menschen mit geschwungenen Brauen gesehen haben. Jetzt können Sie die eine Kurve mit der anderen vergleichen – ist eine davon auffällig? Vielleicht sind Jacks Brauen stärker geschwungen als die von Jim. Manche geschwungenen Brauen biegen sich stark, andere gehören zwar auch in diese Kategorie, sind aber nur leicht geschwungen.

Die Größe kann ebenfalls extrem sein. Anfangs wird Ihnen vielleicht schwindelig, weil Sie nicht zwischen groß und klein, sondern zwischen sehr groß und ziemlich groß sowie sehr klein und ziemlich klein zu unterscheiden versuchen. Am einfachsten ist es, wenn Sie die Proportionen eines Gesichts studieren. Vergleichen Sie nicht Jack mit Jim, sondern lesen Sie ein Gesicht nach dem anderen. Sagen Sie also nicht: »Jims Ohrläppchen sind groß im Vergleich zu Jacks Ohrläppchen.« Vielleicht hat Jim noch auffälligere Merkmale. Darum vergleichen Sie seine Ohrläppchen mit den Proportionen seines ganzen Ohrs.

In manchen Gesichtern finden Sie kein einziges Extrem. Das Gegenbeispiel ist Ross Perot, dessen Gesicht viele Extreme aufweist. Manche Gesichter haben sie, andere nicht. So einfach ist das.

Mit Augenbrauen durch dick und dünn

Wenden wir uns nun der Haarmenge in den Augenbrauen zu. Die Faustregel lautet:

- Dicke Brauen haben insgesamt viele Haare.
- Dünne Brauen haben insgesamt wenig Haare.

Brauen können ja zunehmen oder abnehmen.
In welchem Teil zähle ich denn nun die Haare?

Prüfen Sie, wie haarig die Brauen insgesamt aussehen. Können Sie sich diesen Menschen mit viel dickeren Brauen vorstellen? Dann sind sie dünn. Können Sie ihn sich leichter mit viel dünneren Brauen vorstellen? Dann sind sie dick.

Betrachten Sie die Augenbrauen von fünfzehn Menschen, und konzentrieren Sie sich auf die Haarmenge. So bauen Sie rasch Ihre persönliche Datenbank auf.

Meine Augenbrauen sind weder dick noch dünn.
Ich bin also kein Extrem. Was schließe ich daraus?

Gar nichts. Solange Sie kein geübter Physiognom sind, sollten Sie nicht versuchen, unauffällige Merkmale zu deuten.

Die Haarmenge verrät Ihnen, wie viele Einzelheiten ein Mensch gleichzeitig bewältigen kann.

Dicke Brauen sind ein Zeichen für gute intellektuelle Fähigkeiten. Aber Leute mit dünnen Brauen können ebenso erfolgreich sein – nur der persönliche Stil ist unterschiedlich.

Menschen mit dicken Brauen können sich mit vielen Projekten gleichzeitig befassen. Wer außerdem gleichmäßige oder zunehmende Brauen hat, kommt dabei mit Details noch besser zurecht. Und wenn noch ein bestimmtes Lippenmerkmal hinzukommt, das wir später besprechen, ziehen alle den Hut vor diesem Intellekt.

Falls Sie dicke Brauen haben, dürfen Sie andere Menschen aber nicht überfordern. Erzählen Sie ihnen nicht von allen Eisen, die Sie im Feuer haben, sonst werden Ihre Kumpel, Mitarbeiter oder Kollegen angesichts Ihrer Brillanz grün vor Neid.

Die Dichte der Augenbrauen

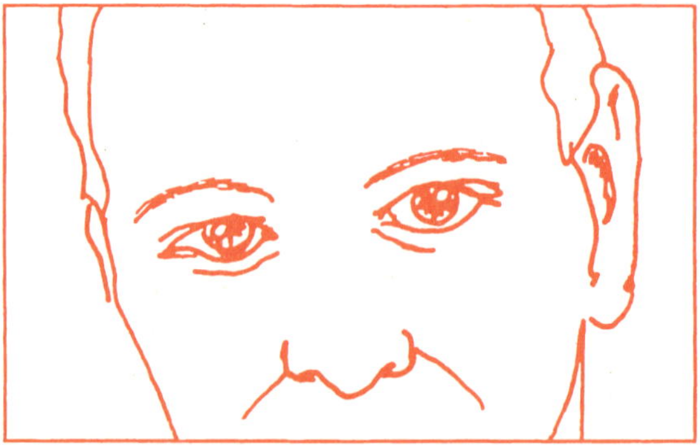

Dünn

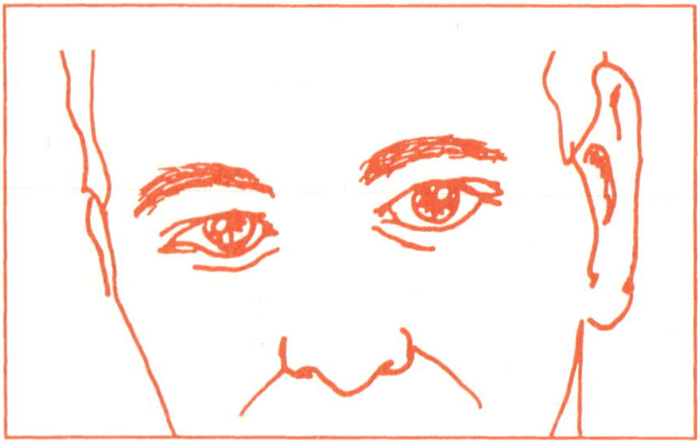

Voll

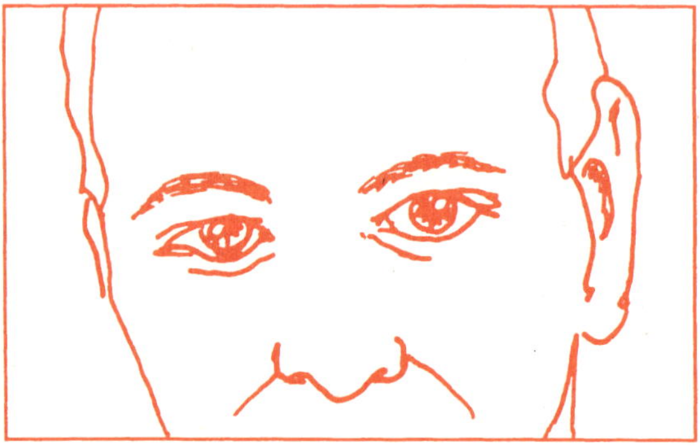

Normal

Dicke Brauen können auch magisch wirken – wie bei David Copperfield. Auf jeden Fall beherrscht er verblüffende Tricks, und zwar eine Menge. Einmal suchte mich ein weniger erfolgreicher Mann auf, der sich Haare in die Brauen implantieren lassen wollte – er hatte begriffen, daß zwischen dem Gesicht und dem Inneren ein Zusammenhang besteht, und er war davon überzeugt, Karriere zu machen, sobald er eine sehr dicke rechte Augenbraue hatte wie Einstein. Ich riet ihm ab. Jede Augenbraue hat ihre Vorteile.

Dünne Brauen sprechen für gute Konzentration. Wenn Ihre Brauen dünn sind, können Sie sich durchaus zwingen, zahlreiche Projekte auf einmal zu bearbeiten, aber Sie sind erfolgreicher, wenn Sie eines nach dem anderen anpacken. Der Manager Stephen Covey weiß sein Talent zu nutzen. Als Autor des Buches *Die sieben Wege zur Effektivität* bringt er anderen bei, Prioritäten zu setzen. Hören Sie auf ihn, wenn Sie dünne Brauen haben.

Was nützt mir als Verkäufer mein Wissen um die Dichte der Augenbrauen?

Menschen mit dicken Brauen ärgern sich, wenn Sie einen Sachverhalt zu sehr vereinfachen. Tragen Sie also Ihre Argumente detailliert vor. Wer dünne Brauen hat, bevorzugt dagegen Einfachheit. Bei ihnen sollten Sie das Wichtigste zusammenfassen.

Im Grunde behaupten Sie doch, daß Leute mit dicken Brauen schlauer sind, oder nicht?

Nein. Das Urteilsvermögen, die Originalität des Denkens und andere Elemente der Intelligenz bleiben von diesem Merkmal unberührt. Dicke Brauen deuten auf Komplexität hin, dünne auf Einfachheit. Das ist der ganze Unterschied.

Die Form der Augenbrauen

Mit der Form der Augenbrauen ist die geometrische Gestalt jeder Braue gemeint.

- Geschwungene Brauen (manchmal auch »gebogen« genannt) gleichen einem Stück eines Kreises.
- Gerade Brauen ähneln mehr oder weniger einer Linie.
- Abgewinkelte Brauen wechseln an einer Stelle die Richtung. Meist (nicht immer) befindet sich der Winkel gegen Ende der Braue.

Wenn Sie die Form der Brauen studieren, sollten Ihre Augen sich auf gleicher Höhe befinden wie die Augen der Person, die Sie betrachten.

Die Form der Brauen symbolisiert eine Denkweise. Geschwungene Brauen lassen darauf schließen, daß Sie vor allem auf die Gefühle anderer achten. Diese Brauenform und mehrere andere Merkmale (geschwungenes Kinn, geschwungene untere Augenlider und große Ohröffnungen) sind ein Zeichen für Sensibilität.

Sensibilität hilft Ihnen in Ihren Beziehungen ebenso wie im Verkauf, vor allem wenn der Mensch, den Sie beeindrucken wollen, die gleichen Merkmale aufweist. Die Stärke der Krümmung entspricht der Gefühlsstärke. Wer sehr stark geschwungene Brauen hat, zieht Gefühle wie ein Magnet an. Diesem Menschen genügt es nicht, wenn Sie sagen: »Mir geht's gut, und Ihnen?« Offenbaren Sie ihm ruhig Ihre wahren Gefühle – er durchschaut Sie ohnehin.

Wir Leute mit geschwungenen Brauen haben also eine Art Radar und spüren, was in anderen vorgeht. Ist das nicht ein großer Vorteil?

Doch, aber das Problem ist: Was geschieht, wenn Ihre Gefühle verletzt werden? Wo suchen Sie normalerweise Trost? In Ihren Gefühlen – also kehren Sie zur Ursache des Schmerzes zurück. Verglichen mit den beiden anderen Typen in dieser Kategorie, fällt es Ihnen viel schwerer, sich zu beruhigen, wenn Sie seelisch aufgewühlt sind.

Da Sie stark geschwungene Brauen haben, sind Sie besonders verletzlich. Diesen Preis müssen Sie für Ihre Empfindsamkeit zahlen. Aber vielleicht tröstet es Sie, daß solche Brauen, wenn sie zugleich dünn sind, dem *Siang Mien* zufolge auf Leidenschaft hindeuten. Das ist plausibel, weil sehr dünne Brauen bei jeder Brauenform auf »Einspurigkeit« schließen lassen. Wer sehr dünne und geschwungene Brauen hat, ist daher ungewöhnlich erfolgreich, wenn er sich mit einem einzigen Projekt beschäftigt – vor allem wenn das Projekt eine romantische Beziehung ist.

Ist Ihre Interpretation nicht sexistisch? Bekanntlich haben Frauen geschwungene und Männer gerade Augenbrauen.

Sie haben mitten in ein Vorurteil getroffen! In diesem Fall ist es jedoch leicht zu widerlegen. Schauen Sie sich die Menschen und ihre Brauen genauer an.

Der Tänzer und Schauspieler Gregory Hines hat geschwungene, volle Brauen. Sein hervorragender Steptanz drückt Sensibilität und Komplexität zugleich aus, so wie man es von seinen Brauen erwarten darf. Paul McCartney hat stark geschwungene Brauen. Und er hat sich mehr als die anderen Beatles auf Liebeslieder spezialisiert.

Gerade Brauen verraten eine Neigung zu intellektueller Neugier oder zur Logik. Erinnern Sie sich an Mr. Spock? In Wirklichkeit sind Leonard Nimoys Brauen geschwungen, aber ein Genie der Maske gab Spock gerade Brauen.

Menschen mit geraden Brauen sind so versessen darauf, Informationen, Ideen und Entdeckungen zu sammeln, daß andere sie für herzlos halten. Neulich unterhielt ich mich mit Blake, einem sechsjährigen Freund meines Sohnes, der Enttäuschungen erstaunlich gut

Die Form der Augenbrauen

Geschwungen

Gerade

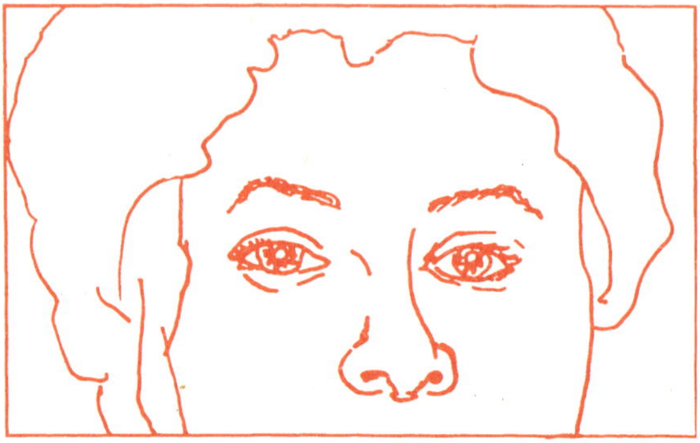

Abgewinkelt

verkraftet. Er hat sehr gerade Brauen. Ich fragte ihn: »Was machst du, wenn du dich ärgerst?«

»Kein Problem«, antwortete er. »Ich zähle bis fünf. Dann sage ich mir, daß es keinen Grund zur Aufregung gibt.« Versuchen Sie das mal, wenn Sie stark geschwungene Brauen haben!

Abgewinkelte Brauen sprechen für Führungsqualitäten. Ein Teil dieser Menschen bleibt immer sachlich und fragt: »Was habe ich von diesem Gespräch? Verliere ich mit diesem Typ meine Zeit? Was will ich erreichen, und wie bekomme ich es?«

Wer stark abgewinkelte Brauen hat, zögert nicht, die Richtung des Gesprächs zu ändern. Ihm machen Konfrontationen sogar Spaß. Selbst wenn dieses Merkmal nicht sehr ausgeprägt ist und der Träger Streit vermeidet, wirkt er möglicherweise einschüchternd, denn andere merken es, wenn er sie beobachtet. Distanziertheit löst Mißtrauen aus.

Aber das ist ein kleiner Preis für einen großen strategischen Vorteil. Manager müssen distanziert sein. Ebenso sind Nachrichtensprecher mit abgewinkelten Brauen beliebt, wie mein Kollege R. Neville Johnson mir versicherte. Auch gute Moderatoren haben mindestens eine abgewinkelte Braue – und sie schwelgen in Konflikten, sie attackieren, unterbrechen und steuern eine Diskussion mehr oder weniger charmant.

Die Höhe der Augenbrauen

Während Sie die Form oder die Dichte der Augenbrauen studieren, dürfen Sie nicht die Höhe der Brauen vergessen, also den Abstand zwischen den Brauen und den Augen.

- Bei den meisten Menschen befinden sich die Brauen in mittlerer Höhe.

Die Höhe der Augenbrauen

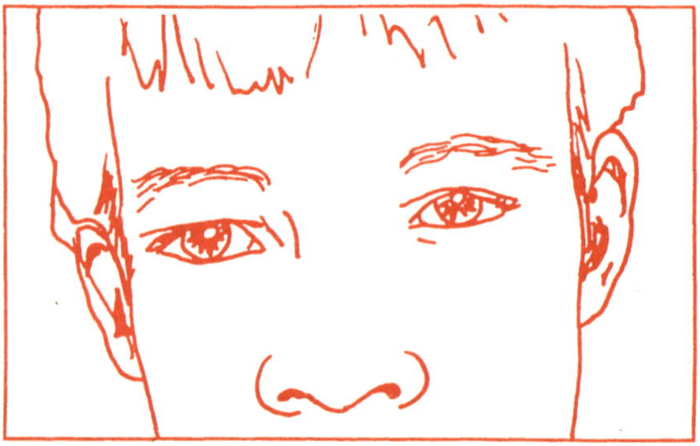

Normal

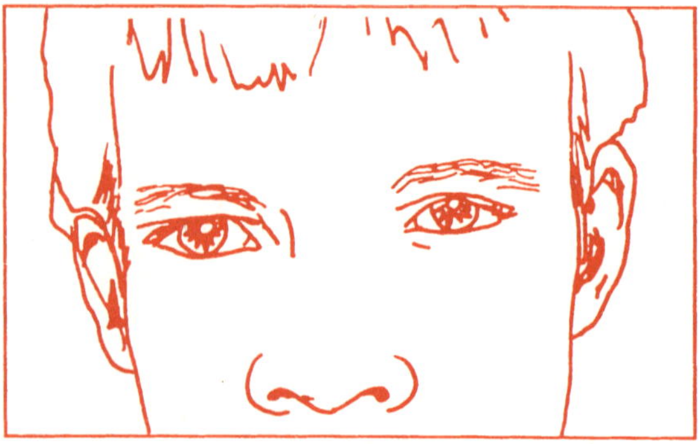

Tief

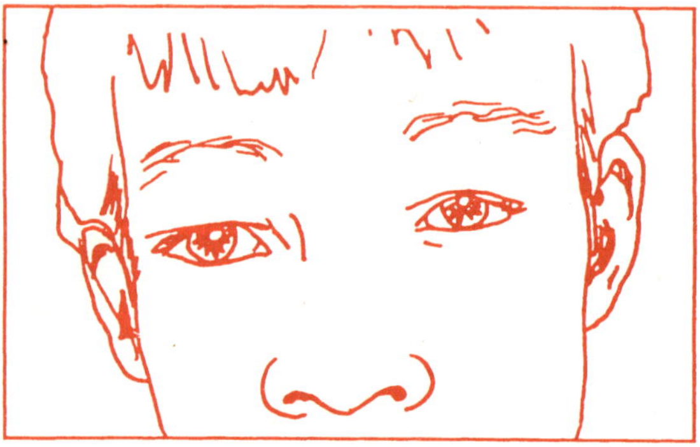

Hoch

- Manche haben tiefe Brauen, die in Extremfällen aussehen, als würden sie in die Augen hineinwachsen.
- Bei anderen ist der Abstand zwischen Augen und Brauen groß: Sie haben hohe Brauen. Auf den ersten Blick sieht es so aus, als würden sie die Augenbrauen heben. Aber das tun sie nicht. Sie bleiben während eines ganzen Gesprächs oben. Mittlere und tiefe Brauen entspannen sich irgendwann, und man muß sie wieder anheben, damit sie wie hohe Brauen aussehen.

Hohe Brauen, tiefe Brauen ... klingt das nicht ein wenig versnobt?

Das hat nichts mit der Kultur zu tun. Die Höhe der Augenbrauen verrät etwas über die verbale Spontaneität. Wenn Sie hohe Brauen besitzen, haben Sie eine Geheimwaffe: Sie behalten Ihre Ideen für sich, solange sie noch unausgegoren sind. Ein wichtiges Gespräch können Sie in Gedanken hervorragend durchspielen – keiner der beiden anderen Typen kann sich in dieser Hinsicht mit Ihnen messen. Und es hat in allen Lebensbereichen Vorteile, wenn Sie Ihr eigener Berater sind. Es kann allerdings sein, daß manche Leute Sie für unnahbar halten.

Martin Luther King erweckte Ehrfurcht in seinen Anhängern. Und wie es einem Menschen mit hohen Brauen gebührt, hatte er bereits eine enorme politische Wirkung entfaltet, bevor er seine berühmten Worte sprach: »Ich habe einen Traum.«

Menschen mit tiefen Brauen hätten von Anfang an über ihren Traum gesprochen, denn sie reagieren spontan. Den Rat »Erst denken, dann reden« vergessen sie oft, und ihre Worte hören sich gezwungen an, wenn sie ein Gespräch vorher »durchspielen«. Ihre Ideen sind wie Brot, das am besten schmeckt, wenn es heiß und frisch aus dem Ofen springt.

Spontane Menschen fühlen sich in Berufen wohl, die Witz und Schlagfertigkeit verlangen. Ein gutes Beispiel ist der Talkshow-Moderator Merv Griffin, der dank seiner Spontaneität sehr erfolgreich ist. Bevor er als Erfinder von Spielshows und als Moderator Millionen verdiente, war er Schauspieler. In seiner Autobiographie erzählt er, wie schwer seine Kollegen es mit ihm hatten. Da er der Versuchung zu improvisieren nie widerstehen konnte, sagte er jedes Mal etwas anderes, und die Kollegen verpaßten ihr Stichwort. Für uns ist das keine Überraschung, denn Mervs Augenbrauen liegen so tief, daß sie fast schon Wimpern sind.

Der Boxer Muhammad Ali hatte ebenfalls niedrige Brauen – und er verstand es, sich ins Rampenlicht zu rücken. Seine Brauen zeigen, daß er nicht lange nachdenken mußte, ehe er rief: »Ich bin der Größte!« Menschen mit tiefen Brauen sind am erfolgreichsten, wenn sie improvisieren, sich engagieren und ihre Ausdrucksfähigkeit nutzen dürfen.

Wenn Ihre Brauen sich in mittlerer Höhe befinden, ist Timing kein Problem für Sie. Sie sind flexibel. Einmal üben Sie im voraus, ein andermal sagen Sie, was Sie denken. Und vielleicht fragen Sie sich: »Warum benehmen sich die anderen so dumm?« Im Gegensatz zu den Typen mit tiefen Brauen lassen Sie ja die Katze nicht sofort aus dem Sack, und anders als die Leute mit hohen Brauen machen Sie auch keinen verschlossenen Eindruck. Ihr einziges Problem ist, daß Sie mit dem Rest der Menschheit wenig tolerant umgehen.

Besondere Talente

Die Augenbrauen verraten uns auch besondere Talente:

- Wilde Haare sind die UFOs der Augenbrauenwelt. Sie landen hier und da und sind manchmal lang und kraus, manchmal dick oder unterschiedlich gefärbt. Ihre Bedeutung ist ebenso faszinierend wie ihr Aussehen.

- Widersprüchliche Haare wachsen aufeinander zu und verwikkeln sich mitunter sogar ineinander.
- Verstreute Haare brauchen viel Platz – wie die Leute in Montana, die sich eingeengt fühlen, sobald die Nachbarn weniger als 50 Kilometer entfernt sind.
- Starthaare wachsen gerade nach vorne, im Gegensatz zu den anderen Haaren, die seitwärts wachsen. Man findet sie am Anfang der Brauen; daher der Name. Starthaare kommen bei den meisten Brauen vor, sind aber selten so zahlreich, daß sie ein Büschel bilden.
- Unibraue nennt man Augenbrauen, die oberhalb der Nase ineinander übergehen.

Diese besonderen Merkmale lassen auf ungewöhnliche Denkmuster schließen.

Wilde Haare symbolisieren wilde Ideen oder ungewöhnliche Kreativität wie bei Albert Einstein oder Warren Buffet, einem der reichsten Männer Amerikas. Wer solche Haare auszupft, tut dies auf eigene Gefahr!

Widersprüchliche Haare verraten ein zweifelhaftes Talent. Sie mögen widersprüchliche Ideen. Solche Haare säumen die Karriere von Donald Trump.

Verstreute Haare stehen für verstreute Gedanken, die immer wieder gesammelt werden müssen. Aber zusätzliche Ideen, die mit anderen nicht zusammenhängen, können auch wertvoll sein ... siehe Einstein.

Kennen Sie einen Menschen mit Starthaaren? Bei Brooke Shields haben sie dazu beigetragen, sie berühmt zu machen. Und sie symbolisieren Intelligenz (Brooke hat immerhin in Princeton studiert). Gut sichtbare Starthaare sind ein Indiz dafür, daß Sie mögliche Probleme von Anfang an erkennen. Natürlich können Sie auch Ärger provozieren, weil Sie andauernd sagen: »Moment mal, das

Augenbrauen und besondere Talente

Wilde Haare

Widersprüchliche Haare

Verstreute Haare

Starthaare

Unibraue

könnte problematisch sein!« Das macht Sie nicht unbedingt beliebter, auch wenn Sie meist recht haben. Dennoch haben Sie eine beneidenswerte Gabe.

Wer eine Unibraue hat, denkt unaufhörlich. Das kann zu Einschlafstörungen führen. Darum ist die Unibraue das einzige Merkmal, das Sie ändern sollten: Zupfen Sie ein paar Haare aus, oder benutzen Sie einen kleinen Rasenmäher. Da die Gesichtsmerkmale und der persönliche Stil zusammenhängen, trägt diese Maßnahme zur Entspannung bei.

Wollen Sie damit sagen, daß ich an Schlaflosigkeit leide, weil meine Augenbrauen zusammenwachsen?

Ein solches körperliches Merkmal kann nicht ein Merkmal des persönlichen Stils verursachen. Aber es besteht eine wechselseitige Beziehung. Wenn Sie sich also innerlich ändern, verändert sich auch das Gesicht.

Langfristige Änderungen sind häufiger, aber wenn das Gesicht sich durch plastische Chirurgie oder Unfälle wandelt, so wandelt sich auch die Persönlichkeit rasch. Mit der Zeit ändert sich Ihr Gesicht, je nach Ihren persönlichen Entscheidungen und Wertvorstellungen. Als ich Mutter wurde, veränderten sich beispielsweise meine Augenlider und spiegelten eine neue, enge Beziehung wider. Als Physiognom fallen Ihnen viele Veränderungen auf, die Sie früher nicht bemerkt haben.

Bin ich unehrlich, wenn ich Augenbrauenhaare auszupfe?

Ich glaube nicht, daß unser Aussehen festgelegt ist – abgesehen davon, daß wir einen Kopf auf den Schultern tragen, Ohren am Kopf haben und so weiter. Was Sie im Gesicht tragen oder ändern, hat eine innere Bedeutung. Das sollen Sie deuten lernen. Gesichter machen keine Sprünge; sie entwickeln sich.

Ich habe immer gedacht, daß man mit einer hübschen neuen Nase besser aussieht und daher erfolgreicher ist. Stimmt das?

Da steckt mehr dahinter. Wenn Sie sich äußerlich ändern, dann wandeln Sie sich auch innerlich. Eine »neue« Nase gefällt zwar manchen Leuten, aber vielleicht verpassen Sie dadurch die Chance, einen originellen und wichtigen Job zu bekommen. Wangenimplantate machen Sie möglicherweise imposanter, aber Sie könnten auch autoritär werden, was Sie vielleicht gar nicht gewollt haben.

Selbst wenn die Operation erfolgreich ist, sind Nebenwirkungen unvermeidlich, weil zwischen dem Gesicht und der Persönlichkeit ein Zusammenhang besteht. Ich berate kosmetische Chirurgen, die wissen wollen, wie ihre Patienten sich nach einer Operation innerlich ändern könnten. Sie machen sich Sorgen über Schadenersatzklagen. Ihre Patienten sollten sich ebenfalls über die Folgen Gedanken machen, wenn sie ihr Gesicht wie Plastilin behandeln.

Jede kosmetische Operation hat unbeabsichtigte Folgen. Für viele Menschen ist eine Schönheitsoperation sinnvoll, für andere kann es wichtiger sein, ein Talent zu behalten, als das Aussehen zu verbessern. Auf jeden Fall ist die kosmetische Chirurgie ein komplexeres Thema, als die meisten Leute ahnen. Als Physiognom blicken Sie besser durch.

Von mir als Verkäuferin erwartet man, daß ich jung aussehe. Ich überlege mir daher, ob ich mich einer Schönheitsoperation unterziehen lasse, um meinen Job zu behalten. Was denken Sie?

Henry David Thoreau scherzte einmal: »Hüte dich vor Unternehmen, die neue Kleider von dir verlangen!« Ich würde das Gleiche von einer Firma sagen, die von Ihnen eine neue Nase verlangt. Als Physiognomin ärgere ich mich über die zunehmende Zahl von Anzeigen, die Operationen aus purer Eitelkeit anpreisen.

Ich vertrete einen anderen Standpunkt: Mit Hilfe der Physiognomik können Sie dem Druck widerstehen. Denken Sie daran: Früher trugen die Frauen Korsetts und Hüfthalter. Heute dürfen wir anziehen, was wir wollen – aber innerlich tragen wir immer noch ein Korsett. Die Eßstörungen, an denen heute viele Frauen leiden, sind schlimm genug. Wollen wir (und die Männer) uns wirklich das Gesicht operieren lassen, weil es nicht dem Modetrend entspricht?

Schönheitsoperationen tragen zum sozialen Druck bei. Darum empfehle ich Ihnen, einfach nein zu sagen. Welche »Sicherheit« soll es Ihnen bringen, wenn Sie ein Stück von Ihrem Gesicht wegschneiden? Die kosmetische Chirurgie bringt Ihnen gesellschaftliche Pluspunkte ein, aber sie verwirrt die Seele.

Wenn Sie unbedingt etwas ändern wollen, warum experimentieren Sie dann nicht mit den Augenbrauen? Es hat einen guten Grund, warum sie so leicht zu verändern sind: Sie hängen mit Denkmustern zusammen, und flexibles Denken hält uns innerlich jung.

5. Ohren

Psst ... Wenn Sie nützliche Geheimnisse hören wollen, wenden Sie sich den Ohren zu! Kein anderer Teil des Gesichts verrät Ihnen mehr darüber, wie ein Mensch seine Realität formt. Diese tiefreichenden Muster sind uns im wesentlichen nicht bewußt. Trotzdem glaube ich, daß Sie sich in den folgenden Kategorien hie und da wiedererkennen werden. Vielleicht lernen Sie dadurch so viel über sich selbst, daß Ihnen fast unheimlich wird.

Die Länge der Ohren

Das erste Geheimnis, das die Ohren Ihnen enthüllen, hat etwas mit ihrer relativen Länge zu tun. Aber wie schätzt man die Länge der Ohren? Betrachten Sie sich zunächst einmal selbst in einem Spiegel, der in Höhe Ihres Gesichts hängt, weder höher noch tiefer.

Achten Sie auf die Länge Ihrer Ohren. Vergleichen Sie sie mit der Länge des Gesichts von der Stirn bis zum Kinn. Wie viele Ohren könnten Sie auf dieser Strecke unterbringen?

- Sind es drei oder vier? Dann haben Sie herrlich lange Ohren.
- Könnten Sie sieben, acht oder sogar neun Ihrer süßen kleinen Ohren unterbringen? Dann haben Sie kurze Ohren.
- Oder hätten Sie Platz für fünf oder sechs Ohren? Dann haben Ihre Ohren eine mittlere Länge.

Denken Sie auch daran, daß Physiognomik etwas mit Intuition zu tun hat, selbst wenn es um die relative Größe bestimmter Merkmale geht. Ich kann Sie also beruhigen: Die ungefähre Größe reicht! Und je mehr Gesichter Sie lesen, desto schärfer werden Ihre Augen werden.

Die Länge der Ohren sagt Ihnen, wie viele Informationen ein Mensch unbewußt verarbeiten möchte. Diese Menge ist ebenso relativ wie die Ohrlänge.

Wer lange Ohren hat, kann ungewöhnlich gut zuhören. Beispiele sind Lyndon Johnson, der schlitzohrige ehemalige US-Präsident, oder der Humanist Albert Schweitzer.

Vor welcher Herausforderung steht nun ein Mensch, der Informationen aufsaugt wie ein Schwamm das Wasser? Vielleicht kennen Sie das Problem: Selbst nachdem Sie alles gehört haben, was Sie hören wollten, bleiben Sie unersättlich. Und schließlich wissen Sie nicht mehr, was Sie selbst glauben sollen, nachdem Sie eine Menge Daten aus anderen Quellen aufgenommen haben.

Trotzdem haben lange Ohren viele Vorteile – Sie sind zum Beispiel gut im Lösen von Kreuzworträtseln und in allem, was Allgemeinbildung verlangt.

Menschen mit kurzen Ohren sammeln nicht nur Informationen, sondern nehmen sie zudem ernst oder gar persönlich. Passen Sie also gut auf, wenn Sie zu dieser Gruppe gehören! Ihr Problem ist, daß Sie schneller gesättigt sind als andere; dann erlahmt Ihre Aufmerksamkeit, einerlei, was man Ihnen noch sagen will. Fällt es Ihnen schwer, das einzugestehen? Dann fragen Sie jemanden, der Sie gut kennt.

Eines ist jedoch wundervoll an Ihren niedlichen kurzen Ohren: Sie können die absorbierten Informationen gut nutzen. Charlie Chaplin vergaß nie einen Trick, der zu seinem kleinen Vagabunden paßte. Peter Sellers' lustige Ohren sind konkurrenzlos. Und Michael Jordan versteht es hervorragend, Wahrnehmungen effektiv zu verarbeiten.

Die Länge der Ohren

Kurz

Lang

Mittel

Wenn Ihre Ohren eine mittlere Länge haben, sind Sie flexibel: Manchmal speichern Sie sämtliche Daten heißhungrig, ein andermal schalten Sie vorzeitig ab. Darum werden Sie nie in Informationen ertrinken. Allerdings mangelt es Ihnen an Toleranz gegenüber dem Rest der Menschheit. Warum hören manche Leute einfach nicht zu? Und warum machen andere sich krank, weil sie jedem zuhören, der ihnen über den Weg läuft?

Die Position der Ohren

Wenn Sie nicht mit dem selbst amputierten Ohr von Vincent van Gogh vertraut sind, dann glauben Sie wahrscheinlich, daß es für Ohren nur eine mögliche Position gibt: an den Seiten des Kopfes.

Jetzt wollen wir uns aber mit der Möglichkeit befassen, daß die Position der Ohren von mehr abhängt als der Entfernung von den Wangen. Wo befinden sich Ihre Ohren im Vergleich zum Rest des Gesichts?

Um sich in diese Kategorie einzuordnen, brauchen Sie mehrere Spiegel, damit Sie sich im Profil bewundern können. Außerdem müssen Sie vielleicht zeitweilig Ihre Frisur durcheinander bringen.

- Manchmal sehen Sie hohe Ohren mit Spitzen, die über die Augenbrauen hinausragen, während die Läppchen die Nasenspitze nicht erreichen.
- Häufiger kommen tiefe Ohren vor, deren Läppchen unterhalb der Nasenspitze liegen und deren Spitzen die Brauen nicht erreichen.
- Am häufigsten sehen Sie Ohren in mittlerer Höhe, die zwischen dem höchsten Teil der Brauen und der Nasenspitze liegen.

Ich kann dieses Merkmal von vorne deuten, aber das Seltsame ist, daß ich die Position der Ohren anscheinend verändern kann. Manchmal sehen meine Ohren hoch aus, ein andermal tief. Habe ich ein besonderes Talent?

Nein, aber Sie haben herausgefunden, warum es verkehrt ist, dieses Merkmal von vorne zu ergründen. Klar, irgend etwas sehen Sie – aber was Sie sehen, hängt vom Neigungswinkel des Kopfes ab. Wenn Sie nach oben oder unten schauen, verändert sich scheinbar die Lage der Ohren. Darum empfehle ich Ihnen, von der Seite zu schauen. Dann haben Sie zwei feste Bezugspunkte: den Gipfel der Augenbrauen und die Nasenspitze. Aus diesem Blickwinkel ändert sich die Position der Ohren nicht.

Die Position der Ohren ist eines der nützlichsten Merkmale, das Sie deuten können, vor allem wenn Sie Verkäufer sind. Sie verrät Ihnen nämlich, wie schnell jemand Entscheidungen trifft.

Wer hohe Ohren hat, verarbeitet Informationen ungewöhnlich schnell. Beispiele sind der legendäre Computerbauer Steve Jobs und viele andere, die gerne in rasendem Tempo Software entwickeln. Andere innovative Leute dieses Typs sind J. Craig Venter, der als erster Gen-Sequenzen automatisch bestimmte, der Genetiker James Watson, der Städteplaner Sir Patrick Geddes und der Komponist Edgard Varèse. John Steinbeck nutzte seine flinke Intelligenz, um zahlreiche Romane zu schreiben; Wilt Chamberlain nutzte sie für das Basketballspiel und Midori für ihr wundervolles Geigenspiel.

Welche Nachteile haben hohe Ohren? Ein Problem ist die Ungeduld. Warum kommt Ihre Gesprächspartnerin nicht endlich zur Sache? Antwort: weil sie keine hohen Ohren hat und ihr Geist nicht so beweglich ist. Ein weiteres Problem ist Ihr Drang, sofort zu handeln. Ja, Sie treffen in Windeseile gute Entscheidungen; aber Zögern regt Sie auf. Manchmal entscheiden Sie vielleicht ohne ausreichende Informationen, nur weil Sie keine Minute länger warten wollen.

Die Position der Ohren

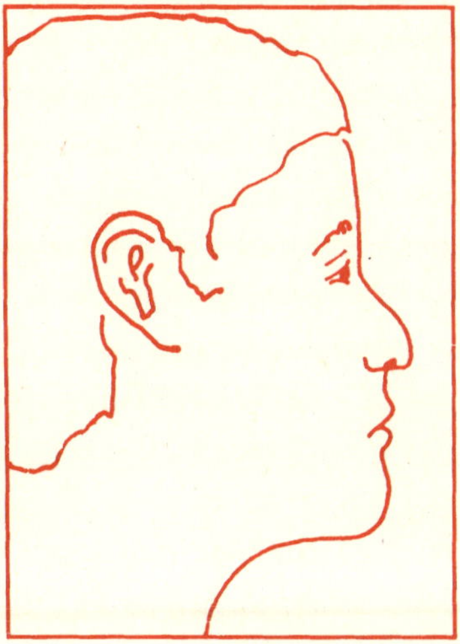

Hoch

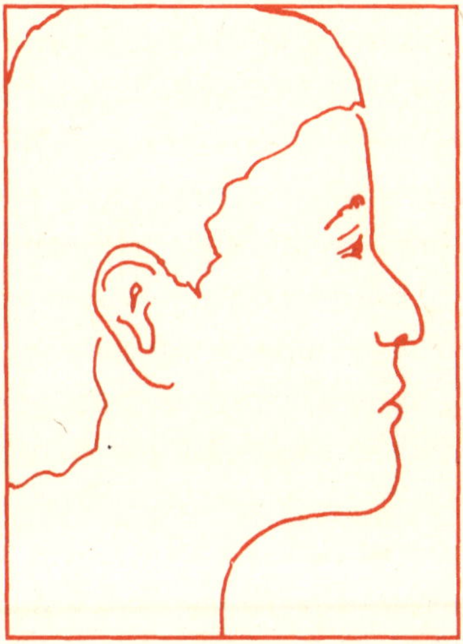

Tief

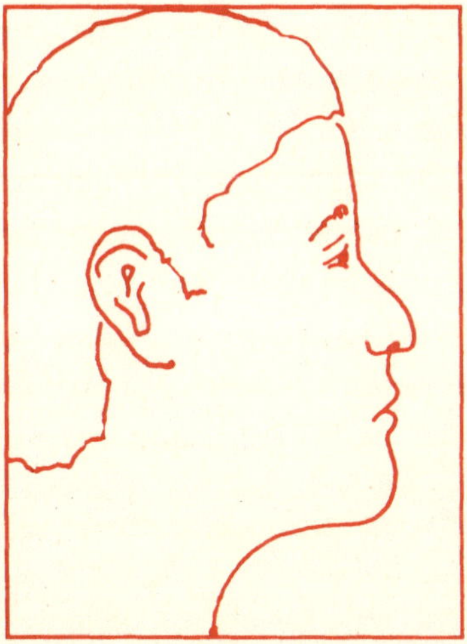

Mittel

Das ist kaum zu befürchten, wenn Sie tiefe Ohren haben und langsamer denken. Ihre Intelligenz kann ebenso hoch sein wie die der anderen – unterschiedlich sind nur das Timing und der Stil. Ihre Sehnsucht nach Weisheit ist stärker ausgeprägt als der Wunsch, Entscheidungen zu treffen und in die Tat umzusetzen. Sie haben genug innere Stärke, um zu warten. Am besten arbeiten Sie so:

- Zuerst sammeln Sie Informationen, und wenn es nach Ihrem Kopf geht, kann diese Forschungsphase Jahre dauern.
- Dann evaluieren Sie sie und lassen andere Leute warten.
- Schließlich treffen Sie Ihre Entscheidung – am besten eine gute, denn nach all der Mühe werden Sie diese kaum ändern wollen.

Manche Leute kritisieren, daß Sie nach einer Entscheidung ungefähr so flexibel sind wie der Felsen von Gibraltar. Diesen mürrischen Zeitgenossen können Sie entgegenhalten: »Ich eifere erfolgreichen Politikern mit tiefen Ohren nach.«*

Tiefe Ohren können durchaus ein Vorteil sein. Angenommen, Sie werden zum Präsidenten der USA gewählt. Bald werden Sie merken, daß die Flitterwochen mit den Wählern spätestens nach vier Jahren zu Ende sind. Die Presse lobt Sie vielleicht in den ersten zwei Stunden; dann werden Sie kritisiert. Statistisch gesehen profitieren Sie also davon, wenn Sie nur halb so viele Entscheidungen treffen wie Präsidenten mit hohen Ohren.

Die Präsidenten Reagan, George H. Bush und George W. Bush wußten oder wissen diesen Vorteil zu nutzen, im Gegensatz zu Präsident Clinton, dessen Misere mit seinen hohen Ohren zu tun hat. Gewiß, sein Intellekt trug ihm an der Uni ein Rhodes-Stipendium

* Ronald Reagan bestätigt meine Theorie: Er hatte bei weitem die tiefsten Ohren aller amerikanischen Präsidenten. Nur Millard Fillmore und Franklin Pierce kommen ihm nahe.

ein, das seine Karriere förderte. Doch später, als er im Weißen Haus residierte, sah er sich nach seinen schnellen politischen und privaten Entscheidungen heftiger Kritik ausgesetzt.

Sollten Ihre Ohren eine mittlere Höhe haben, brauchen Sie solche Probleme nicht zu fürchten, abgesehen von der üblichen Intoleranz für Zauderer und Hastige. Flexibles intellektuelles Timing kann eine nützliche Tugend sein. Ist es nicht interessant, daß man sie bei vielen Baseballspielern findet? Dem Milliardär Marvin Harold Davis half dieses Talent, wenn es um Öl, Grundstücke in Los Angeles oder um Investitionen in Twentieth Century Fox ging.

Wie kann ich dieses Wissen anwenden, um meine Beziehungen zu verbessern?

Eine gute Frage. Sehen Sie sich zuerst Ihre Ohren genau an, bevor Sie sich auf die Wellenlänge Ihrer Freunde einstimmen.

- Stehen Ihre Ohren tief? Dann versichern Sie freundlich, daß Sie durchaus wach sind und zuhören. Sie können zum Beispiel sagen: »Darüber sollte man gründlich nachdenken.« Loben Sie die Geduld Ihres Partners, wenn Sie lange grübeln. Erinnern Sie ihn daran, daß Sie Zeit brauchen, weil Ihnen kluge Entscheidungen lieber sind als schnelle.
- Stehen Ihre Ohren hoch? Dann springen Sie besser nicht mit Lichtgeschwindigkeit von einem Gedanken zum anderen!

Der Winkel der Ohren

Wie weit stehen Ihre Ohren vom Kopf ab? Das ist der Schlüssel zu einem anderen Geheimnis.

Um den Winkel zu bestimmen, können Sie den Bleistifttest machen: Befreien Sie das rechte Ohr vom Haar, und halten Sie mit

Der Winkel der Ohren

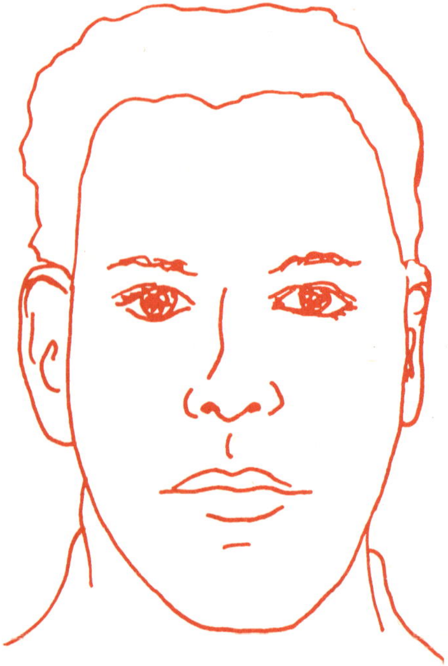

der linken Hand einen Spiegel, so daß Sie sich genau von vorne sehen. Nehmen Sie nun einen Bleistift in die rechte Hand, und schieben Sie ihn hinten zwischen Ohr und Kopf.

- Anliegende Ohren müssen dem Bleistift Platz machen.
- Abstehende Ohren brauchen sich nicht zu bewegen. Manche Ohren stehen so weit ab, daß man zwei, drei oder gar vier Bleistifte dahinter verstecken könnte.

Der Winkel der Ohren sagt uns, wie ein Mensch zu gesellschaftlichen Konventionen steht wie beispielsweise »Zieh das an«, »Setz dich anständig hin«, »Sprich erst, wenn du gefragt wirst«.

Menschen mit anliegenden Ohren fangen alle diese Botschaften auf und speichern sie im Gehirn. Sie wollen unbedingt »dazugehören«, selbst wenn das bedeutet, einen albernen Verhaltenskodex befolgen zu müssen. Solche Menschen sind aber auch taktvoll. Wenn Sie zu diesen gehören, sind Sie überaus feinfühlig, was Manieren, Kleidung und zwischenmenschliche Kontakte angeht, sogar wenn Sie anderer Meinung sind.

Am Arbeitsplatz profitieren Sie von Ihrer Fähigkeit, sich überall anzupassen, Sie verschmelzen geradezu mit Ihrer Umgebung!

Wo also liegt das Problem? Nun – können Sie Menschen mit schlechten Manieren respektieren? Vielleicht arbeiten Sie daran, aber geben Sie es ruhig zu: Wenn Sie auf der Straße oder bei einer Party einem Rüpel begegnen, fällt es Ihnen schwer, vor dieser Person Respekt zu haben. Die Gesichtsdeutung rückt die Dinge wieder zurecht: Andere Leute sind nicht unbedingt Rüpel – ihnen fehlt nur Ihre Begabung. Freuen Sie sich einfach, daß Ihr Talent Ihre Karriere fördert, vor allem wenn Sie einen konservativen Beruf haben.

Ebensowenig wie andere Teile des Gesichts diktieren die Ohren eine politische oder philosophische Überzeugung. Sie zeigen nur, ob wir uns sehnlich wünschen, der Gruppe unserer Wahl anzugehören. Extrem abstehende, gleichzeitig schräge Ohren verraten uns, daß jemand die Gesellschaft aus dem Blickwinkel eines Außenseiters sieht.

Leute mit anliegenden Ohren machen sich bisweilen über Konservative lustig. Mein Lieblingsbeispiel ist Matt Groening, der Schöpfer der »Simpsons«. Es klingt verrückt, aber einige Konservative loben diese Serie, weil sie die familiären Werte hochhält! W. S. Gilbert besaß ebenfalls anliegende Ohren. Sein Tick mit den guten Sitten bescherte uns einige der lustigsten komischen Opern in englischer Sprache.

Natürlich finden verstockte Konservative an Abweichlern nichts lustig. Das *Siang Mien* dürfte von völlig humorlosen Konformisten geschrieben worden sein. Typisch ist seine Bewertung abstehender Ohren: »Menschen, deren Ohren abstehen, haben emotionale Probleme. Je enger die Ohren anliegen, desto besser.« Vielleicht traf das vor 3000 Jahren in China zu, in einer Gesellschaft, die das freie Unternehmertum gewiß nicht förderte. Wer sich nicht anpaßte, brachte es nicht weit – das war Ursache genug für emotionale Probleme.

Unsere heutige Kultur belohnt dagegen Leute mit abstehenden Ohren. Abgesehen von Extrembeispielen wie Ross Perot gibt es viele andere tüchtige Unternehmer, die davon profitieren, daß sie sich den Erwartungen der Gesellschaft nicht unterordnen. Ja, wenn Sie abstehende Ohren haben, tun Sie in der Regel nur, was Sie wollen; was andere von Ihnen erwarten, nehmen Sie erst später zur Kenntnis und bemühen sich dann um Schadensbegrenzung. »Enfant terrible« Dennis Rodman z. B. ist vielleicht nicht Ihr Lieblingsbasketballstar, aber für Leute mit stark abstehenden Ohren ist er gar nicht so ungewöhnlich.

Das Geschäftsleben belohnt Nonkonformismus noch mehr. Sehr erfolgreiche Unternehmer mit abstehenden Ohren sind Jeff

Bezos, der Gründer von Amazon.com, Michael Dell, der Gründer von Dell Computer (bei ihm ist nur das rechte Ohr ein Segel) und David Kelley, der Produzent der TV-Kultserie »Ally McBeal«.

Wenn Sie abstehende Ohren haben und sich scheinbar anpassen, dann tun Sie das ganz bewußt, weil es Ihnen nützt. Sollten Sie jedoch einmal beschließen, die Konventionen zu mißachten, so wird Ihnen dies noch besser gelingen. Einflußreiche Rebellen waren Mahatma Gandhi, der Führer des gewaltlosen Widerstandes in Indien, und Robert H. Goddard, der Pionier der amerikanischen Raketentechnik.

Menschen mit einem moderaten Ohrenwinkel haben kein Problem mit der Konformität. Schlimmstenfalls mangelt es ihnen an Toleranz für den Rest der Menschheit.

Die Proportionen der Ohren

Wie gut ist Ihr Sinn für Proportionen? Wenden Sie ihn zur Abwechslung einmal auf die Ohren an. Deren Proportionen können sehr unterschiedlich sein. Um sie richtig einzuschätzen, müssen Sie auf folgende Details achten:

- Die Ohrläppchen sind einfach zu erkennen, vor allem wenn Ohrringe daran hängen.
- Der äußere Kreis ist Ihnen vielleicht unbekannt. Er ist am weitesten vom Kopf entfernt und (abgesehen vom Ohrläppchen) am leichtesten zu zwicken.
- Der innere Kreis ist versteckter: Er ist die Mulde, zu der die Öffnung des Ohrs gehört.
- Die beiden Kreise werden von einer fleischigen Grenze getrennt, einer gekrümmten Rille, die dem Rand eines Teiges gleicht, der sich über die Kuchenform nach unten faltet. Diese Grenze kann

gut ausgeprägt oder undeutlich sein. Wenn Sie dort zwicken, spüren Sie, daß es sich um den härtesten Teil des äußeren Ohres handelt (zusammen mit dem Rand des äußeren Kreises).

Erkunden Sie die einzelnen Teile Ihrer Ohren. Wenn Ihre Ohren nicht sehr abstehen, müssen Sie sie seitwärts biegen, um sie im Spiegel zu sehen. Suchen Sie die Grenze zwischen dem inneren und dem äußeren Kreis – ist sie deutlich oder schwer zu erkennen? Ränder sind besonders interessant. Versuchen Sie, Ihren Ohrrändern vom unteren Teil des inneren Kreises nach oben und dann wieder nach unten zu folgen.

Eines ist mir noch nicht klar: Gehört der Rand bei mir zum äußeren Kreis, weil er sich so stark wölbt?

Eine sehr gute Frage! Wenn Sie Gesichter lesen, sind die Proportionen der Ohren das schwierigste Merkmal. Sobald Sie das mit den Grenzen und den inneren und äußeren Kreisen verstanden haben, müssen Sie herausfinden, ob der Rand ein Teil des inneren oder ein Teil des äußeren Kreises ist. Manchmal macht er sich sogar selbständig. Alle diese Details sind wichtig.

Darf ich die Proportionen der Ohren als Anfänger erst einmal weglassen?

Natürlich. Überspringen Sie diesen Abschnitt, und lesen Sie erst den Rest des Buches. Außerdem gebe ich Ihnen noch folgende Hinweise:

- Große innere Kreise paaren sich meist mit kleinen äußeren. Die Fläche eines Ohres ist eben begrenzt.
- Daher gehen kleine innere Kreise mit großen äußeren einher.
- Der innere und der äußere Kreis können natürlich auch gleich groß sein.

Die Proportionen der Ohren

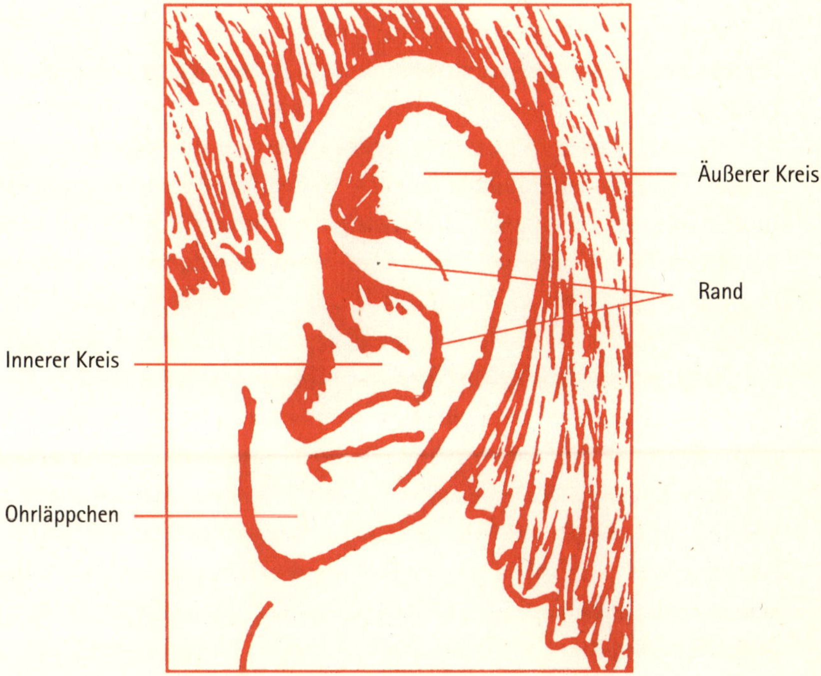

Es lohnt sich, die Proportionen der Ohren zu analysieren, weil sie uns verraten, wie ein Mensch sich unbewußt mit der Realität auseinandersetzt. Menschen kommen mit der Wirklichkeit zurecht, weil sie sich auf einzelne Bereiche konzentrieren. Wer das nicht tut, erkrankt an Autismus, Schizophrenie oder anderen psychischen Störungen.

Die meisten Menschen halten ihr Bild der Realität für das einzig wahre. Aber Physiognomen haben das Privileg, verschiedene Realitäten zu entdecken. Die Proportionen der Ohren verraten uns sogar, an welche Wirklichkeit ein Mensch sehr wahrscheinlich glaubt.

Der innere Kreis symbolisiert die subjektive Wirklichkeit: Gefühle, Spiritualität und Philosophie. Der äußere Kreis ist das Symbol der sogenannten objektiven Realität: Wer hat wann und wo was getan? Zeitungen befassen sich mit dieser Ebene der Realität. Literarische Zeitschriften kümmern sich mehr um die subjektive Ebene.

Wer schreibt in der Regel für die Blätter der Intellektuellen? Meist Leute mit auffälligen inneren Kreisen – das sind die Poeten, Künstler und Philosophen der Welt. Für diese überaus empfindsamen Menschen sind Ereignisse Metaphern. Denken Sie an John Bradshaw, der die Idee des »inneren Kindes« populär machte. Wer ausgeprägte äußere Kreise hat, würde vielleicht herausplatzen: »Was für ein Kind? Zum Teufel, Sie sind doch mindestens vierzig!«

Das Problem von Menschen mit dominantem innerem Kreis ist, daß sie oft egozentrisch sind. Sie glauben vor allem an ihre eigene Auffassung von der Wirklichkeit. Wenn Sie hingegen sehr große äußere Kreise haben, fällt es Ihnen schwer, Leute zu respektieren, die nicht an eine objektive Realität glauben.

Dominierende äußere Kreise sind ein Indiz für praktische Begabung, auf der anderen Seite neigen solche Menschen dazu, Gefühle zu unterschätzen.

Obwohl Menschen mit ausgeprägten äußeren Kreisen Probleme mit der Empfindsamkeit haben, können sie als Pragmatiker äußerst erfolgreich sein. Praktisch, wissenschaftlich, systematisch: das sind nur einige der Vorzüge, die mit diesem Merkmal einhergehen.

Wenn Ihre inneren und äußeren Kreise etwa gleich groß sind, gelingt es Ihnen, innere und äußere Erfahrungen zu versöhnen. Ihre Freunde loben Sie als mitfühlenden Zuhörer, der obendrein vernünftige Ratschläge erteilt – der Psychologe Dr. Abraham Maslow hatte solche Ohren.

Die Grenzen auf den Ohren symbolisieren eine Mauer zwischen dem inneren und äußeren Leben. Unauffällige Grenzen sind kein Grund zur Sorge, doch Menschen mit solchen Ohren nehmen objektive Dinge persönlich und halten ihre Wahrheit für allgemeingültig.

Wenn Ihr innerer Kreis eine sehr klare Grenze hat, trennen Sie sorgfältig zwischen Ihrem Innenleben und Ihrem öffentlichen Leben. Der Dichter T. S. Eliot hatte riesige innere Kreise, geschützt von enormen Grenzen. Kein Wunder, daß er eine Zeile schreiben konnte wie: »Wag ich es, einen Pfirsich zu essen?«

Vorstehende Grenzen sind selten. Wir finden sie bei Menschen, die von den Grenzen zwischen dem öffentlichen und dem privaten Bereich fasziniert sind.

Meine Oma sagte, große Ohrläppchen bedeuteten Klugheit und darum werde Buddha damit abgebildet. Andere Leute behaupten, daß große Ohrläppchen auf ein langes Leben hindeuten. Was ist daran wahr?

Buddhastatuen und -bilder haben traditionell große Ohrläppchen. Was die Langlebigkeit angeht, sollten Sie sich in der nächsten Leichenhalle informieren. Große Ohrläppchen bedeuten tatsächlich Klugheit – aber kleine auch. Es gibt eben verschiedene Arten von Klugheit. Wichtig ist, daß die Ohrläppchen verraten, wie aufmerksam wir die physische Wirklichkeit verfolgen.

Asymmetrien

Nachdem Sie nun zwei Mysterien enthüllt haben – Augenbrauen und Ohren –, sind Sie kein Novize mehr. Jetzt liefern Ihnen die Teile des Gesichts unerwartete Informationen. Aber glauben Sie mir, der Spaß fängt erst an! Da Ihr Spürsinn schärfer wird, sollten Sie Ihrem Talent etwas hinzufügen. Als Physiognom befassen Sie sich auch mit einer Tatsache, die den meisten Menschen peinlich ist: Gesichter sind schief. Asymmetrien sind für den Gesichtsdeuter jedoch nichts Schlimmes. Sie sind faszinierend, informativ und sehr menschlich.

Die beiden Hälften eines Gesichts sind also nicht gleich. Wenn Sie einen Beweis dafür verlangen, schauen Sie in den Spiegel. Bedecken Sie eine Gesichtshälfte mit einem Blatt weißem Papier, so daß Sie ein Auge, eine Augenbraue, eine halbe Nase und ein Nasenloch sehen. Decken Sie dann die andere Hälfte des Gesichts zu. Die beiden Hälften sind so unterschiedlich, daß sie verschiedenen Menschen gehören könnten!

Asymmetrie ist kein Fehler, sondern ein evolutionärer Prozeß. Babygesichter sind fast immer symmetrisch. Sie ändern sich allmählich, und jeder Wandel hat einen Grund.

Die rechte Seite des Gesichts symbolisiert Ihr öffentliches Selbst, den ersten Eindruck, den Sie auf andere machen, und Ihr Verhalten am Arbeitsplatz. Die linke Seite enthüllt Ihr privates Selbst, wie Sie mit Familie und Freunden umgehen.

Menschen entwickeln zwei Arten des Verhaltens: eine öffentliche Version für Fremde und eine private Version für Freunde. Und das Faszinierende ist, daß Ihr Gesicht genau dort eine Asymmetrie aufweist, wo Sie die Trennlinie zwischen den beiden Stilen ziehen. Als erfahrener Physiognom werden Sie vergleichen und kontrastieren wollen. Aber vorläufig gehen wir mit Asymmetrien einfacher um:

- Im Beruf lesen Sie die rechte Seite des Gesichts.
- Im Privatleben lesen Sie die linke Seite des Gesichts.

Wenn Sie die rechte und linke Gesichtshälfte Ihres Gesprächspartners lesen, müssen Sie daran denken, daß die rechte Seite Ihres Gegenübers von Ihnen aus gesehen links ist und umgekehrt.

Ein guter Physiognom werden Sie nur durch Übung, und die kostet Zeit. Die typischen Entwicklungsphasen sehen so aus:

1. Lassen Sie sich nicht ablenken (z.B. vom Lippenstift auf den Zähnen oder von Ihren bisherigen Gewohnheiten). Suchen Sie Informationen.
2. Studieren Sie ein Merkmal nach dem anderen. Die Ohren und andere Gesichtsteile warten in der Regel.
3. Deuten Sie eine Gesichtshälfte nach der anderen, solange Sie keine Erfahrung mit Asymmetrie haben. Im Beruf deuten Sie die rechte Seite, im Privatleben die linke.
4. Achten Sie darauf, ob ein Merkmal extrem ist, also für Ihre Deutung wichtig ist.
5. Wenn Sie dazu bereit sind, beziehen Sie Asymmetrien in Ihre Analyse ein.

Können Sie die Sache mit der Asymmetrie an einem Beispiel erläutern?

Schön, nehmen wir gleich Sie: Das linke Ohr sitzt tiefer, und das Ohrläppchen hängt unterhalb der Nasenspitze. Das rechte Ohr reicht über die Augenbraue hinaus. Das bedeutet, daß Sie am Arbeitsplatz gute, schnelle Entscheidungen treffen. Was die persönliche Seite betrifft – zum Beispiel wo Sie wohnen oder arbeiten wollen –, denken Sie viel gründlicher nach.

6. Augen

Die Augen haben etwas an sich. Meist sind sie das Ziel unserer Aufmerksamkeit, einerlei, ob wir romantisch nach der Farbe schauen oder prüfend nach dem Ausdruck. So seelenvoll betrachten wir keinen anderen Teil des Gesichts. Aber wir betrachten die Augen oft falsch. Was erfahren wir, wenn wir um die Augen herum schauen? Diese Partie verrät eine Menge über die innere Einstellung.

Vielleicht ist es nicht romantisch, aber wenn ich nicht in festen Händen wäre, würde ich bei einem Mann ebenso nach den richtigen Augenlidern wie nach den richtigen Augen suchen. Die Lider sind faszinierend, denn sie ermöglichen es, den Gesichtsausdruck (den die Leute recht gut im Griff haben) mit einer tieferen Wirklichkeit (die sich meist nicht fälschen läßt) zu vergleichen.

Vor allem wenn Sie glauben, über Augen bereits ziemlich viel zu wissen, wird dieses Kapitel Sie nachdenklich stimmen, und wahrscheinlich werden Sie manches entdecken, was Sie über Ihre eigenen Augen noch nicht wußten.

Die unteren Augenlider

Wir achten selten darauf, wie stark die unteren Augenlider gekrümmt sind, es sei denn, eine Frau möchte einen umwerfenden Eindruck machen und tränkt jede kleine Wimper mit Wimperntusche. Wenn Sie dieses unterschätzte Element studieren, werden Sie feststellen, daß es sich leicht verändern läßt.

- Unter bestimmten Umständen können Sie schmachtend dreinschauen. Runde Augenlider können sich dann derart krümmen, daß Sie »runde Augen« bekommen. Das geschieht in der Regel, wenn Sie wütend, neugierig, verwundbar oder aufgewühlt sind.
- In anderen Situationen können Sie die Augen verengen. Dann werden die unteren Lider gerade und spiegeln Furcht, verletzte Gefühle, Mißtrauen, Schüchternheit oder andere Gefühle wider, die auf emotionale Verschlossenheit hindeuten.

Wie würden Sie die Kurve Ihrer Augenlider auf einer Skala von 1 bis 10 einordnen?

Wenn Sie nicht schauspielern, enthüllt diese Kurve, wie weit Sie in emotionaler Hinsicht auf neue Menschen zugehen. Die rechte Kurve sagt Ihnen, wie Sie mit Fremden am Arbeitsplatz umgehen, die linke symbolisiert Ihre Reaktion auf neue Menschen, die Ihre Freunde sein wollen.

Runde untere Lider bekommen 8 bis 10 Punkte; die Zehner sind extrem. Wenn Sie zu dieser Gruppe gehören, sind Sie selbst völlig Fremden gegenüber sehr aufgeschlossen. Für Sie ist jeder Mensch ein potentieller Lehrer, und Sie sind lernbegierig.

Was ist nun der Nachteil daran, wenn die unteren Lider stark geschwungen sind? Manchmal ist es Leichtgläubigkeit, immer Verletzlichkeit. Kindliche Empfindsamkeit tut weh, und darum haben so viele Leute beschlossen, ihr zu entwachsen.

Menschen mit geraden unteren Lidern haben andere Stärken. Sie können Fremde innerhalb von Sekunden richtig einschätzen und geben sich gar nicht erst mit ihnen ab, wenn es sich nicht lohnt.

Andererseits sind diese Menschen nicht nur schlau, sondern oft auch vorschnell im Urteil. So vergraulen sie möglicherweise gute Kumpel. Ansonsten sind sie aber loyale Freunde. Das ist kein Wunder, denn wer vor ihrem kritischen Auge bestehen kann, ist ein Freund fürs Leben.

Die unteren Augenlider

(auf einer Skala von 1 bis 10)

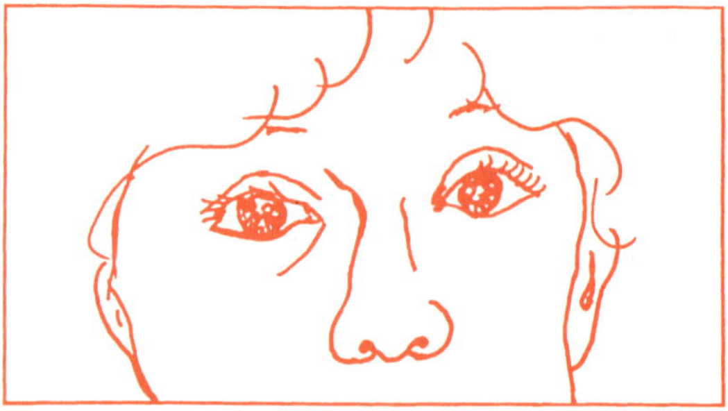

rund (10)

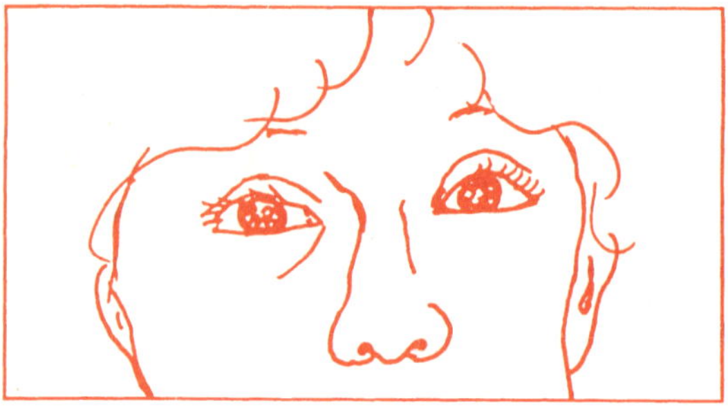

gerade (1)

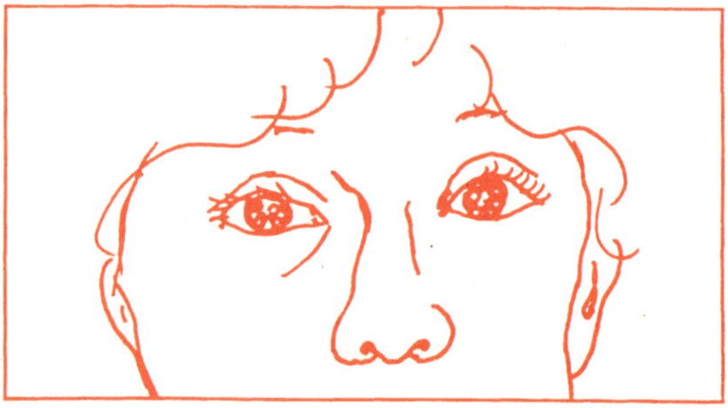

moderat (5)

Als Hillary Clinton zur First Lady wurde, hätte ich ihren unteren Augenlidern eine Zehn gegeben. Dann stutzte die kritische Öffentlichkeit sie zurecht, und als ihr Mann zum zweiten Mal gewählt wurde, war Hillary eine Eins! Erstaunlicherweise werden viele Stars, die als besonders sexy gelten, ebenso unnahbar: Kim Basinger, Madonna und Cher folgen alle dem Beispiel von Marilyn Monroe.

Was die Männer angeht, so haben Sie vielleicht erwartet, daß rauhe Burschen wie Clint Eastwood und Jack Nicholson gerade Lider haben. Doch Sie müssen vermutlich zweimal hinsehen, ehe Sie glauben, daß auch Idole wie Tom Cruise und Luke Perry in diese Gruppe gehören.

Menschen mit moderat gekrümmten Augenlidern (4 bis 7) haben gelernt, sich zu schützen. Wenn sie neue Bekanntschaften machen, bleiben sie anfangs zurückhaltend, sind dann aber offen genug, um mehr Freunde zu haben als die mißtrauischen Typen.

Wie kann ich diese Erkenntnisse als Single in der Praxis anwenden?

Werfen Sie einen Blick auf Ihre Augen, und bauen Sie auf Ihre Stärken.

- Wenn Sie schüchtern sind, dürfen Sie nicht von sich verlangen, daß Sie sofort enge Freundschaften schließen. Falls Sie auf der Skala eine 1 oder 2 haben, gelingt Ihnen das nur in der Phantasie. Die Leute müssen sich Ihr Vertrauen erst verdienen, und dagegen ist ja nichts einzuwenden.
- Wenn Sie runde Augenlider haben, sind Sie in der Liebe wahrscheinlich zu stürmisch. Drosseln Sie Ihr Tempo! Es könnte auch nichts schaden, hin und wieder zu prüfen, ob Sie aus früheren Beziehungen noch alte Wunden haben. Ihr zartes Herz braucht oft Heilung.

- Wenn Sie einen mittleren Wert auf der Skala erreichen, dürfen Sie sich über Ihr gesellschaftliches Leben freuen. Rechnen Sie aber nicht damit, daß andere mit Fremden ebenso leicht zurechtkommen. Schauen Sie ihnen in die Augen und dann ein wenig nach unten: Die Kurve der unteren Lider informiert Sie über das angemessene Tempo.

Lidpolster und Wimpern

Im allgemeinen sind Drachen nicht wegen ihrer Freundlichkeit bekannt. Das gilt auch für Menschen, die drachenähnliche Hautpolster über den Augen haben.

Die meisten Menschen haben keine Oberlidpolster. Verwechseln Sie diese Polster nicht mit anderen Eigenschaften, auf die wir noch zu sprechen kommen: dünne Lider, tiefliegende Augen oder einfache Lider. Polster sind zusätzliche Hautstücke, die unterhalb der Augenbrauen beginnen und einen Teil dessen verdecken, was darunter liegt.

- Moderate Polster bedecken das Lid nur ein Stückchen.
- Große Polster bedecken sogar einen Teil der Augen.
- Wenn die Polster fehlen, ist oberhalb der Lider alles klar. Selbst wenn die Flächen oberhalb und unterhalb der Augen einmal ein wenig aufgedunsen sind, haben Sie keine Polster, die in die Lider oder Augen fallen.

Diese Polster bilden sich meist dann, wenn wir uns selbst vernachlässigen, weil wir anderen Leuten alles recht machen wollen und nicht auf die Signale des Körpers hören (zum Beispiel: »Ich brauche ein Nickerchen« oder »Raus aus dem Büro – ich will spielen!«).

Wenn dieses Verhalten andauert, werden die Polster größer. Wenn sie einen Teil der Augen verhüllen, zeigen Sie damit Mißach-

Lidpolster

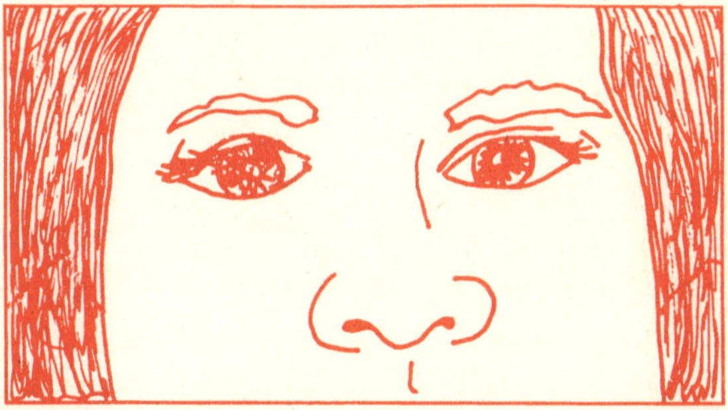

Keine

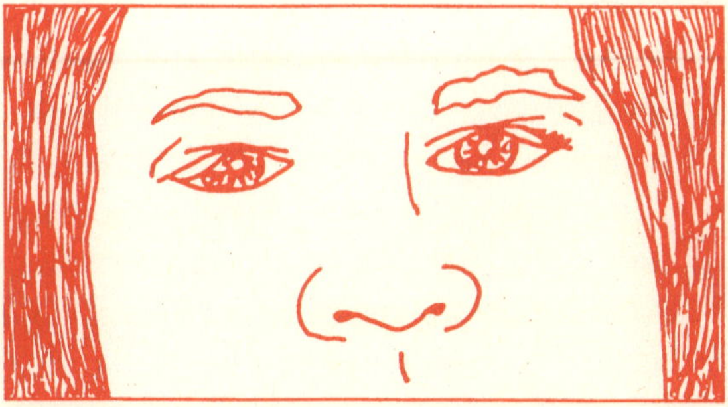

Moderate

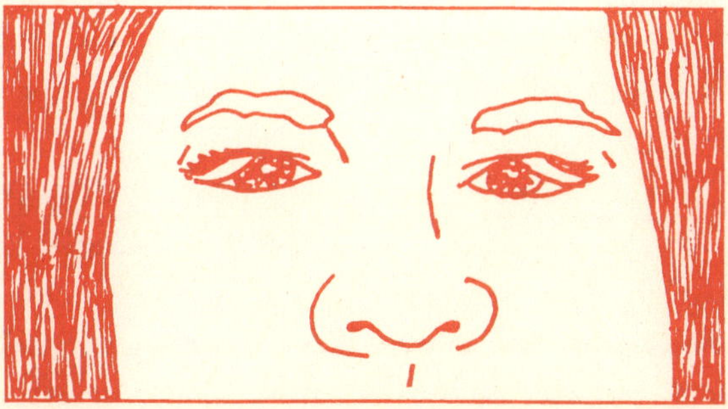

Große

tung der eigenen Gesundheit. Anstatt zum Schönheitschirurgen zu rennen, sollten Sie lieber die Ursachen dieser Gesichtskaskade beseitigen.

Unerkannte Allergien führen häufig zu Lidpolstern. Akupunkteure, Ernährungsberater und Homöopathen können Ihnen helfen, besser auf Ihren Körper zu hören; dann bilden sich die Polster (und auch die Säcke unter den Augen) zurück.

Abgesehen von ihrer gesundheitlichen Bedeutung haben Lidpolster auch etwas mit dem Beruf zu tun: Wir finden sie bei besonders ehrgeizigen Leuten.

Menschen mit moderaten Polstern sind einigermaßen kleinlich – kleine Fehler treffen auf kleine Toleranz. Das kann einen übertrieben legeren Management-Stil ein wenig ausgleichen. Kritiker dämpfen damit ihre Versponnenheit.

Ist es Zufall, daß die Seiten von *Forbes* mit Fotos von leicht gepolsterten Millionären gespickt sind? Ich glaube nicht; aber wenn Sie wissen wollen, ob deren Lidpolster und Reizbarkeit tatsächlich etwas mit ihrem Erfolg zu tun haben, dann fragen Sie ihre Buchhalter! Sagen Sie ihnen, Sie seien ein Student, der eine Arbeit über Lidpolster schreibe und daher wissen müsse, ob das Temperament der Reichen zu ihrem Bankkonto paßt.

Große Lidpolster sind erst recht ein fragwürdiger Segen. Sie sind so groß, daß sie bisweilen sogar die Sicht behindern. Im Kontext mit dem Rest des Gesichts enthüllen sie leidenschaftlichen Erfolgswillen sowie chronischen Mißmut, Unnahbarkeit und sogar Egoismus und Unehrlichkeit. Das alles finden Sie im Gesicht von Rasputin, dem finsteren russischen Mönch.

Zugegeben, manche Menschen tragen selbst die auffälligsten Lidpolster mit Stil. Die Polster können sogar zu ihrem Nimbus beitragen, weil sie verbergen, wie hart diese Leute zu sich selbst waren, um erfolgreich zu sein. Hätte Arthur Conan Doyle denselben Sherlock Holmes geschaffen, wenn er nicht selbst so überaus penibel gewesen wäre? Und Winston Churchills Zorn war während des Zweiten Weltkriegs Millionen von Menschen ein Trost.

Ich will nicht sexistisch sein, aber mir scheint, daß Männer viel häufiger Lidpolster haben als Frauen.

Sie haben recht. Bei Männern kommen diese Polster tatsächlich öfter vor, besonders die großen. Dafür haben Frauen feinere Wimpern.

Wimpern sind für Menschen das, was Schnurrhaare für Katzen sind: empfindliche Sonden. Wir Menschen sondieren zwar nicht physisch damit, aber unsere Wimpern spiegeln unsere Feinfühligkeit wider. Je feiner die Wimpern sind, desto empfindsamer ist der Mensch.

Wer feine Wimpern hat, reagiert also intensiv; er ist schreckhaft wie eine Katze oder aufgeregt wie ein Hund ... wie einer dieser nervösen, winzigen Vierbeiner, die so beliebt als Schoßhündchen sind, aber auch beißen. Natürlich äußert sich Empfindsamkeit auch als exquisiter Geschmack eines Gourmetkochs oder als Farbgefühl eines Künstlers.

Der Abstand zwischen den Augen

Dieses Merkmal dürfte Ihnen wenig Mühe bereiten:

- Ein kleiner Abstand bedeutet, daß die Augen enge Nachbarn sind.
- Ein großer Abstand bedeutet, daß die Augen wie entfernte Vettern sind, die an verschiedenen Küsten des Kontinents leben.

Denken Sie daran, daß der Augenabstand bei den meisten Menschen durchschnittlich ist, also nicht gedeutet werden muß. Sie brauchen

Der Abstand zwischen den Augen

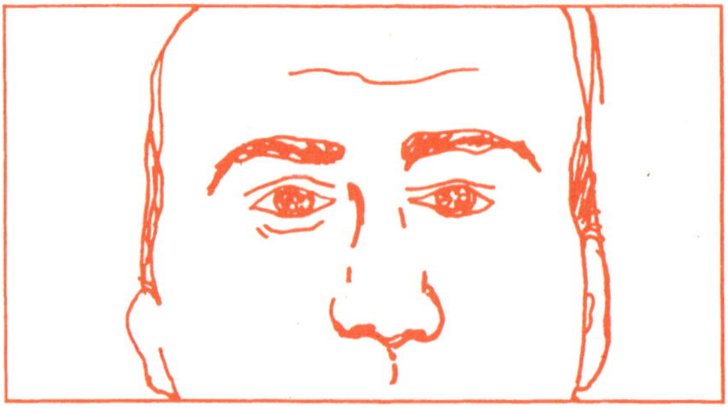

Eng

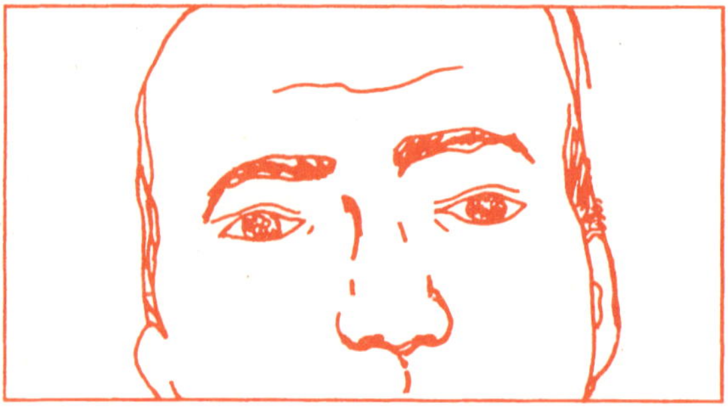

Weit

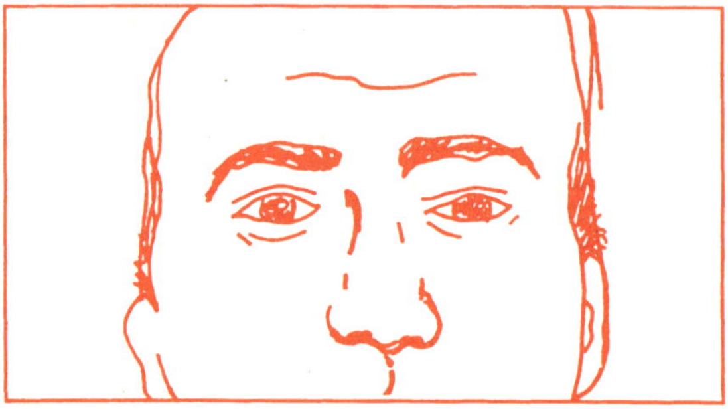

Normal

folglich nicht zu blinzeln, zu murmeln und verzweifelt mit den Fingern zu messen – gehen Sie einfach zu einem anderen Merkmal über.

Was sagt uns Ihrer Ansicht nach der Augenabstand? Wenn Sie meinen, er habe etwas mit dem Blickwinkel zu tun, bekommen Sie einen Punkt. Wenn Sie den Abstand auf den Millimeter genau messen, erhalten Sie keinen Punkt – aber Ihre Augen sind wahrscheinlich enge Nachbarn.

Wenn Sie eng benachbarte Augen haben, können Sie sich gut konzentrieren. Ihnen entgeht keine Einzelheit, wenn Sie sich für etwas interessieren. Darum haben Sie beispielsweise ein Talent für feine Handarbeiten und andere Tätigkeiten, bei denen Konzentration wichtig ist, wie Golf. Es ist schwer, einen Spitzenspieler zu finden, der nicht wenigstens ein Auge dicht an der Nase hat.

Andererseits müssen Sie sich mit solchen Augen davor hüten, übertrieben Kritik zu üben. Da Ihnen kein Detail entgeht, entdecken Sie auch den kleinsten Fehler.

Was raten Sie Leuten, die den Mut hatten, einen Menschen mit eng benachbarten Augen zu heiraten?

Bewundern Sie den scharfen Blick Ihres Partners, und lachen Sie über den Rest.

Falls bei Ihrem Partner der Augenabstand groß ist, sollten Sie von ihm nicht erwarten, daß er bei jedem t das Strichlein zieht und über jedes i das Pünktchen setzt. Wenn er am Satzende den Punkt nicht vergißt, so ist das erfreulich genug. Über solche Details sind diese Menschen erhaben, vor allem wenn sie gleichzeitig abnehmende Augenbrauen haben. Aber auch sie haben ihre Vorzüge: Manche Menschen mit großem Augenabstand sind sehr weitsichtig oder übernehmen gern eine Vorreiterrolle. Die Komponistin Ellen Zwilich war zum Beispiel die erste Frau, die den Pulitzer-Preis erhielt.

Sind Menschen mit großem Augenabstand romantischer?
Ja, ferne Nachbarn sind romantischer, enge sind pragmatischer. Letzteres ist ebenfalls liebenswert, sofern Ihre Romanze eine Weile hält.

Die Augenhöhlen

Wenn Sie Ihre Augen im Spiegel betrachten, sollten Sie auch erkunden, wie tief sie liegen. Das ist im Profil am besten zu sehen.

- Das eine Extrem sind tiefliegende Augen.
- Das andere Extrem sind vorstehende Augen.
- Die meisten Menschen haben normale Augen, bei denen es nichts zu deuten gibt.

Sind Glotzaugen nicht die Folge einer Schilddrüsenstörung?
Sie können es sein. Aber für uns ist wichtig, was ein bestimmtes Merkmal bedeutet. Wenn Ihre Augen stark vorstehen, sollten Sie zum Arzt gehen; aber als Physiognom müssen Sie die innere Bedeutung solcher Augen kennen.

Dieses Merkmal enthüllt, wie engagiert Sie in Gesprächen sind, was sich oft auch in der Körpersprache ausdrückt. Wer tiefliegende Augen hat, beteiligt sich ganz ungezwungen an Unterhaltungen, als lehne er sich gemütlich im Sessel zurück. Ebenso hält er sich mit seinem Engagement zurück.

Die heimlichen Gefühle reichen von Skepsis bis Spott. Täuschung ist nicht unbedingt dabei. Es besteht nur eine Kluft zwischen den Gefühlen und dem äußeren Anschein. Oft fragt man sich deshalb, was in solchen Menschen vorgeht. Manchmal ist die Diskrepanz zwischen ihrer Fassade und der inneren Wahrheit so groß, daß sie eine wichtige Art von Authentizität verlieren.

Die Augenhöhlen

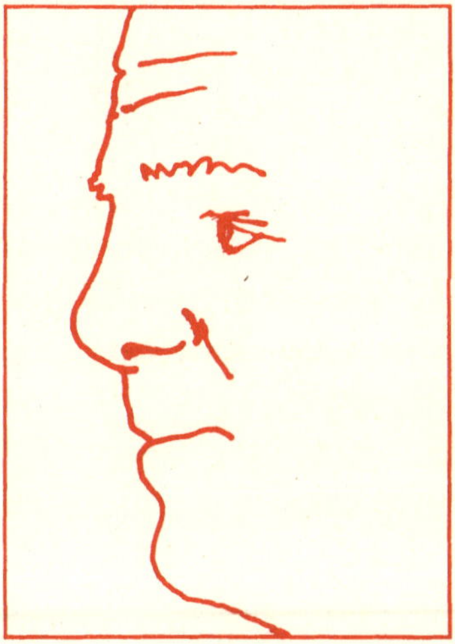

Tiefliegend

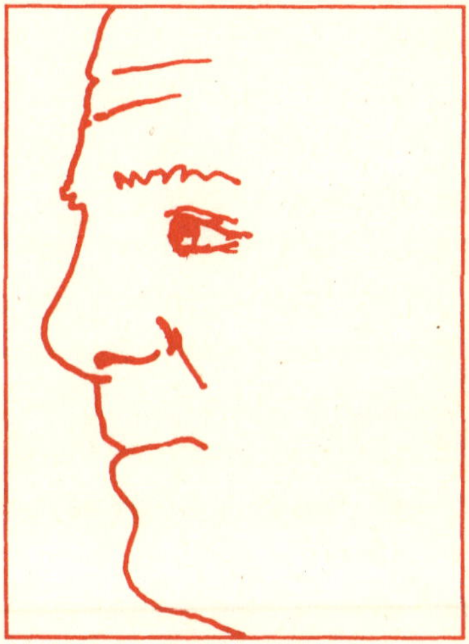

Vorstehend

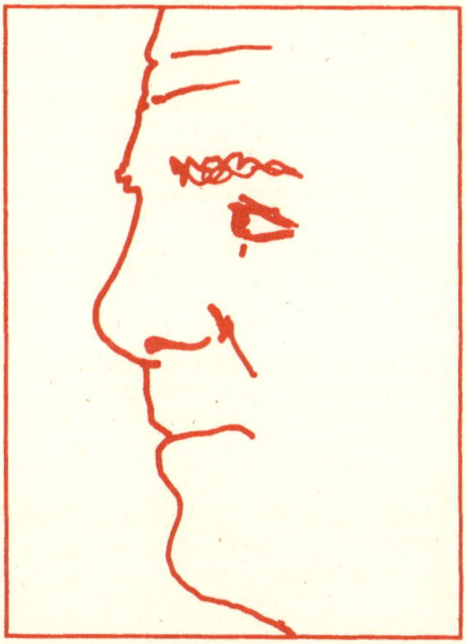

Normal

Wer vorstehende Augen hat, ist immer voll engagiert. Vielleicht sitzt er sogar auf der Stuhlkante. Ich rate Ihnen, solche Menschen nicht zu unterbrechen, sonst gelten Sie als rüpelhaft.

Die Struktur der Augenlider

Die meisten Erwachsenen ignorieren ihre Augenlider, und viele wissen nicht, daß die Struktur der Lider in zwei Varianten auftritt. Wenn Sie sich ansehen, wie die Haut der Lider vom Knochen unter der Braue nach unten fällt, sehen Sie entweder

- ein einzelnes Augenlid: die Haut erstreckt sich vom Knochen zum Auge; oder
- ein doppeltes Augenlid: die Haut faltet sich und bildet in der Augenhöhle einen Kniff.

Hat das »einzelne Lid« etwas mit schrägen Augen zu tun, wie man sie bei Chinesen sieht?

Die sogenannten »schrägen Augen« bei Asiaten sind gar nicht schräg, jedenfalls nicht schräger als unsere. Jedes Auge, jede Augenbraue und jeder Mund ist schräggestellt. Wie wir noch sehen werden, hat die Neigung des Auges nichts mit der Struktur des Lides zu tun.

Wenn Sie sich nicht um Klischees kümmern, finden Sie die schräge Stellung der Augen bei Asiaten überhaupt nicht ungewöhnlich. Vielleicht sehen Sie eine einzelne Augenfalte.

Die Struktur der Augenlider und ihre Dicke sagen uns etwas über die Einstellung zum Leben.

Einzelne Lider deuten darauf hin, daß Sie eng mit anderen Menschen verbunden sind. Doppelte Lider lassen darauf schließen, daß Sie sich hauptsächlich als Individuum verstehen.

Die Struktur der Augenlider

Einzelnes Augenlid

Doppeltes Augenlid

Ist es Zufall, daß Amerika, das Land der Freien und der Individuen, von Menschen mit doppelten Augenlidern gegründet wurde? Ist es Zufall, daß die Japaner mit ihren einzelnen Lidern so großen Wert auf die Gemeinschaft legen? Letztere ist in Amerika seit der Unabhängigkeitserklärung wenig gefragt. Aber Amerikaner asiatischer Herkunft bereichern das Land seit Generationen, und sie leisten einen wichtigen, wenn auch oft ignorierten Beitrag. Fragen Sie die großen Weisen aus aller Welt: Wir alle sind eine Familie, und wir können uns nur dann geistig weiterentwickeln, wenn wir das begreifen. Wenn der Osten dem Westen begegnet, haben wir die Chance, eine Welt zu erschaffen, in der beide Einstellungen gewürdigt werden – der individuelle Mumm und die kollektive Freundlichkeit.

Der Augendeckel

Wenn Sie ein Augenlid mit Doppelstruktur entdeckt haben, können Sie eine weitere interessante Kategorie studieren: den Augendeckel. Prüfen Sie das Hautstück unmittelbar oberhalb der Wimpern. Einzelne Lider lassen meist keinen Deckel erkennen – aber man soll nie nie sagen.

Um den Augendeckel zu bestimmen, schauen Sie in den Spiegel und stellen sich vor, Sie hätten sich mit einem knallig-blauen Lidschatten geschminkt. Wieviel davon ist zu sehen, wenn Sie die Augen öffnen?

- Damit der Lidschatten sein Geld wert ist, brauchen Sie einen dicken Augendeckel.
- Wenn Sie einen dünnen Deckel haben, nützt der Lidschatten Ihnen nicht viel.
- Falls der Deckel nicht zu sehen ist, können Sie auf Lidschatten verzichten – man sieht ihn nur, wenn Sie blinzeln.

Betrachten Sie sich einmal im Spiegel (denken Sie daran: genau von vorne), und studieren Sie Ihre Lider.

Die Dicke des Augendeckels ist wohl eines der wichtigsten Merkmale des Gesichts, wenn Sie einen Partner suchen. Sie verrät nämlich, was ein Mensch von Intimität hält.

Bei jedem Paar ist die Bindung unterschiedlich stark. Manche Paare wollen einander ständig nahe sein, andere leben fast getrennt. Zum Glück können Sie Gesichter deuten! Um herauszufinden, ob ein potentieller Partner sein Schloß mit Ihnen teilen will, brauchen Sie nicht mit ihm im Sandkasten zu spielen. Die Dicke des Augendeckels sagt Ihnen alles.

Wenn er dick ist, sprechen wir von einem Schlafzimmerblick (was allerdings nichts mit Sex zu tun hat). Aus diesem Merkmal dürfen Sie schließen, daß Sie mit Ihrem Partner sehr eng zusammenleben werden – sofern auch Sie dieses Merkmal haben. Wenn nicht, kann aus einer tollen Beziehung ein Alptraum werden.

Dünne Lider enthüllen hingegen die Einstellung: »Ich zuerst!« Ihre wundervolle Seite ist Unabhängigkeit. Einerlei, wie sehr, wie tief, wie lange Sie lieben – Sie bleiben Sie selbst. Sagen Sie der geliebten Person gleich zu Beginn, daß Sie immer reichlich emotionalen Freiraum brauchen – Ihre eigenen Sachen, Ihr eigenes Leben und vielleicht Ihr eigenes Zimmer.

Wenn Sie eine Partnerin oder einen Geschäftspartner suchen, hilft Ihnen die Dicke der Augenlider, Ihre persönlichen Grenzen einzuhalten. Wenn das Herz vor Mitgefühl überfließt, ist es klug, Menschen um sich zu haben, die klare persönliche Grenzen setzen.

Dünne Augendeckel betonen das Bedürfnis nach Unabhängigkeit, wenn Sie zugleich das natürliche Zeichen für klare Grenzen besitzen: die doppelte Lidfalte. Dann blühen Sie als Einzelgänger auf, und wenn Sie heiraten, können Sie Ihren Partner innig lieben, ohne von ihm abhängig zu werden. Außerdem handeln Sie in allen Ihren Beziehungen verantwortungsbewußt.

Der Augendeckel

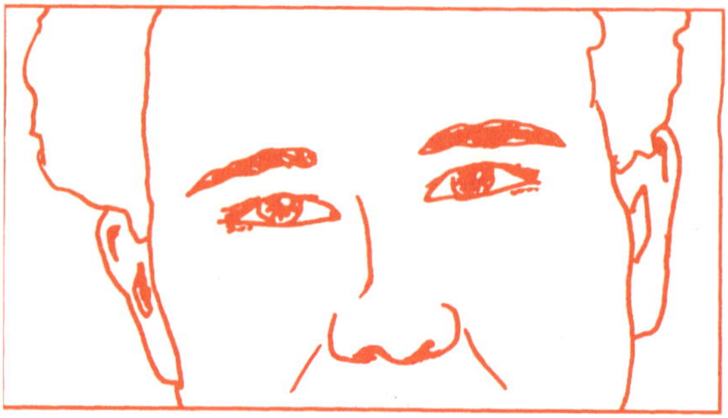

Nicht zu sehen

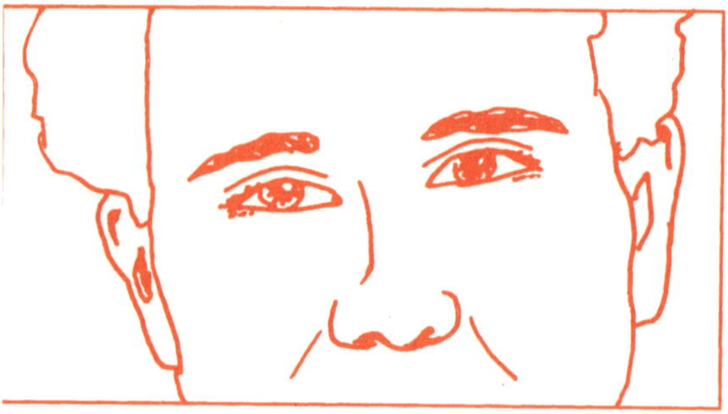

Dünn

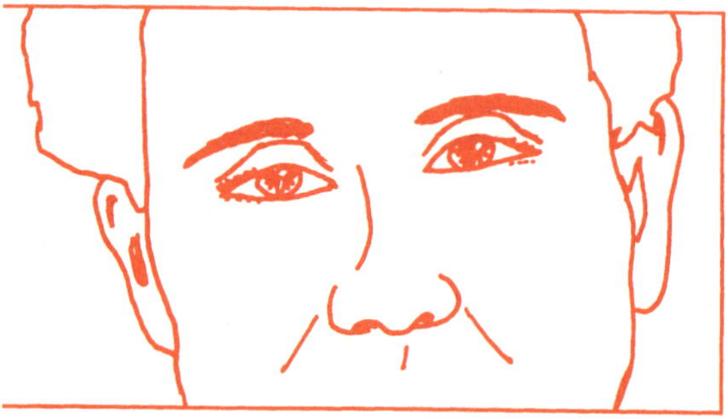

Dick

Was meinen Sie mit »verantwortungsbewußt?«

Nehmen wir an, Sie und Ihre Frau gehen zu einem Kostümfest. Was tragen Sie? Wenn Sie große Augenlider haben, tragen Sie wahrscheinlich, was ihr gefällt. Wenn sie meint, daß Sie als Mickymaus toll aussehen, verziehen Sie vielleicht insgeheim das Gesicht, aber Sie geben vermutlich nach, weil das »Wir« Ihnen wichtiger ist als das »Ich«.

Sie verkleiden sich also als Micky. Aber das Ergebnis ist offen gesagt mager: Ihre Frau, als niedliche Minnie, bekommt zwar die ganze Nacht lang Komplimente, doch wenn die Leute Sie sehen, flüstern sie: »Was ist daran originell?«

Was lernen Sie daraus? Sie haben Ihrer Frau einen Gefallen getan, und vielleicht ist das am wichtigsten. Aber was die Kostümwahl angeht, haben Sie nicht viel gelernt, weil Sie es nicht selbst ausgesucht haben. Ihre Frau war kreativ und hat über dic Wirkung nachgedacht.

Was würden Sie dagegen als Ehemann mit dünnen Lidern erwidern, wenn Ihre Frau Ihnen Mickymausohren aufsetzen wollte? »Vergiß es.« Sie würden unter dem Pelz schwitzen und mit den Riesenohren überall anstoßen. Sie würden dieses Kostüm höchstens tragen, wenn Sie es wollten, und wenn es ein Mißerfolg wäre, trügen allein Sie die Verantwortung. Auch in ernsteren Situationen mit ernsteren Folgen reagieren Sie objektiver als jemand, der nur anderen gefallen will.

Mein Chef hat große Augenlider, aber die Augen stehen sehr eng. Er kümmert sich um uns, aber er sieht auch jeden Fehler. Wie komme ich mit diesen widersprüchlichen Signalen zurecht? Ist er ein Heuchler?

Es ist schwierig, komplexe Merkmale zu deuten, vor allem für Anfänger. Aber mit der Zeit nimmt Ihre Erfahrung zu, und die Verwirrung läßt nach.

Vielleicht bemüht sich Ihr Chef, seine Neigung zu Kritik, die seine engstehenden Augen verraten, zu dämpfen. Ich wette, es fällt ihm schwer, den Menschen so nahe zu sein, wie er gerne möchte, und sie gleichzeitig genau zu überwachen und zu kritisieren. Nennen Sie ihn also nicht Heuchler, solange es bessere Erklärungen gibt. Es ist besser, das Gute in den Menschen zu sehen. Übrigens: Wenn jemand sehr engstehende Augen hat und seine Lektionen lernt, kann er der liebenswürdigste Bursche sein, der Ihnen je begegnet ist.

Woran erkennt man Heuchelei?

Hüten Sie sich vor Menschen mit einem sehr großen, vollen Augenlid auf der einen und fehlendem Liddeckel auf der anderen Seite. Ein großes Lid auf der linken Seite und ein fehlender Deckel auf der rechten deuten zum Beispiel darauf hin, daß der Betreffende sehr an seinen Angehörigen und Freunden hängt, im Beruf jedoch nach dem Motto lebt: »Jeder ist sich selbst der Nächste.«

Ein sehr großes rechtes Lid läßt auf ein gutes, enges Verhältnis zu Arbeitskollegen, aber Egoismus im Privatleben schließen.

Bei diesen Asymmetrien bin ich auf jeden Fall vorsichtig. Für sich allein ist kein Deckeltyp verdächtig; aber eine Kombination beider Extreme kann ein Indiz für Scheinheiligkeit sein.

Detektivarbeit für Physiognomen

Angenommen, Sie wollen die Physiognomik benutzen, um unehrliche Leute zu entlarven. Verrät Ihnen irgendein Merkmal, daß jemand lügt? Nun, so einfach ist es nicht. Aber ein wenig Detektivarbeit liefert Ihnen nützliche Informationen.

Sie erkennen eine Lüge, wenn zwischen dem Gesichtsausdruck und einem sehr starken Merkmal ein krasser Widerspruch besteht. Wenn zum Beispiel ein Mensch mit fast fehlender Lidkurve extrem freundlich ist, frage ich mich, ob er Hintergedanken hat. Und wenn jemand eigentlich überaus zurückhaltend ist (woran Sie das erkennen, besprechen wir noch), aber bereitwillig über sehr persönliche Angelegenheiten plaudert, wäre ich äußerst mißtrauisch.

Mißtrauen ist jedoch auch unser größter Feind. Einmal unterhielt ich mich mit Wendy, einer Studentin, die unbedingt Gauner entlarven wollte. Ich erklärte ihr, wie die Physiognomik uns helfen kann, das Wesen der Menschen und ihre Begabungen besser zu ergründen und mitfühlender zu werden. Das gefiel ihr gar nicht. »Soll das heißen, daß ich damit keine Schwindler entdecken kann?« fragte sie. Hätte ich Alarmanlagen oder Angst verkauft, wäre sie zufrieden gewesen.

Wissen Sie, was eine sich selbst erfüllende Prophezeiung ist? Was wir von anderen erwarten, wird oft Wirklichkeit. Wer also ständig nach Ganoven sucht, der findet sie auch. Und wer nach Klugheit und Talent sucht, wird ebenfalls fündig.

In Wahrheit ist die Gefahr sehr klein, von einem Verbrecher überfallen zu werden. Aber wenn Sie mißtrauisch sind, lauert das Böse garantiert hinter jeder Ecke! Wenn Sie sich schützen wollen, dürfen Sie in Gesichtern also nicht verbissen nach Lügen suchen. Halten Sie Ausschau nach dem Leben.

7. Nase

Bestimmt kennen Sie die »Smileys«, lächelnde gekritzelte Gesichter, die man heutzutage überall findet – am Ende handschriftlicher Notizen, auf Briefpapier und Aufklebern, als Computer-Clip und sogar zwei Meter hoch an der Wand von Supermärkten. Einerlei, ob Ihnen fröhlich zumute ist oder nicht, diese kleinen Gesichter grinsen Sie an. Was fällt an ihnen auf?

Diesem Gesicht fehlt die Nase! Ist das ein Zufall? Wohl kaum. Denn was symbolisiert eine Nase?

Alles, was ein fröhliches Gesicht besitzt, sind Augen und ein Mund. Daß die Augen etwas mit unserer Einstellung zu tun haben, wissen Sie bereits. Mit dem Mund haben wir uns zwar noch nicht befaßt, aber Sie können sich vermutlich denken, was er symbolisiert: Kommunikation.

Ein fröhliches Smiley-Gesicht ist im übertragenen Sinn ansprechend. Es zeigt kein angestrengtes Zuhören (Ohren), und kaum ein Gedanke (Augenbrauen) stört die Harmonie. Das Schlimmste von allem – aus dem Blickwinkel des Physiognomen – ist ein sehr erheblicher Mangel: Es fehlen auch die Teile des Gesichts, die den Beruf und den Umgang mit Geld symbolisieren!

Nasen sind äußerst wichtig. Nach diesem Kapitel werden Sie viel mehr über Nasen wissen als je zuvor, und Sie werden viele gute Gründe kennen, um von Ihrer eigenen Nase fasziniert zu sein, egal, wie sie aussieht.

Die Länge der Nase

Welche Nase gilt als aristokratisch? Eine lange natürlich. Haben Sie sich je gefragt, warum? Werden lange Nasen wie Familiennamen und silberne Löffel vererbt? Erkennen Sie eine Nase aus altem Geldadel auf einen Blick? Nein, so einfach ist es nicht. Aber wenigstens die Nasenlänge ist leicht zu bestimmen:

- Manche Nasen sind kurz.
- Lange Nasen sehen im Vergleich zum Rest des Gesichts lang aus.
- Normale Nasen sind jene, die Sie mehrere Male anschauen, weil nicht klar ist, ob sie kurz oder lang sind.

Was hat die Nasenlänge zu bedeuten? Nun, die Atmung ist bekanntlich lebenswichtig, und manche Nasen sind ganz schlichte Modelle, die einfach ihre Aufgabe erfüllen: Sie lassen Sie atmen.

Andere Nasen tun dies gleichzeitig dekorativ. Der Stil ist eben wichtig. Kurze Nasen enthüllen eine Begabung für altmodische, harte Arbeit – doch was einst gerühmt wurde, sieht heute eher verdächtig aus. Wer hart arbeitet, gilt jetzt als »Workaholic«. Es stimmt: Leute mit kurzen Nasen gehen an ihren Arbeitsplatz und schuften. Sie sind routiniert. Sie reden nicht lange, sondern packen es an. Ich wette mit Ihnen: Die Leute, die tagein, tagaus am härtesten arbeiten, haben die kürzesten Nasen, unabhängig vom Titel, von der sozialen Herkunft und vom Lohn.

Leider gilt dieser Einsatz oft als selbstverständlich. »Klar, Tom macht das. Ist schließlich sein Job.« »Du brauchst dich bei Lisa nicht für die Überstunden zu bedanken – sie ist ein Arbeitspferd.« Wenn Sie zu diesen malochenden, kurznasigen Leuten gehören, gebe ich Ihnen einen guten Rat: Machen Sie auf sich aufmerksam. Schreiben Sie Memos, und verlangen Sie eine Gehaltserhöhung.

Die Länge der Nase

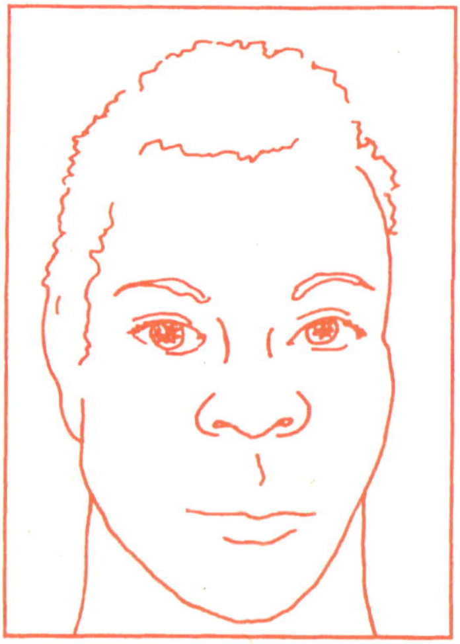

Kurz

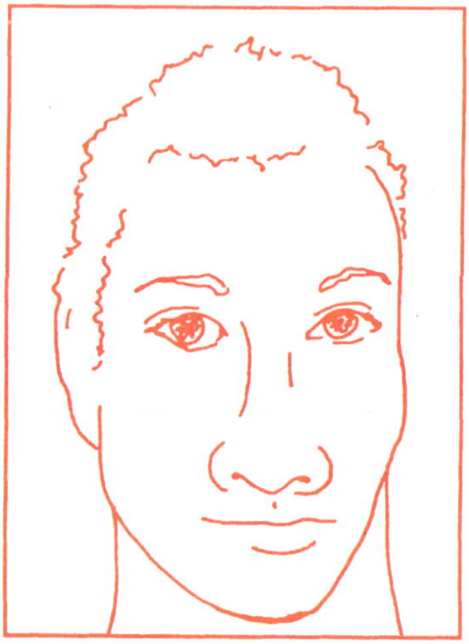

Lang

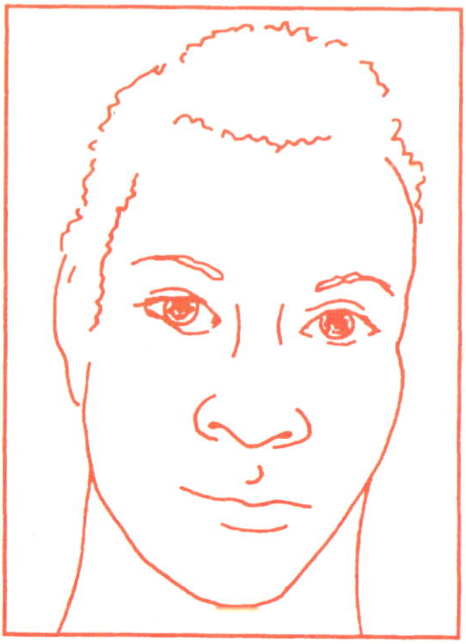

Normal

Daß Schwerarbeiter mit kurzen Nasen immer überarbeitet und unterbezahlt sind, ist allerdings ein Märchen. Kein Teil des Gesichts, auch nicht die Nasenlänge, sagt voraus, wieviel Sie verdienen. Vergessen Sie also die Idee, daß lange Nasen mit aristokratischem Reichtum verbunden sind. Was ist die Spezialität langnasiger Arbeitnehmer? Stellen Sie sich vor, Sie gehen um 9 Uhr ins Büro und verlassen es um 17 Uhr. Ihre Aufgabe lautet: produktiv sein. Aber Ihr Chef erklärt Ihnen nicht, was Sie eigentlich tun sollen. Dennoch leisten Sie jeden Tag eine Menge. Hört sich das gut an? Ja, wenn Sie eine kurze Nase haben. Aber wenn Ihre Nase lang ist, fühlen Sie sich wie in der Hölle.

Eine lange Nase verrät nämlich ein Talent für Planung und Strategie. Wenn Langnasen arbeiten, brauchen sie Zeit, damit ihre Kreativität sich entfalten kann.

Soll das heißen, daß ich mit meiner süßen kleinen Nase nicht kreativ arbeiten kann?

Jeder ist kreativ. Die Nasenlänge hat etwas mit dem Umfang eines Projekts zu tun. Mit Ihrer kurzen Nase müssen Sie Mittel und Wege finden, um effizient zu arbeiten und motiviert zu bleiben. Sie kämpfen gegen die Uhr und gegen sich selbst. Je größer der Aktenhaufen und der ganze Papierkram ist, desto stolzer sind Sie.

Langnasen überschauen dagegen das ganze Projekt und arbeiten daran Schritt für Schritt vom Anfang bis zum Ende. Sie sind stolz auf das erreichte Ziel, aber die Findigkeit kommt gleich an zweiter Stelle.

Ich habe eine lange Nase und abnehmende Augenbrauen. Was ist davon zu halten?

Die Brauen zeigen, wie gründlich Sie Ihre Arbeit erledigen. Die Nasenlänge enthüllt Ihre Einstellung zur Arbeit. Ihre Kombination deutet darauf hin, daß Sie am liebsten ein ganzes Projekt planen, nicht nur einen Teil davon. Wenn Sie daran arbeiten, sind Sie am Anfang äußerst kreativ. Danach sollten Sie Arbeiten delegieren oder sich von vornherein eine Aufgabe suchen, bei der es um die Startphase eines Projekts geht.

Wenn Sie eine sehr lange Nase haben, brauchen Sie Arbeit, bei der Sie strategisch denken können, egal, wie Sie mit Einzelheiten umgehen.

Da typische Langnasen die theoretischen Aspekte einer Arbeit mindestens ebensosehr wie die praktischen genießen, überrascht es nicht, daß viele herausragende Physiker lange Nasen haben.

Wollen Sie sagen, daß mein langnasiger Exmann nicht der Faulpelz ist, für den ich ihn halte?

Faulheit ist eine persönliche Entscheidung. Kein Gesichtsmerkmal gibt darüber Auskunft.

Wer eine lange Nase hat wie Ihr Ex, sollte sich eine Arbeit suchen, die ihm Spaß macht. Wenn er sich nicht mit den Zielen seines Jobs identifizieren kann, arbeitet er lustlos. Er möchte mit seinem Beruf wachsen.

Sie haben dagegen eine sehr kurze Nase, ein Indiz dafür, daß Sie sich in jede Arbeit hineinknien, egal, worum es sich handelt. Das ist ein Vorteil für Sie. Eben darum sollten Sie tolerant sein! Unabhängig von seinen anderen Fehlern muß Ihr Exmann nicht faul sein – er hat nur einen anderen Arbeitsstil als Sie.

Wenn Sie eine sehr lange oder kurze Nase haben, ist die Gefahr groß, daß Sie das andere Extrem nicht verstehen. Anders sieht es aus, wenn die Nase eine normale Länge hat: Dann sind Sie flexibel und kommen mit kurzfristigen Projekten ebenso gut zurecht wie mit langfristigen.

Nasen im Profil

Diesen Abschnitt widme ich all den Menschen, die ihre Nase hassen. Einer der Gründe für unsere negative Einstellung zur Nase ist unsere Popkultur, die gerade und kurze Nasen bevorzugt. Wenn Sie mit Disney-Filmen aufgewachsen sind, denkt Ihr Unterbewußtsein, daß Tugend und erotische Ausstrahlung in umgekehrt proportionalem Verhältnis zur Nasengröße stehen.

Auch andere Filme zeigen fast nur hübsch gerade Nasen. Offenbar sind andere Nasenformen für einen Filmstar, der etwas auf sich hält, nicht attraktiv genug.

Das alles entpuppt sich jedoch als Unsinn, wenn wir uns näher mit Nasen im Profil befassen.

- Wenn Ihre Nase gerade aussieht, haben Sie es in unserer Gesellschaft leichter. Wenn nicht, lesen Sie weiter, bis Sie Ihre wahre Nase gefunden haben.

Stellen Sie zwei Spiegel so nebeneinander, daß Sie Ihre Nase gut im Profil sehen.

- Vielleicht stellen Sie fest, daß Ihre Nase irgendwo zwischen der Spitze und der Wurzel eine kleine oder größere Mulde hat.
- Eine Nase kann aber auch gewölbt sein, ebenfalls an jeder Stelle.

Würden Sie den Buckel auf meiner armen Nase als Wölbung bezeichnen?

Manche Wölbungen sind auffälliger als andere, aber von einem Buckel kann fast nie die Rede sein, es sei denn, die Nase ist gebrochen.

Nasen im Profil

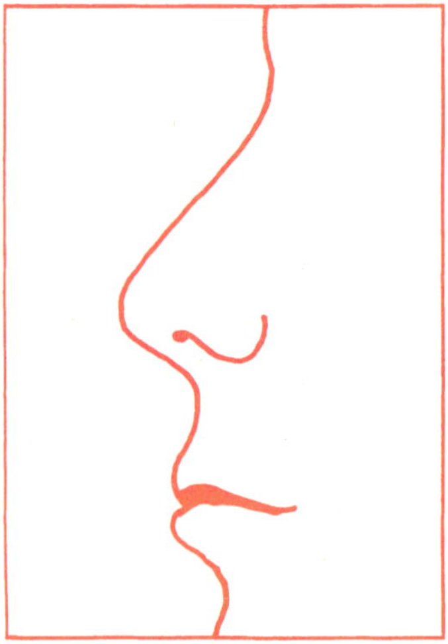

Gerade

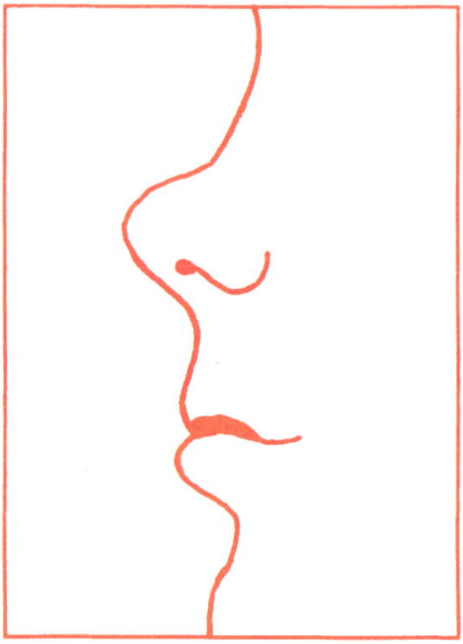

Mit Mulde (Stupsnase)

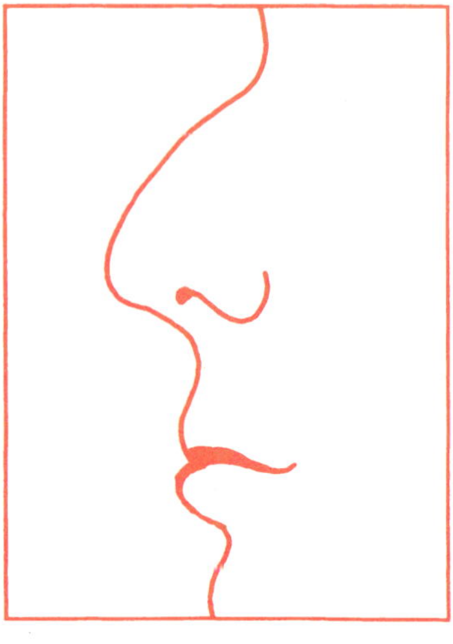

Gewölbt

Meine Nase war gebrochen. Wie würden Sie sie deuten?
Wie jede andere Nase. Entscheidend ist, was Sie jetzt haben. Der Nasenbeinbruch ist zwar ein Teil Ihrer Geschichte, aber für Ihr derzeitiges Gesicht unwichtig.

Das Profil der Nase verrät Ihre beruflichen Begabungen. Eine gerade Nase läßt darauf schließen, daß Sie systematisch arbeiten. Sie sind in Ihrem Element, wenn Sie am Punkt 1 anfangen und alle folgenden Punkte auf Ihrer Liste nacheinander abhaken können.

Zum Glück für Sie wurden die meisten Arbeitsplätze von Menschen mit gerader Nase geschaffen – für Menschen mit ebensolcher Nase. Ihre einzige Schwäche ist mangelnde Toleranz für den Rest der Menschheit; denn im Vergleich mit Ihnen arbeiten fast alle anderen ziemlich unsystematisch.

Wenn Ihre Nase sehr gerade und lang ist (ich nenne das erbarmungslos gerade), sind Sie wahrscheinlich ungewöhnlich streng.

Wenn Sie eine Mulde in der Nase haben, arbeiten Sie mit Gefühl. Sie brauchen nicht nur offizielle Kaffeepausen, sondern auch inoffizielle Pausen zum Nachdenken, sonst arbeiten Sie sehr zögerlich. Vermutlich hält Ihre Seele Sie absichtlich zurück, weil sie nicht will, daß Sie eine Arbeit beenden, ohne Ihr wahres Talent bewiesen zu haben.

Anders als die Leute mit geraden Nasen werden Sie unzufrieden, wenn Sie lediglich nach einem festgelegten Schema arbeiten müssen. Nehmen Sie sich ein wenig Zeit für Ihre Intuition, und die Wolken der Frustration verfliegen – ich weiß, wovon ich rede, denn meine Nase hat eine sehr deutliche Mulde.

Leute wie wir brauchen Lob, um unser Bestes zu leisten, und wir reagieren sehr empfindlich auf Kritik. Aber wir können vorzüglich Gefühle vermitteln.

Was die Deutung der Arbeit anbelangt, so gibt es noch eine Möglichkeit, sich von der vorliegenden Aufgabe ablenken zu lassen:

durch Kreativität. Das wird bei Menschen mit gewölbter Nase deutlich. Je ausgeprägter diese Wölbung ist, desto stärker ist Ihre Fähigkeit und Ihr Bedürfnis, schöpferisch tätig zu sein.

Ich habe eine sehr gewölbte Nase. Außerdem bin ich Physiker. Müßte ich mit einem Akkordeon oder mit Ölgemälden unterm Arm herumlaufen?

Kreativität muß nicht so auffällig sein. Sie sind auch kreativ, wenn Sie Probleme auf einzigartige Weise lösen. Sie wissen, welche Ressourcen Sie haben. Sie wissen, was Sie erreichen wollen. Und dank Ihrer Kreativität finden Sie einen ganz neuen, eleganten Weg, das Vorhandene zu nutzen.

Soll das heißen, daß ich mit einer geraden Nase nicht kreativ sein kann?

Jede Nasenform geht mit einer speziellen Kreativität einher. Denken Sie auch daran, daß dieses Merkmal nur Ihr Verhalten im Beruf beschreibt. Andere Aspekte der Kreativität werden in den Augenbrauen, der Haarlinie, den Proportionen der Lippen und anderen Eigenschaften sichtbar. Ich greife die gewölbte Nase nur deshalb heraus, weil Sie schöpferisch arbeiten müssen, wenn Sie dieses Merkmal haben. Nur dann können Sie im Beruf glücklich sein.

Welche Art Kreativität ist denn nun mit einer geraden Nase verbunden?

Sie brauchen Kreativität, um einen Job zu bekommen und zu behalten. Wie können Sie eine Arbeit am effektivsten erledigen? Wie bleiben Sie motiviert?

Wer eine gewölbte Nase hat, muß seine Intuition an die Realität anpassen. Eine gewölbte Nase rät Ihnen, mit Ihren Ressourcen schöpferisch umzugehen. Welche Menschen, Talente, Materialien und Ideen lassen sich auf ungewöhnliche Weise kombinieren? Welche neuen Lösungsmöglichkeiten gibt es für Ihre Aufgabe? Künstler mit einer Nase, die »hinaus« will, haben ein gutes Gespür dafür, welche Dinge »da draußen« ihnen nützlich sein können.

Was bedeutet es, wenn die Nase wirklich einen Höcker hat?
Dann arbeiten Sie »stoßweise«. Mit jedem Projekt, das Sie anpakken, geht mindestens ein Anfall von Kreativität einher. Allerdings besteht die Gefahr, daß Sie andere damit überfordern.

Die Polsterung der Nase

Was ist in einer Nase drin? Fleisch und Blut und Knorpel, manchmal auch eine Menge Schleim. Eines der bedeutsamsten Merkmale wird oft übersehen: das Polster der Nase. Damit meine ich das Fleisch um das Nasenbein herum, vom Rücken bis knapp oberhalb der Spitze, wenn wir die Nase von vorne betrachten.

Es geht also darum, ob die Nase breit oder schmal ist?
Der Ausdruck »breit« ist ungenau. Ist die Nase oben und an der Spitze gleichmäßig gepolstert? Nimmt das Polster von oben nach unten ab oder zu? Das ist wichtig. Bei manchen Nasen ist ein schmales Nasenbein zu sehen – sie sind wenig gepolstert, obwohl sie ansonsten breit aussehen können.

- Wenn das Nasenpolster klein ist, kann man das Nasenbein deutlich sehen.
- Unter einem großen Polster ist der Knochen nicht zu sehen.
- Wenn das Nasenbein oben sichtbar ist, auf dem Weg nach unten aber vom Polster verdeckt wird, sieht die Nase dreieckig aus. Das kann sehr auffällig wirken.

Ich dachte, eine breite Nase sei auf Fett zurückzuführen und sei eine Art Familienerbstück. Hat dieses »Polster« wirklich mehr zu bedeuten?

Jedes Merkmal hat etwas zu bedeuten. Wenn es in einer Familie häufig vorkommt, sollten Sie darauf achten, wer es hat und wer nicht. Wenn ein Angehöriger ein Merkmal mit Ihnen teilt, dann teilen Sie mit ihm den persönlichen Stil, der mit dem Merkmal verbunden ist. Aber das sieht man nicht so häufig, wie die Leute glauben. Familienmitglieder sind sich oft gar nicht so ähnlich, wie sie denken.

Das Nasenpolster gibt Auskunft darüber, mit wie vielen Leuten Sie am liebsten zusammenarbeiten. Wenn Sie mit einem Projekt gerne allein beginnen und es sogar allein beenden, haben sie wahrscheinlich ein sehr kleines Nasenpolster. Es geht hier um eine spezielle Form der Unabhängigkeit im Beruf. Wenn Sie diesen Aspekt Ihres persönlichen Stils verstehen, können Sie das Beste aus einem Talent machen.

Wie fühlen Sie sich, wenn Ihr Chef Ihnen über die Schulter schaut und fragt: »Sind Sie fertig? Wann werden Sie fertig? Haben Sie es so gemacht, wie ich es gesagt habe?« Darauf reagiert Ihre schmale Nase allergisch! Erklären Sie allen Leuten, die es angeht: »Wenn ich eine Aufgabe habe, verlasse ich mich am liebsten auf mich selbst, dann arbeite ich am besten.«

Sie können auch erwähnen, daß es keinen Sinn hat, Sie herumzukommandieren. Zum Glück hatte Johannes Gutenberg dieses Problem nicht – ihm schaute vor 500 Jahren niemand über die Schulter, als er die Druckpresse erfand.

Die Schauspielerin Greta Garbo hatte eine Nase, die perfekt zu ihren berühmten Worten »Ich möchte allein sein« paßte. Sie starb einsam und allein. Natürlich hatte sie noch andere Gesichtsmerkmale, die extreme Scheu erkennen ließen.

Das andere Extrem sind große Nasenpolster. Wenn Sie damit

Das Nasenpolster

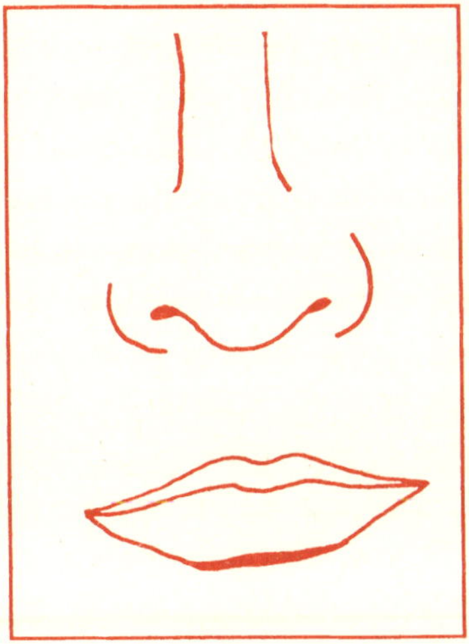

Klein

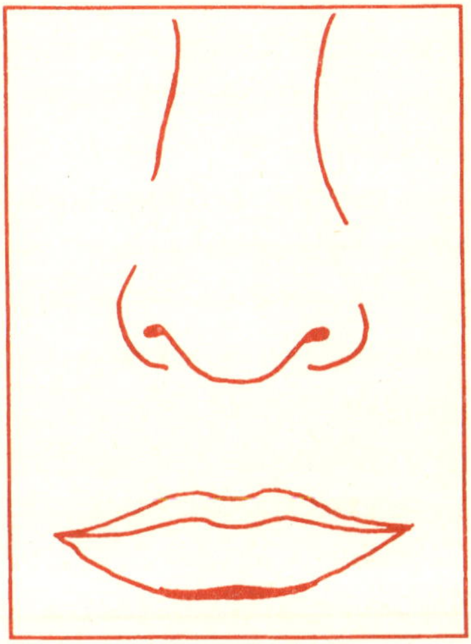

Groß

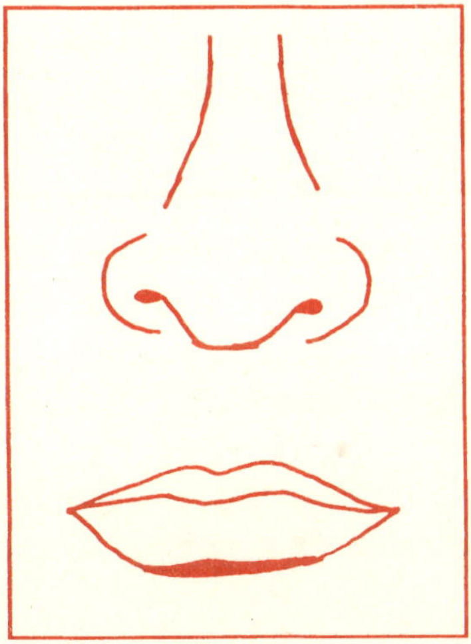

Dreieckig

ausgestattet sind, kommen Sie sich am Arbeitsplatz verlassen vor. Nur wenn Sie mit anderen zusammen sind, fühlen Sie sich wohl. Andere Leute geben Ihnen die Energie, die Sie bei der Arbeit verlieren. Wenn Ihre Nase von oben bis unten reichlich gepolstert ist, gehören Sie zu den wenigen Menschen, die am liebsten in einem Ausschuß arbeiten.

Sollten Sie ein dreieckiges Polster haben, arbeiten Sie zunächst gerne allein, ziehen aber Teamwork vor, wenn das Projekt an Schwung gewinnt. Dann können Sie auch delegieren. Wenn das Dreieck sehr ausgeprägt ist, arbeiten Sie gerne mit vielen Leuten zusammen.

Bei mir ist das Nasenbein deutlich zu sehen, aber die Nase ist seitlich trotzdem gut gepolstert. Wie ist das zu deuten?

Offenbar besteht ein Unterschied zwischen Ihrem wahren persönlichen Stil und dem Eindruck, den Sie auf andere machen wollen. Sie vermitteln den Eindruck, ein Teamarbeiter zu sein, und in gewissem Umfang sind Sie es auch. Insgeheim wollen Sie eine Arbeit jedoch auf Ihre Weise erledigen. Die Folge kann ein innerer Konflikt sein, aber diese Vielseitigkeit ist auch ein Vorteil. Wenn Ihnen jemand zuschaut, sind sie ein Mannschaftsspieler. Wenn Sie allein sind, tun Sie, was Sie für richtig halten – und niemand merkt, daß Sie auch ungesellig sein können.

Die Neigung der Nasenspitze

Die Nasenspitze informiert uns über zwei sehr unterschiedliche Aspekte des Lebens. Darum schauen wir sie uns zunächst von der Seite an, danach von vorne.

Um die Neigung der Nasenspitze zu bestimmen, brauchen Sie zwei Spiegel. Die Spitze ist der Punkt, an dem die Nase endet. Die

Basis liegt zwischen den Nasenlöchern. Vergleichen Sie die Höhe der Spitze mit der Höhe der Basis.

- Wenn die Spitze höher liegt, neigt sich die Nase nach oben.
- Wenn die Spitze tiefer liegt, stehen Sie entweder auf dem Kopf, oder Sie haben eine Nasenspitze, die sich nach unten neigt.
- Und wenn Sie sich am Kopf (oder an der Nase) kratzen und überlegen müssen, haben Spitze und Basis wahrscheinlich gleiche Höhe.

Die Neigung der Nasenspitze hat etwas mit dem Timing zu tun, vor allem im Bereich der Karriere. Wenn Ihre Nase nach oben zeigt, reden Sie ebenso impulsiv, wie Sie die Karriereleiter erklettern. Es fällt Ihnen schwer, Geheimnisse für sich zu behalten.

Aber was hat das mit einer impulsiven Karriere zu tun?

Nehmen wir an, Sie arbeiten in der Abteilung für öffentlichen Verkehr einer Großstadt. Sie sind jung und idealistisch. Wie alle Ihre Kollegen halten Sie Autos für üble Umweltverschmutzer.

In einem Punkt unterscheiden Sie sich jedoch von Ihren Kollegen: Sie haben eine sehr stark nach oben geneigte Nase. Was Neugier anbelangt, sind Sie der Größte. Die Kollegen wissen, daß Sie an jedem Klatsch und Tratsch interessiert sind. Darum erfahren Sie als erster, daß Ihr Chef sein Fahrrad eingemottet und sich ein Auto angeschafft hat – einen Geländewagen, der viel Sprit verbraucht. Wie reagieren Sie?

a) Sie gehen hinaus und bespucken Autos, um Ihrem Zorn Luft zu verschaffen.
b) Sie beschließen, morgen ebenfalls mit dem Auto zur Arbeit zu kommen und es neben dem Auto des Chefs zu parken, um sich bei ihm beliebt zu machen.

Die Neigung der Nasenspitze

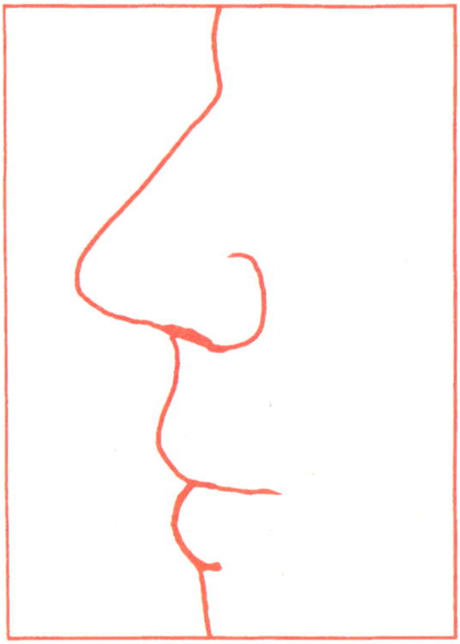

Aufwärts

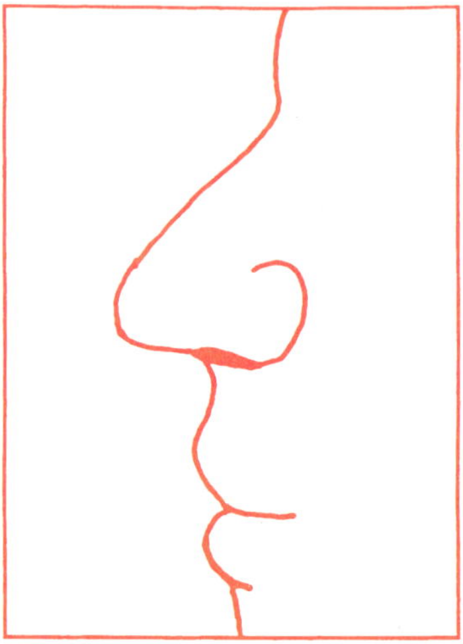

Gerade

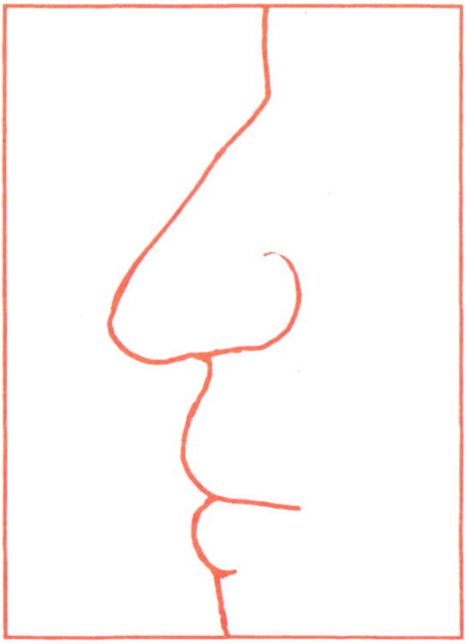

Abwärts

c) Sie marschieren schnurstracks ins Büro des Chefs, stellen ihn zur Rede und kündigen.

Wenn b) zutrifft, zeigt Ihre Nasenspitze wahrscheinlich nach unten. Antwort c) spricht für eine nach oben geneigte Nasenspitze.

Abwärts gerichtete Nasenspitzen lassen auf bewußte berufliche Entscheidungen schließen. Rechnen Sie nicht damit, daß diese Menschen von ihren Plänen abweichen.

Im allgemeinen deutet eine solche Nasenspitze auf Verschlagenheit hin, sogar auf rücksichtslosen Ehrgeiz. Man könnte dieses Merkmal »Machiavelli-Vorteil« nennen. Träger dieses Merkmals sollten sich vor einem Verhalten hüten, das andere egoistisch nennen würden.

Bei Menschen mit einer sehr stark nach unten abgewinkelten und zugleich spitzen Nase ist der berufliche Egoismus noch ausgeprägter. Für andere ist es dann oft nicht leicht, mit diesen Menschen auszukommen.

Erinnern Sie sich an Schneewittchens giftige Stiefmutter im Disney-Film? Eine lange, spitze Nasen mit abfallendem Ende symbolisiert für unser kollektives Unbewußtes Selbstsucht. Die wenigen realen Menschen mit diesem Merkmal sind nicht unbedingt böse, haben aber ständig mit Vorurteilen zu kämpfen – man erwartet Egoismus von ihnen. Allerdings darf man nicht vergessen, daß egozentrische Tendenzen auch gutartig sein können.

Meine Nase ist nach oben geneigt und spitz. Was bedeutet das?

Eine spitze Nase sagt uns unabhängig von der Neigung, daß ihr Träger auf seine berufliche Umgebung sehr empfindsam reagiert. An einem ungemütlichen Arbeitsplatz müssen Sie mehr leiden als andere. Schäbige Möbel, Ungeziefer und eine abstoßende Unternehmenspolitik sind Ihnen ein Greuel. Andererseits können Sie eine solche Umgebung aber auch umkrempeln, und Ihre hohen Ansprüche wirken vielleicht sogar ansteckend.

Mit einer Nase, die sowohl spitz ist als auch nach oben zeigt, können Sie Neuigkeiten geradezu riechen! Sie sind nämlich neugierig und empfänglich für alles, was um Sie herum vorgeht. Wehe dem, der seine schmutzigen Geheimnisse vor Ihnen verbergen will! Wo finden Sie diese exotische Nasenspitze am häufigsten? Stöbern Sie mal in den Büros Ihrer Lokalzeitung.

Die Größe der Nasenspitze

Hat eine Ihrer Freundinnen sich operieren lassen, weil sie ihre Nasenspitze zu klein fand? Bestimmt nicht. Das Problem sind anscheinend zu große Nasenspitzen – sie gelten auch oft als »ausländisch«. Das ist lustig, weil Menschen jeder Herkunft alle möglichen Nasenspitzen haben können. Schauen Sie sich um!

- Eine klobige Nasenspitze ist das Gegenteil einer sehr kleinen. Vergleichen Sie die Nasenspitze mit der ganzen Nase, dem ganzen Gesicht, der Mundbreite und der Augenlänge.
- Wenn Sie trotzdem nicht sicher sind, dürfen Sie von einer durchschnittlichen Nasenspitze ausgehen.

Die Größe der Nasenspitze verrät Ihre Einstellung zur finanziellen Sicherheit. Dicke Nasenspitzen haben Menschen, die unbedingt für die Zukunft sparen wollen. Dicke und durchschnittliche Nasenspitzen kommen natürlich häufiger vor als kleine. Denken Sie daran, daß ein Mensch um so öfter ans Sparen denkt (oder sich um so öfter Sorgen ums Geld macht), je dicker seine Nasenspitze ist.

Die Größe der Nasenspitze

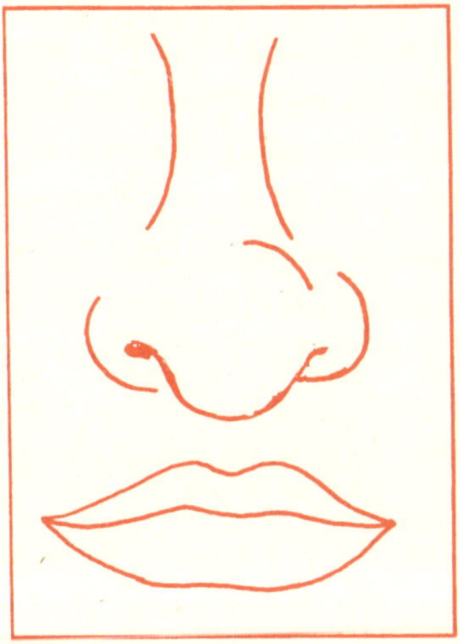

Klobig

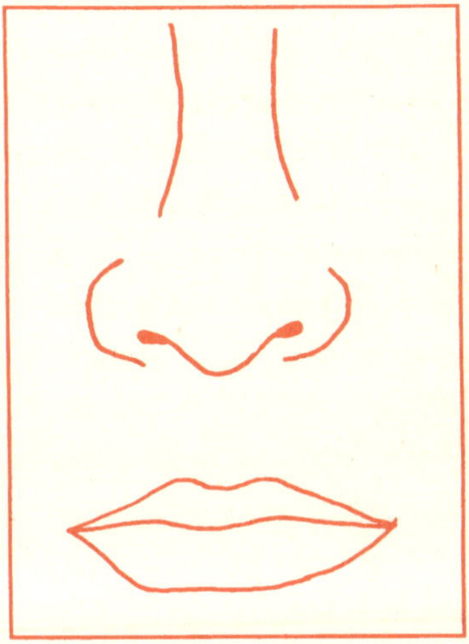

Sehr klein

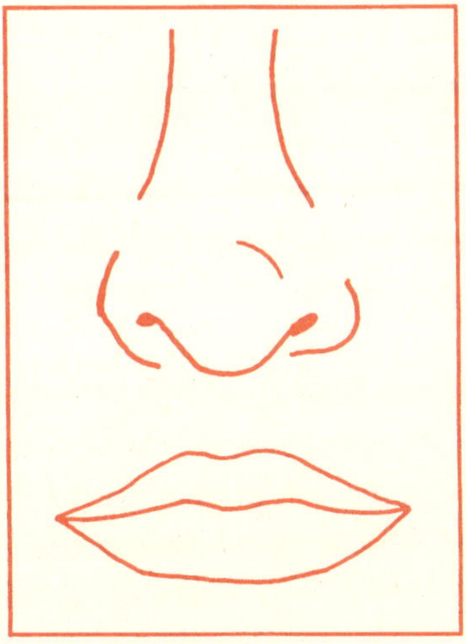

Durchschnittlich

Ich habe mich erst gestern mit meinen Eltern über Geld gestritten. »Du wirst bald dreißig«, sagten sie, »und hast bei deiner Zeitung ein mageres Einkommen. Wann planst du endlich für deine Zukunft?« Meine Eltern haben recht. Aber ich habe eine sehr kleine Nasenspitze und einfach kein Interesse am Sparen. Sie haben doch gesagt, jedes Merkmal sei mit einer Begabung verbunden – bin ich die Ausnahme?

Abgesehen davon, daß Ihre Nasenspitze als hübsch gilt, hat sie noch eine wundervolle Bedeutung. Haben Sie je vom Wohlstandsbewußtsein gehört? Damit ist eine spirituelle Einstellung zum Geld gemeint: Geld als Symbol für Energie, Arbeit, Leistung, Anerkennung und so weiter. Geld soll fließen, nicht gehortet werden, und es fließt nicht besser, wenn man sich darüber Sorgen macht.

Der Lohn ist Freiheit und die Chance, diese spirituelle Einstellung zum Geld anderen nahezubringen. Für andere Leute, auch für Ihre Eltern, sind Sie ein Vorbild an Furchtlosigkeit. Dafür brauchen Sie sich nicht zu schämen.

Die Größe der Nasenlöcher

Wie bestimmen Sie die Größe der Nasenlöcher? Keine Angst, Sie brauchen kein Lineal dafür. Betrachten Sie die Nase einfach von vorne und auf gleicher Höhe.

- Wenn Sie das ganze Nasenloch sehen können, ist es groß.
- Wenn Sie es kaum sehen können, ist es klein.
- Wenn Sie gar nichts sehen, betrachten Sie entweder eine Barbiepuppe, oder die Nasenlöcher sind sehr klein.

Wir können die Größe der Nasenlöcher mit dem Schlitz eines Sparschweins vergleichen. Die meisten Leute werfen Kleingeld in einen

Behälter, der leichter zugänglich ist, etwa in eine Tasche. Einige machen es sich schwerer.

Die Gesichtsdeuter kennen den Zusammenhang seit Tausenden von Jahren: Große Nasenlöcher finden wir bei Menschen, die gerne Geld ausgeben. Wer wenig ausgibt, hat kleine Nasenlöcher. Die Menschen sind wie wandelnde Sparschweinchen.

Wie hängt diese Einstellung mit der finanziellen Sicherheit zusammen? Haben Leute mit einer großen Nasenspitze immer große Nasenlöcher?

Alles ist möglich. Einige führende Geldsammler haben eine große Nasenspitze mit winzigen Nasenlöchern.

Andererseits war John D. Rockefeller das genaue Gegenteil. Seine Nasenspitze war groß, und er hatte die größten Nasenlöcher, die ich je gesehen habe. Trotzdem war Rockefeller auch ein leidenschaftlicher Philanthrop.

Wenn Sie Spendensammler oder Verkäufer sind, sollten Sie sich nicht zu früh über Ihre großen Nasenlöcher und Ihre enorme Nasenspitze freuen. Die Empfängerseite ist nämlich nicht so leicht einzuschätzen. Die Nasenlöcher können Ihnen nicht sagen, ob reiche Leute Ihnen einen Großauftrag geben werden. Große Nasenlöcher garantieren nur, daß ein großer Teil des Geldes ausgegeben wird – und nicht unbedingt in Form von Spenden für andere.

Auch Nasen vom Typ Andrew Carnegie – große Spitze und kleine Nasenlöcher – sind schwer zu deuten. Carnegie war sowohl sparsam als auch freigiebig. In der Regel geben uns Menschen mit diesem Merkmal gute Ratschläge rund ums Geld.

Was ist mit Gandhi? Hatte er nicht eine enorme Nasenspitze?

Wenn ein Mensch den spirituellen Weg der Entsagung wählt, will er anderen so helfen, wie er andernfalls sich selbst helfen würde. Gandhi und Mutter Teresa haben sich für Arme und Besitzlose ein-

Die Größe der Nasenlöcher

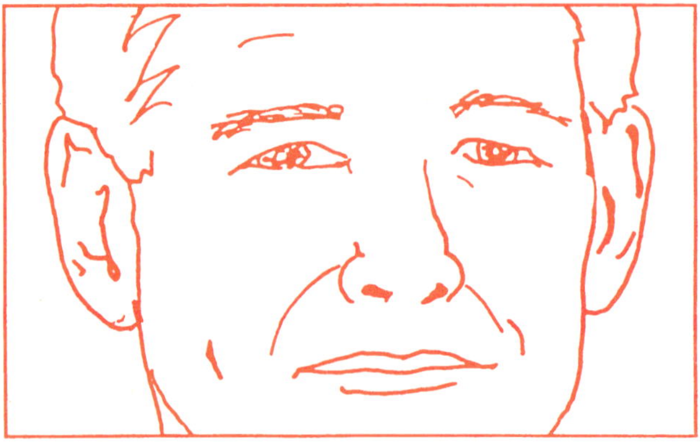

Groß

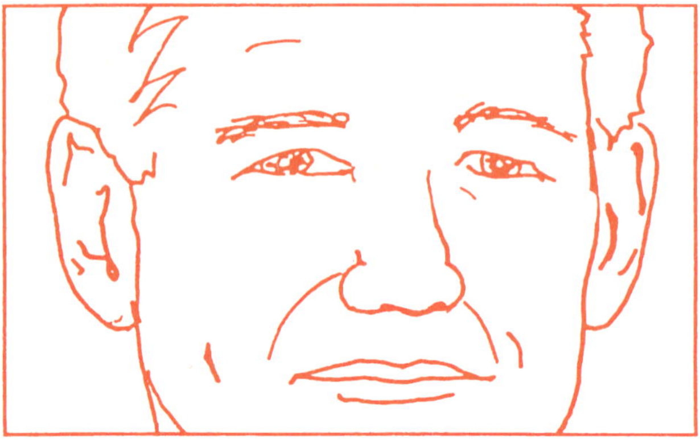

Klein

gesetzt. Eine große Nasenspitze und sehr kleine Nasenlöcher können also ein Segen für viele sein.

Die Form der Nasenlöcher

Es gibt vier wichtige Formen von Nasenlöchern – natürlich nicht an derselben Nase. Zwei Typen kommen aber recht oft an ein und derselben Nase vor.

- Runde Nasenlöcher sind nur am unteren Teil rund.
- Rechteckige Nasenlöcher haben eine gerade, längliche Form und sind oft auch klein.
- Geblähte Nasenlöcher sind am schwersten zu erkennen, aber sie sind am häufigsten. Sie fangen gerade an und krümmen sich dann in Richtung Ohren.
- Dreieckige Nasenlöcher sind am ungewöhnlichsten. Sie haben die Form einer Pyramide.

Die Form der Nasenlöcher enthüllt die Einstellung zum Geldausgeben. Als Verkäufer sollten Sie besonders nett zu Leuten mit runden Nasenlöchern sein. Sie finden immer einen Grund, Geld auszugeben.

Menschen mit sehr großen und runden Nasenlöchern sind die größten Verschwender auf Erden.

Rechteckige Nasenlöcher analysieren ihre Finanzen, und Haushaltspläne machen ihnen Spaß.

Geblähte Nasenlöcher verraten Abenteuerlust beim Geldausgeben. Wenn Ihnen etwas gefällt, kaufen Sie es, einerlei, ob es so praktisch ist, daß es Ihrem Chef mit den rechteckigen Nasenlöchern gefiele.

Leute mit dreieckigen Nasenlöchern wissen genau, was sie für Geld kaufen können. Sie laufen allerdings Gefahr, geizig zu werden

– jedenfalls in den Augen anderer. Als Physiognom gehen Sie natürlich davon aus, daß es diesen Menschen im Leben nicht besonders gut gegangen ist.

Sie wollen doch das Selbstbewußtsein der Menschen stärken. Ich habe meine häßlichen dreieckigen Nasenlöcher nie leiden können – und jetzt erfahre ich, daß sie auch noch auf Geiz hindeuten. Wie soll das meine Selbstachtung stärken?

Dreieckige Nasenlöcher sind wohl die größte Herausforderung, die ein Gesicht aufdecken kann. Aber was heißt das? Wir sind hier auf Erden, um zu lernen. Sie haben sicher einige Lektionen gelernt, was den Umgang mit Geld anbelangt. Unterschätzen Sie nicht die Weisheit und das Mitgefühl, die Sie dadurch erworben haben. Sie haben ein Gespür für offene oder heimliche Armut, mehr als die Menschen mit anders geformten Nasenlöchern. Wahrscheinlich wissen Sie gar nicht, wie sehr Sie andere durch Ihr Mitgefühl trösten.

Mit welchen Nasenlöchern soll eine unverheiratete Frau wie ich ausgehen?

Wenn es Ihnen ums Geld geht, rate ich Ihnen in der Tat, die Nasenlöcher eines Bewerbers sorgfältig zu studieren (aber nicht so intensiv, daß Sie in den Verdacht geraten, eine Nasenhaarfetischistin zu sein). Überlegen Sie sich dann, was Sie kurzfristig und langfristig wollen. Vielleicht gefällt Ihnen oder Ihren Nasenlöchern ein stürmischer, freigiebiger Verehrer. Gehen Sie mit Männern aus, die große Nasenlöcher haben – Sie werden sich gut amüsieren. Aber sollten Sie einen von ihnen heiraten? Das hängt davon ab, wie Sie mit Geld umgehen und wieviel Geld Sie haben. Jemand mit rechteckigen Nasenlöchern ist weniger spendierfreudig; aber das dürfte Ihnen gefallen, sobald Sie beide ein gemeinsames Konto haben.

Die Form der Nasenlöcher

Rund

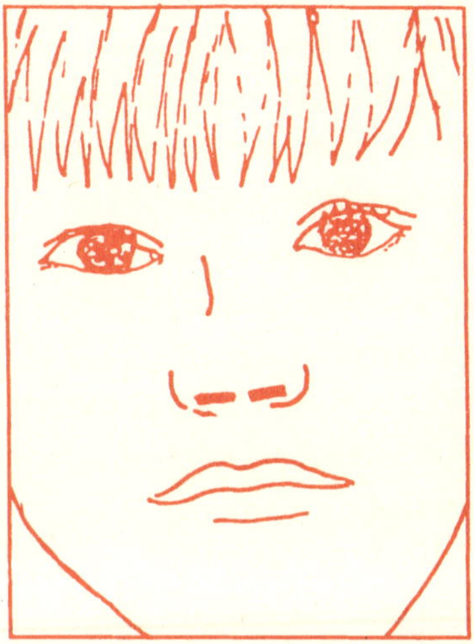

Rechteckig

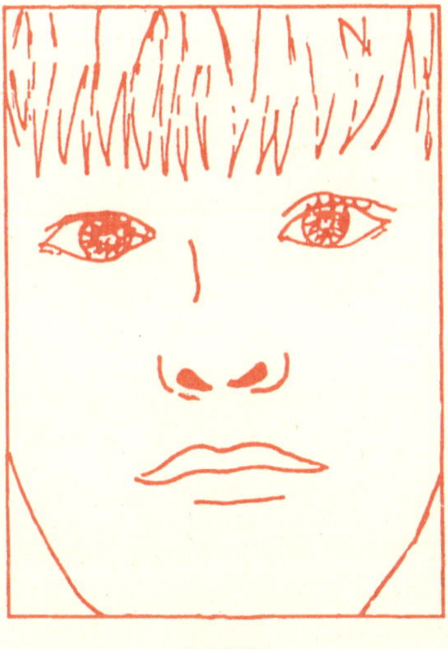

Gebläht

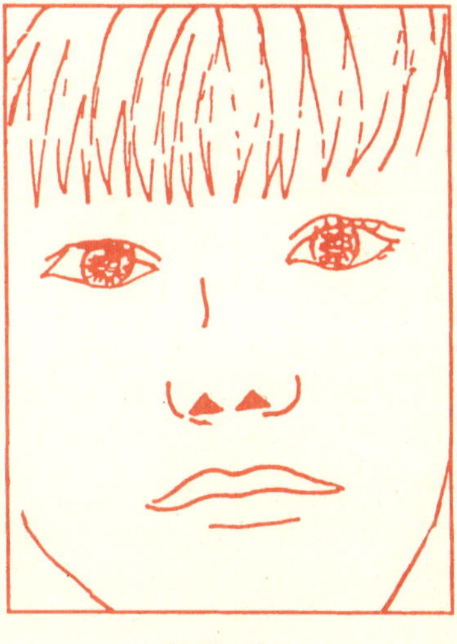

Dreieckig

Die Nase ist wirklich ein entzückender Gesichtsteil, denn sie enthüllt berufliche und finanzielle Geheimnisse. Jetzt brauchen Sie nur der Nase zu folgen, wenn Sie einen Partner oder eine Stellung suchen, wenn Sie einen wichtigen geschäftlichen Vertrag abschließen wollen oder wenn Sie einen langweiligen Auftrag ausführen müssen. Nasen haben Ihnen viel zu sagen, und sie machen alle Ihre Beziehungen dynamischer.

8. Wangen

Jedes Gesicht zeigt mindestens ein Talent im Umgang mit anderen Menschen. Auch Sie können sich im Leben durchsetzen. Wollen Sie Politiker werden oder in der Gesellschaft aufsteigen? Tun Sie es! Sie können sogar an Ritterturnieren teilnehmen, obwohl es heutzutage schwierig ist, die erforderliche Ausrüstung zu beschaffen.

Dazu brauchen Sie Ihre Wangen. Ob Sie Verkäufer sind oder Ihre Beziehungen verbessern wollen, manchmal sind Machtkämpfe entmutigend. Nach einem harten Tag haben Sie vielleicht das Gefühl, mit einem grimmigen Ritter gekämpft zu haben, dessen Rüstung undurchdringlich ist, und Ihre Selbstachtung hat eine Reparatur dringender nötig als jeder Schild. Befassen Sie sich dann mit Ihren Wangen.

Die Form der Wangenknochen

Die Form der Wangenknochen beschreibt, wie weit die Wangen vorstehen.

- Vorstehende Wangenknochen sind auffällig und entlocken Ihnen ein »Toll!«.
- Tiefliegende Wangenknochen sind das andere Extrem. Sie fallen kaum auf, es sei denn, Sie suchen absichtlich danach.

Da die Wangenknochen etwas über den Führungsstil aussagen, können Sie sich denken, daß vorstehende Wangenknochen auf eine star-

Die Form der Wangenknochen

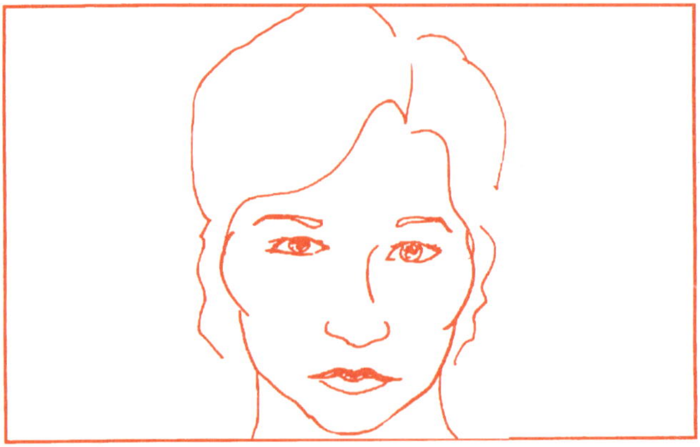

Vorstehend

Tiefliegend

ke Führungspersönlichkeit hindeuten. Warum haben so viele Unterhaltungskünstler diese Wangen? Sie lieben das Rampenlicht, und darum haben sie ihren Beruf gewählt. An weniger exponierten Arbeitsplätzen finden wir dagegen unauffällige Wangenknochen, wie die meisten Menschen sie haben.

Ich kenne nur wenige Politiker mit vorstehenden Wangenknochen. Wie ist das zu erklären?

Es gibt mehrere Wege zur Macht. Der resolute Stil, der mit vorstehenden Wangenknochen einhergeht, kann die Menschen einschüchtern. Wir scheuen Leute, die außergewöhnlich mutig sind.

Wer tiefliegende Wangenknochen hat, strebt behutsamer nach Macht – er fragt andere nach ihrer Meinung und bittet um Rat. Nennen Sie es Bescheidenheit oder Demokratie; jedenfalls schafft dieser Stil Vertrauen.

Und wenn Sie sich eingehender mit den Wangenknochen beschäftigen, merken Sie, daß vorstehende Wangenknochen oft mit den gefürchteten dicken Wangen verwechselt werden.

Das Wangenpolster

Selbst Kinder über vier Jahren hassen es, wenn die Oma zu Besuch kommt, sie ins Bäckchen kneift und säuselt: »Was für ein süßes, kleines Schmuckelchen!«

Auch wenn Sie aus diesem Alter heraus sind, ist das Wangenpolster noch ein Problem, zumindest wenn Sie empfindlich auf das Phänomen reagieren, das viele am meisten fürchten: dick zu sein. Und aus vollen Wangen schließen wir, daß der Rest ebenfalls dick ist.

Doch das Wangenpolster hat nicht unbedingt etwas mit Fett zu tun. Wenn die Figur fülliger wird, können die Wangen mager bleiben und umgekehrt. Ich kenne dünne Menschen mit dicken Wangen und dicke Menschen mit dünnen Wangen.

Wie messen Sie nun das Volumen der Wangenpolster? Kneifen Sie sich in die Wangen, wie es einst Ihre Oma getan hat, und betrachten Sie die dabei entstehende Hautfalte im Spiegel.

- Wenn sie groß ist, haben Sie große Wangenpolster.
- Wenn es weh tut und die Fingerknöchel unangenehm auf das Zahnfleisch drücken, sind Sie entweder Masochist oder Sie haben kleine Wangenpolster.

Wir können die Wangenpolster auch »Kissen der Macht« nennen. Je weicher und lockerer die Kissen sind, desto weniger fühlen andere sich von ihrer Autorität bedroht. Große Wangenpolster bringen Ihnen die größte Unterstützung ein, je größer, desto mehr – also freuen Sie sich darüber.

Wangenpolster symbolisieren einen umgänglichen Führungsstil, bei dem alle im Team sich wichtig fühlen.

Kleine Wangenpolster enthüllen einen völlig anderen Führungsstil. Sie wollen alles allein erledigen, und es fällt Ihnen schwer, Aufgaben zu delegieren. Insgeheim glauben Sie nämlich, daß Sie es besser können als alle anderen. Wahrscheinlich haben Sie sogar recht. Ihr Problem ist also eher die Eifersucht anderer Leute und weniger der Hochmut.

Ich habe diese hohlen Wangen, von denen Sie reden, aber auch die dreieckigen Nasenpolster, die angeblich bedeuten, daß ich gut delegieren kann. Was ist denn nun richtig?

Die Nase sagt uns etwas über den Beruf. Die Wangen informieren über andere Lebensbereiche: Liebe, Freundschaft, Familie und so weiter. Angenommen, Ihr Wäschetrockner muß repariert werden. In welchem Ton reden Sie mit dem Handwerker? Wenn Sie ihn vom

Das Wangenpolster

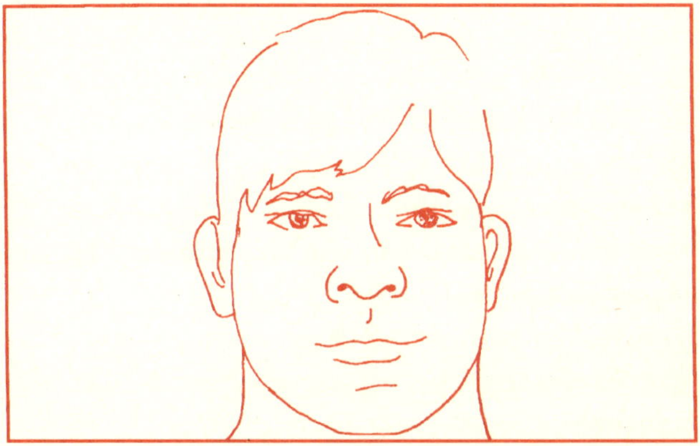

Groß

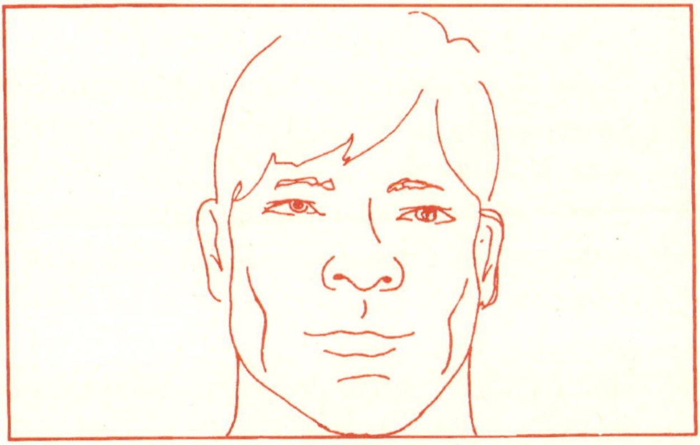

Klein

Geschäft aus anrufen, reden Sie in einem ganz anderen Ton, als wenn er zu Ihnen kommt. Die einzelnen Gesichtsmerkmale geben also über ganz bestimmte Situationen Auskunft.

Die Position der Wangenknochen

»Hohe Wangenknochen« ist meist ein ungenauer Ausdruck. Damit kann vieles gemeint sein, von vorstehenden Wangen über fehlende Wangenpolster bis zu allgemeiner Attraktivität. Manche Leute behaupten, Indianer oder Mongolen hätten hohe Wangenknochen – aber sie könnten ebensogut sagen, New Yorker oder Detroiter hätten dieses Merkmal. Man findet es überall unter der Sonne.

Wenn Sie die Wangen deuten, müssen Sie darauf achten, wo die Wangen am deutlichsten vortreten:

- Sind die Wangenknochen knapp unter den Augenhöhlen am höchsten? Dann sprechen wir von hohen Wangenknochen.
- Manchmal wölben sich die Wangenknochen erstaunlich weit unten, näher am Mund als an den Augen. Das sind tiefe Wangenknochen.
- Eine andere Variante sind weite Wangenknochen. Dieses Merkmal sehen wir am häufigsten, wenn die Wangen gleichzeitig vorstehen und nicht gepolstert sind. Das sind für die meisten unerfahrenen Leute »hohe Wangenknochen«.
- Und schließlich gibt es noch enge Wangenknochen, die neben der Nase am üppigsten sind.

Wenn Macht in Ihrem Beruf oder Privatleben eine wichtige Rolle spielt, sollten Sie über die Position der Wangenknochen Bescheid wissen. Sie gibt Auskunft darüber, ob jemand energisch, zielstrebig und resolut ist, im übertragenen und im wörtlichen Sinne.

Hohe Wangenknochen sind zwar begehrt, aber deswegen sollten Sie sich keine Implantate einsetzen lassen. Manchmal ist es schwer, mit diesem Merkmal zu leben. Sie wollen nämlich für Ihre Überzeugungen kämpfen und lassen es nicht zu, daß jemand etwas tut, was Sie für falsch halten.

Strenge Moralvorstellungen gehen sowohl bei Frauen als auch bei Männern mit hohen Wangenknochen einher. Wer hat den Mut, sich zu wehren? Die Höhe der Wangenknochen sagt es Ihnen.

Ich bin ein friedliebender Mensch, aber ich habe hohe Wangenknochen. Was bedeutet das?

Selbst wenn alle Gesichtszüge auf Harmonie hindeuten, zeigen Ihre hohen Wangenknochen, daß Sie für Ihre Wertvorstellungen kämpfen. Je knochiger die Wangen sind, desto unverblümter sagen Sie Ihre Meinung.

Es ist nicht leicht, moralisch zu sein – aber jemand muß es sein. Vielleicht tröstet Sie der Erfolg von Johannes Calvin, der ehrfurchtgebietenden, hochwangigen Säule des Protestantismus.

Menschen mit dem anderen Extrem, also tiefen Wangenknochen, sind äußerst tolerant, was die Entscheidungen anderer Leute betrifft. Das soll nicht heißen, daß sie keine Moral haben. Aber sie sind der Meinung, daß wir auf der Welt sind, um zu lernen. Sie geben einen Rat, dann halten sie sich zurück. Für sie ist Moral etwas ganz Persönliches.

Breite Wangenknochen sprechen für anhaltende öffentliche Kontroversen, vor allem wenn die Wangen zugleich vorstehen und nicht gepolstert sind. Bei solchen Menschen nimmt der Mut im Laufe der Zeit sogar zu. Beispiele sind Nelson Mandela, der ehemalige südafrikanische Präsident, und die unermüdliche Mutter Teresa. Sie setzten sich nicht nach Jahren, sondern nach Jahrzehnten durch.

Die Position der Wangenknochen

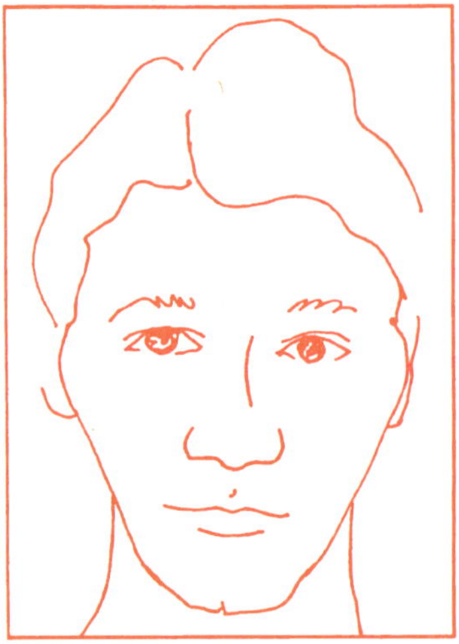

Hoch

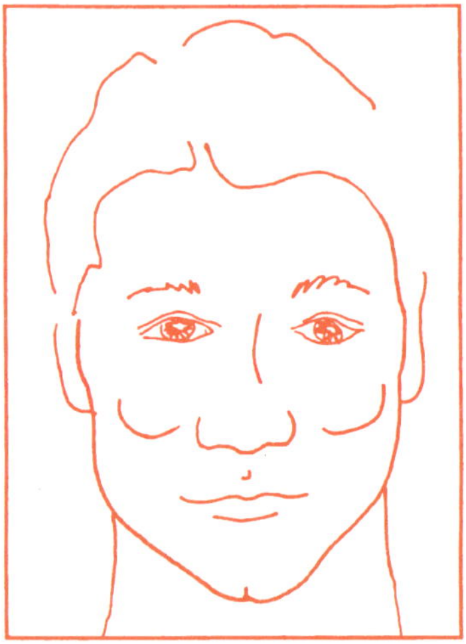

Tief

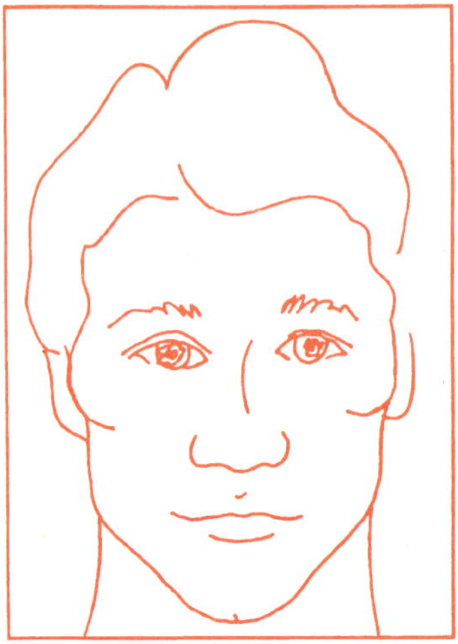

Weit

Eng

Eine weitere Kriegerin mit breiten Wangenknochen ist auch Dr. Elisabeth Kübler-Ross. Ihre bahnbrechenden Arbeiten über den Tod und das Sterben haben Millionen von Menschen geholfen.

Mir gefallen meine engen Wangenknochen nicht besonders. Und mutig soll ich auch nicht sein?

Enge Wangenknochen verraten ein Talent für den Umgang mit kurzfristigen Krisen. Vielleicht haben Sie Ihre Wangen noch nie bewundert, aber sind Sie nicht stolz darauf, wieviel Sie unter Druck leisten? Wenn es eine Krise gibt, sind Sie diejenige, die sie bewältigt. Aber Sie sollten sich nicht zu oft in Situationen bringen, in denen Sie Ihre Begabung brauchen. Sie wissen ja, daß starker Streß seinen Tribut vom Körper verlangt.

Ich bin leitender Angestellter. Soll ich die Position der Wangenknochen berücksichtigen, wenn ich Aufgaben verteile und Termine festlege?

Unbedingt. Vor allem bei Mitarbeitern, die breite oder enge Wangenknochen haben. Überlassen Sie drei- oder dreißigjährige Projekte den Langstrecklern und dreitägige den Sprintern mit den engen Wangenknochen.

Die Proportionen der Wangen

Haben Sie sich in den bisher besprochenen Merkmalen der Wangen wiederentdeckt? Oder haben Sie vergeblich im Spiegel nach enormen Rundungen geforscht? Die Größe der Wangenpolster und die Abstände der Wangenknochen können durchaus unklar sein. Aber keine Bange – auch Sie haben Wangenproportionen, und das ist das wichtigste Merkmal. Die Frage ist: Wo ist Ihr Gesicht am breitesten?

- Vielleicht ist Ihr Gesicht in der Mitte, bei den Wangenknochen, am breitesten und wird gleich darunter schmaler.
- Oder es ist unterhalb der Wangenknochen am breitesten.
- Seltener kommt es vor, daß die Wangen schmal wirken, weil die Stirn noch breiter ist.
- Die meisten Gesichter sind von den Wangen bis zum Kiefer gleichmäßig breit. Es kommt nicht darauf an, ob das Gesicht insgesamt breit oder schmal wirkt. Entscheidend ist die konstante Breite.

Die Proportionen der Wangen enthüllen Ihre Führungsqualitäten in einer Menschenmenge. Gesichter, die in der Mitte am breitesten sind, lassen auf Autorität schließen. Natürlich gibt es viele Möglichkeiten, Autorität zu beweisen; aber die meisten Leute glauben vor allem an Macht, die demonstrativ zur Schau getragen wird. Darum hinterlassen Sie mit diesem Gesicht einen starken ersten Eindruck (und Sie erregen den heftigsten Neid), denn man nimmt an, daß Sie von Natur aus Führungsqualitäten haben. Sie brauchen kein Wort zu sagen – die Menschen kommen von selbst zu Ihnen.

Manche fühlen sich wohl mit dieser Begabung, andere kämpfen ein Leben lang dagegen an. Wenn Ihre Wangen sehr deutlich auf Autorität hinweisen, müssen Sie eine Papiertüte über den Kopf stülpen, damit die Leute sich Ihrer magnetischen Ausstrahlung nicht bewußt werden. Trotz der Papiertüte wird Ihre Aura Sie wahrscheinlich doch verraten – aber die Tüte kann Sie vielleicht davor schützen, gegen Ihren Willen zum Vereinsvorstand zu werden.

Wenn Ihr Gesicht unterhalb der Wangenknochen am breitesten ist, neigen Sie zu einem friedlichen Umgang mit Macht. Je länger die Leute Sie kennen, desto mehr Respekt bringen sie Ihnen entgegen, und sie zeigen es auf nette Weise: indem sie mit ihren Sorgen und Problemen zu Ihnen kommen. Betrachten Sie das als Kompliment! Die Leute wissen eben, daß Sie ihr Gejammer ertragen können. Sie

Die Proportionen der Wangen

Wangenknochen
am breitesten

Unter den Wangenknochen
am breitesten

Stirn am breitesten

Gleichmäßig breit

machen einen Scherz, vielleicht mit einer Umarmung verbunden, und hören mitfühlend zu. Und wenn die Trostsuchenden sich verabschieden, liegt ein strahlendes Lächeln auf ihren Lippen, und Sie sind in ihrer Achtung weiter gestiegen.

Leider hat diese Einstellung auch einen Nachteil. Was ist, wenn Sie derjenige sind, der Sorgen hat? Angenommen, Sie sind Buchhändler. Wenn Ihr bester Kunde Ihnen einen Klaps auf den Rücken gibt, ohne zu wissen, daß Sie Rückenschmerzen haben, sagen Sie nicht etwa: »Bitte nicht, das tut weh!« Sie wollen weder den Kunden verletzen noch dem Geschäft schaden. Also leiden Sie stumm. So kann das jahrelang weitergehen, und eines Tages machen Sie Ihrem wachsenden Ärger Luft: Der Kunde gibt Ihnen den gewohnten Klaps, und Sie verpassen ihm einen Kinnhaken.

Solche Explosionen sind unvermeidlich, solange Sie nicht lernen, sich zu wehren, bevor die Wut sich in Ihnen anstaut.

Falls Sie einer jener Menschen sind, deren Stirn die breiteste Stelle des Gesichts ist, sind Ideen für Sie real – realer als die Hindernisse, die andere davon abhalten, ihre Ziele zu erreichen. Darum bringen Sie es weiter als andere, und wer mit Ihnen arbeitet, muß befürchten, bald ausgebrannt zu sein. Sie nutzen nämlich die Macht der Leidenschaft. Selbst wenn Sie gelernt haben, charmant zu sein, sind Sie innerlich ernst.

Schließlich gibt es noch gleichmäßig breite Gesichter. Menschen mit diesem Merkmal verbinden Macht mit Höflichkeit. Aber unterschätzen Sie diese Leute nicht – sie setzen sich durch, obwohl das Ergebnis ihnen wichtiger ist als Anerkennung.

Welcher dieser vier Stile ist der beste? Zugegeben, die Führernatur steht am häufigsten im Mittelpunkt. Doch wenn Sie nur durch gute Leistungen auffallen wollen, ist ein weniger auffälliger Stil ebenso geeignet.

9. Mund

Warum starren wir einander in die Augen, aber nicht auf den Mund? Meist vermeiden wir es, mit unserem Blick dort zu verweilen, es sei denn, der Mund lächelt freundlich. Das fassen wir als Einladung auf. Ein Lächeln gleicht einem Schild, auf dem steht: »Heute geöffnet«. Ansonsten sagt der Mund: »Wegen Urlaubs geschlossen.« Der Anstand verbietet es, anderen auf den Mund zu schauen, es sei denn, dieser grüßt Sie mit einem Lächeln, einem Schwätzchen oder einem Kuß.

Wann haben Sie zum letzten Mal eine Freundin getroffen, die in Gedanken versunken war? Ihr »Hallo!« wirkte wie ein Klingelknopf – sofort rückte sie ihr Gesicht zurecht, und ihr Mund nahm seinen öffentlichen Ausdruck an. Es klingt ironisch, aber der Mund verrät uns eine Menge, selbst wenn er weder verbal noch nonverbal kommunizieren will. Als Physiognom wird es Sie freuen, wieviel ein Mund über die Selbstdarstellung seines Besitzers ausplaudert.

Die Fülle der Lippen

Um die Fülle der Lippen zu bestimmen, müssen Sie der Versuchung widerstehen, Lippen nur als groß oder klein einzustufen. Unterscheiden Sie die Fülle der Lippen von der Länge des Mundes, auf die ich später eingehe.

- Volle Lippen sind ein Extrem der Lippenfülle.
- Dünne Lippen sind das andere Extrem.

Die Fülle der Lippen

Dünn

Voll

Wenn Sie Ihre Lippen beurteilen wollen, dürfen Sie den Spiegel nicht anlächeln, denn das verändert das Aussehen des Mundes.

Die Fülle der Lippen sagt uns etwas über die »Selbstenthüllung«. Reden Sie gerne über persönliche Themen wie Gefühle, große und kleine seelische Wunden, religiöse Erfahrungen, sexuelle Neigungen, Ihre Lieblingseiscreme, Ihre ungleichen Socken und so weiter? Die Fülle der Lippen zeigt, wie weit Sie gehen können, ohne sich unwohl zu fühlen – auch beim Zuhören. Die Lippen eines Fremden sagen oft mehr als seine Herkunft.

Volle Lippen laden zu offenen Gesprächen ein. Achten Sie aber darauf, andere nicht in Verlegenheit zu bringen, vor allem nicht in der Öffentlichkeit.

Menschen mit dünnen Lippen brauchen sich darüber keine Sorgen zu machen. Ihnen fällt es schwer, persönliche Themen zu besprechen. Dünne Lippen sind unbestreitbar ein Vorteil für Politiker, Verkäufer und andere ehrgeizige Leute.

Stellen Sie sich vor, Sie nehmen als Manager an einer Besprechung teil. Ihre dünnen Lippen verspüren keinerlei Bedürfnis, über persönliche Dinge zu plaudern, und Sie brauchen sich nicht selbst zu entblößen, um mit anderen Leuten gut auszukommen – Sie haben Ihre eigene Art der Konversation. Natürlich ist es nicht verboten, während einer Konferenz persönliche Bemerkungen anzubringen. Doch wenn ein einziger Teilnehmer dünne Lippen hat, kann jede Selbstentblößung die ganze Versammlung zum Schaudern bringen.

Was ist, wenn die Oberlippe dicker ist als die Unterlippe oder umgekehrt?

Sie sind bei fast jedem Menschen unterschiedlich. Was die Fülle angeht, so ist der Gesamteindruck entscheidend. Aber damit sind wir bereits einen Schritt weiter gegangen.

Die Proportionen der Lippen

Um die Proportionen der Lippen einzuschätzen, brauchen Sie nur die Fülle beider Lippen zu vergleichen.

- Bei den meisten Menschen ist die Unterlippe etwas voller als die Oberlippe. Die Unterlippe hat eine moderate Fülle.
- Lippen, die von dieser Norm abweichen, sind für Physiognomen ein Genuß. Wenn ich eine Unterlippe besonders voll nenne, ist sie doppelt oder dreimal so dick wie die Oberlippe.
- Eine Oberlippe ist besonders voll, wenn sie die gleiche Fülle wie die Unterlippe hat.

Die Proportionen der Lippen zeigen, ob wir mehr über Fakten reden (deren Symbol ist die Unterlippe) oder ob wir subjektive, intuitive Themen (verkörpert von der Oberlippe) bevorzugen.

Soll das heißen, daß eine volle Oberlippe auf eine emotionale Sprache schließen läßt?

Alle Lippenproportionen erlauben eine gefühlsbetonte Sprache. Volle Oberlippen sind auf Themen spezialisiert, bei denen es um innere Vorgänge oder sogar um Geheimnisse geht.

Die meisten Menschen haben eine moderat volle Unterlippe und sprechen daher mehr über Tatsachen als über das Persönliche.

Besonders volle Oberlippen haben große Überzeugungskraft. Seien Sie vorsichtig, sobald Sie solche Lippen sehen. Ihre Träger müssen durchaus nicht unehrlich sein, aber man kann ihnen so schwer widerstehen. Wenn Sie selbst solche Lippen haben, gratuliere ich Ihnen! Kein anderes Gesichtsmerkmal ist so vorteilhaft wie dieses, wenn es um die Kunst der Überzeugung geht. Vergessen Sie aber nie, diese Gabe mit Ehrlichkeit zu kombinieren.

Die Proportionen der Lippen

Moderate Unterlippe

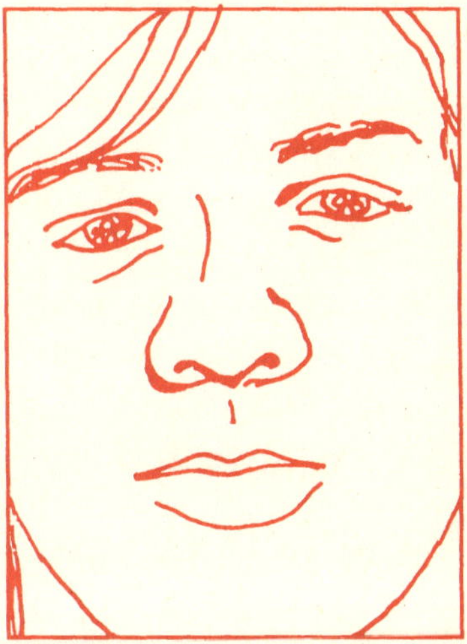

Besonders volle Unterlippe

Besonders volle Oberlippe

Was die besonders volle Oberlippe betrifft, so hat sie noch eine andere Gabe: Sie besitzen außergewöhnliches Einfühlungsvermögen. Dies hat drei Aspekte:

1. Sie wissen, was hinter den Kulissen geschieht.
2. Sie können auch Nuancen mit Worten ausdrücken.
3. Sie wollen es allen erzählen.

Punkt 3 ist etwas heikel, denn die Person, der Sie es erzählen möchten, will vielleicht gar nicht zuhören. Sie müssen lernen, wann Sie besser den Mund halten, selbst wenn Sie etwas Wichtiges zu sagen haben. Andernfalls reagieren die Leute abwehrend, noch bevor Sie Ihren Mund öffnen.

Immerhin werden mutige Menschen mit außergewöhnlichem Einfühlungsvermögen manchmal dafür belohnt, daß sie die Wahrheit sagen: Häuptling Seattle ist der einzige Indianer, nach dem eine amerikanische Großstadt benannt wurde. Der Physiker Chen Ning Yang bekam den Nobelpreis. Die Schriftstellerin Arundhati Roy erhielt für *Der Gott der kleinen Dinge* den begehrten Booker-Preis.

Menschen mit sehr überzeugenden Lippen

Elvis Presley	Ein Sänger mit unsterblichem Ruhm
Margaret Thatcher	Ehemalige britische Premierministerin
Bill Gates	Stammeshäuptling der Computerfreaks
Andy Warhol	Berühmter (oder berüchtigter) Popkünstler
Pablo Picasso	Ausdrucksvoller Maler, selbst wenn er alles in Blau malte
Marlon Brando	Überzeugender Schauspieler, selbst wenn er nichts sagte
Harrison Ford	Der größte Kassenschlager der Filmgeschichte
Al Capone	Mafiaboss

Die Länge des Mundes

Nachdem Sie wissen, was volle und dünne Lippen sind, können wir zur Länge des Mundes übergehen.

- Lernen Sie unbedingt, kurze Lippen zu deuten.
- Bewundern Sie die ziemlich seltenen langen Lippen.
- Und passen Sie auf, wenn die Lippen eine mittlere Länge haben.

Wenn Sie jetzt Ihre Lippen studieren wollen, verzichten Sie auf ein Lächeln, sonst können Sie dieses Merkmal nicht korrekt einschätzen.

Die Länge des Mundes sagt Ihnen, ob ein Mensch gern ein großes Publikum haben möchte. Die meisten Leute fürchten sich vor einer öffentlichen Rede mehr als vor dem Tod! Das kann ich gut verstehen. Ich habe ebenfalls kurze Lippen und unterhalte mich mit anderen am liebsten unter vier Augen.

Es dauerte Jahre, bis ich lernte, mein Talent als Rednerin bewußt zu nutzen. Heute profitiere ich von den Vorzügen, die mit kurzen Lippen einhergehen: Ernsthaftigkeit und Wahrhaftigkeit.

Lange Lippen kommen im Fernsehen häufiger vor, denn sie können mit jedem reden. Freundlichkeit ist ein anderes Wort für diese Gabe. Allerdings besteht die Gefahr, daß solche Menschen gesellschaftliche Chamäleons werden, die anderen nach dem Mund reden und sich hinterher einreden, daß sie glauben, was sie gesagt haben.

Wenn Ihre Lippen von mittlerer Länge sind, können Sie flexibel kommunizieren. Für Sie ist es kein Problem, mit jemandem unter vier Augen zu reden, und Sie können auch zu einem Publikum sprechen, vor allem wenn Sie vorher üben durften. Wahrhaftigkeit ist das wichtigste Element Ihrer Selbstdarstellung; trotzdem können Sie besser flunkern als Leute mit kurzem Mund, die meist schreckliche

Die Länge des Mundes

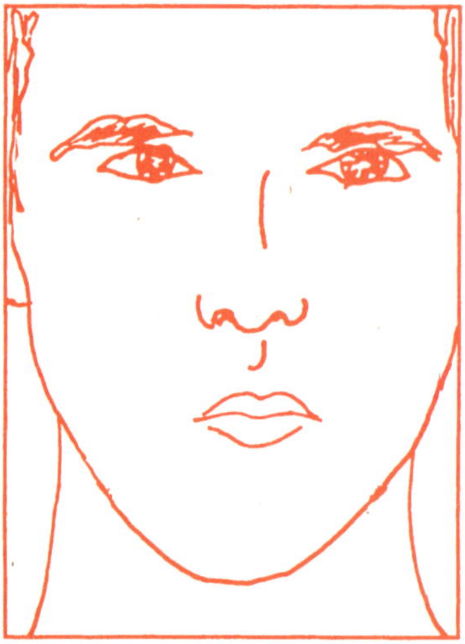

Kurz

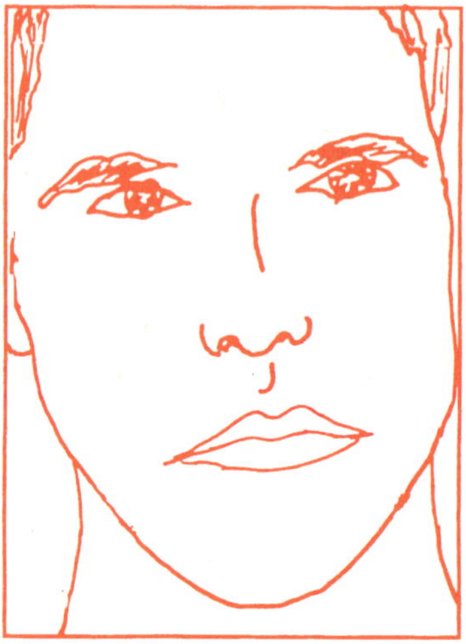

Lang

Normal

Lügner sind. Wie die Langmundigen können Sie die Seele einer Party sein, wenn es Ihnen auch leichter fällt, sich mit Worten ins Rampenlicht zu stellen.

Diese Flexibilität macht das Leben leichter. Der einzige Haken ist manchmal mangelnde Toleranz für den Rest der Menschheit. Ansonsten braucht niemand die Nase über mittellange Lippen zu rümpfen.

Spezielle Lippenformen

Manche Leute haben ganz besondere Lippen, die wir noch nicht besprochen haben:

- Sehr lange und dünne Lippen
- Sehr lange und volle Lippen
- Sehr kurze und dünne Lippen
- Sehr kurze und volle Lippen

Sehr lange und dünne Lippen bilden einen sogenannten Millionärsmund, wie George H. Bush einen hat. Der Millionärsmund ist äußerst vorteilhaft für Politiker, Geschäftsleute und Leute mit trockenem Humor, denn wer ihn hat, kann mit jedem über alles reden (solange das Gespräch nicht persönlich wird). Die Worte müssen nicht im strengsten Sinn wahr sein, doch sie erreichen die ganze Gruppe, egal, wie groß sie ist. Da der Millionärsmund peinliche Selbstenthüllungen vermeidet, kann sein Besitzer diskret ein Vermögen anhäufen.

Menschen mit sehr langen, vollen Lippen sind die geborenen Redner. Es ist schwer, einen Menschen mit diesem Merkmal zu finden, der keinen verrückten Sinn für Humor hat.

Aber auch sehr kurze, dünne Lippen haben ihre Vorzüge. Ich nenne sie private Lippen, weil sie Gefühle verschweigen, nachtragend sein und Freunde mit ihrer Schweigsamkeit frustrieren können. Wenn sie jedoch etwas sagen, haben die Worte großes Gewicht und können die Menschen bis ins Innerste erschüttern.

Vergessen wir auch nicht die sehr kurzen und vollen Lippen, die Lippen des besten Freundes. Sie sagen bereitwillig die Wahrheit, die ganze Wahrheit und nichts als die Wahrheit. Allerdings reden sie über den interessantesten Teil nur unter vier Augen.

10. Kiefer und Kinn

Kiefer und Kinn sind vielleicht nicht so seelenvoll wie Augen. Doch sie bilden den unteren Teil des Gesichts und enthüllen manches Wichtige über Prinzipien, Moral, Entscheidungen und den Umgang mit Konflikten.

Sie wissen inzwischen, daß es keine unwichtigen Teile des Gesichts gibt. Alles zählt, auch das Kinn, obwohl wir es oft nicht genügend lieben oder schätzen.

Zunächst wollen wir uns aber dem Kiefer, dieser faszinierenden Knochenstruktur mit eingebautem Scharnier, zuwenden.

Die Breite der Kiefer

- Wie breit ist eigentlich ein breiter Kiefer? Sie können mehrere Kaugummis gleichzeitig in die Wangentasche stopfen, ohne daß Ihr Kiefer breit aussieht. Aber verzichten Sie bitte darauf. Suchen Sie jemanden mit kurzem Haar, dessen Kiefer von vorne breit aussieht, und betrachten Sie ihn dann von hinten. Sehen Sie, wie die Enden der Kiefer vorstehen? Das nenne ich breit!
- Schmale Kiefer sind selbst von vorne schwerer zu erkennen. Sie fallen weniger ins Auge als breite Kiefer, und man übersieht sie leichter.
- Die meisten Leute haben durchschnittliche Kiefer. Wenn Sie die Breite des Gesichts abschätzen, fügen die Kiefer sich harmonisch ein; sie sind weder schmaler noch breiter als der Bereich knapp unterhalb der Wangen.

Die Breite der Kiefer

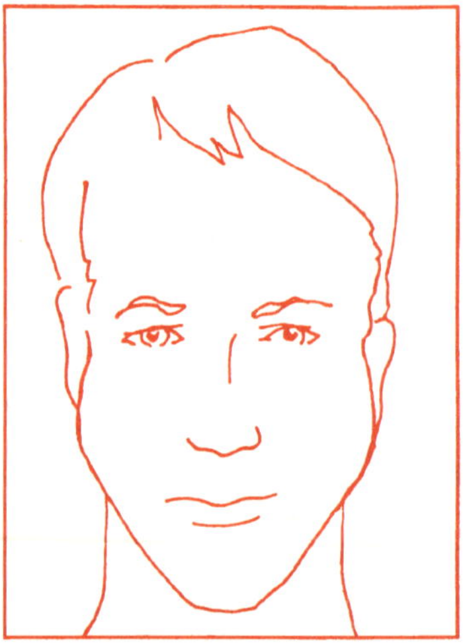

Breit

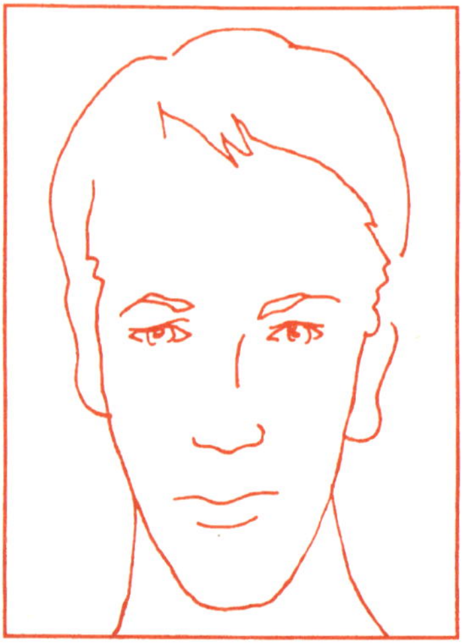

Schmal

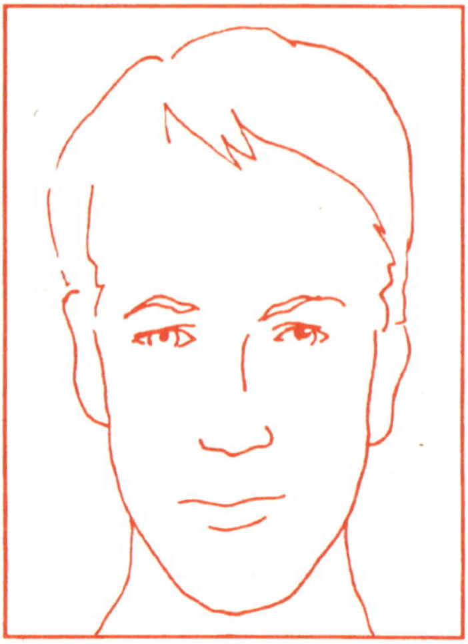

Durchschnittlich

Die Kiefer symbolisieren zwei verwandte Aspekte des Lebens: die körperliche Ausdauer und die seelische Zähigkeit. Breite Kiefer gehören mit wenigen Ausnahmen zu den Stellenanforderungen für maskuline Männer. Darum kommen sie unter anderem bei Fußballprofis häufig vor. Sie sind auch ein Markenzeichen des Popstars Mick Jagger – und ein Zeichen seiner enormen Ausdauer auf der Konzertbühne. Professionelle Machos, die nicht mit gewaltigen Kiefern gesegnet sind, müssen dieses Manko durch andere Merkmale der Kraft oder Potenz wettmachen.

Die Stärke der Menschen mit schmalen Kiefern besteht darin, daß sie Konflikte früh wittern. Für einen langen Kampf fehlt ihnen die Ausdauer. Erkennen Sie sich darin wieder? Dann sollten Sie in heiklen Situationen ein Gespräch in Gang bringen. Lösen Sie das Problem schnell, oder gehen Sie.

Menschen mit breiten Kiefern genießen es dagegen, beharrlich zu bleiben, selbst unter den widrigsten Umständen. Und natürlich ist die Beharrlichkeit, die sich in breiten Kiefern widerspiegelt, nicht nur Männern von Nutzen.

Ich bin seit zwölf Jahren verheiratet, und mein Mann zieht mich immer noch damit auf, wie lange es dauerte, bis ich zu einer festen Bindung bereit war. Ist das typisch für Leute mit breiten Kiefern?

Ja, Ihnen fällt es schwer, sich zu binden. Aber wenn Sie sich für etwas entschlossen haben, bleiben Sie bei Ihrer Entscheidung. Wer breite Kiefer hat, verurteilt sich selbst zu »lebenslänglich« – und er ist unglaublich treu. Andere wissen das zu schätzen.

Wenn jemand Glück und durchschnittlich breite Kiefer hat, fallen ihm Bindungen nicht so schwer. Er ist auch ziemlich treu und hat höchstens ein Problem: das seltsame Verhalten der anderen zu verstehen. Warum opfern diese nicht eine angemessene Zeitspanne, um

Konflikte zu lösen, und hören dann auf? Wir sollten anderen jedoch nicht vorschreiben, was »angemessen« ist, und in diesem Fall zugeben, daß wir ein wenig intolerant sind.

Die Wölbung des Kinns

Schauen Sie sich das ganze Gesicht, nicht nur das Kinn, im Profil an, und ziehen Sie eine imaginäre Linie von der Stirn zum Kinn (lassen Sie die Nase aus). Betrachten Sie die Neigung dieser Linie.

- Die meisten Menschen haben ein vorstehendes Kinn.
- Manche haben ein zurückgezogenes Kinn. (Der Ausdruck »fliehendes Kinn« gefällt mir nicht. Ein Kinn hat es nicht nötig, zu fliehen, denn jede Form hat ihre Bedeutung.)
- Das gleichmäßige Kinn ist die seltenste Variante.

Die Kinnwölbung ist eines der wenigen Merkmale, die sich selten ändern.

Wie beurteile ich die Wölbung, wenn jemand sei Kinn nach vorne schiebt?

Auch das zählt. Das vorgeschobene Kinn ist ein wohlbekanntes Zeichen für Trotz. Wer sein Kinn Tag und Nacht nach vorne schiebt, hat eben ein vorstehendes Kinn.

Wir alle wissen, daß ein stark vorgeschobenes Kinn etwas mit Kampfgeist zu tun hat. Wer ein so markantes Kinn hat, muß sich vor unnötiger Aggressivität hüten.

Dafür sind ihm vor allem Menschen mit zurückgezogenem Kinn dankbar. Es ist ein schwerer Fehler, ein solches Kinn als »schwach« zu bezeichnen. Dieser Ausdruck ist entlarvend; er zeigt, daß ein

Die Wölbung des Kinns

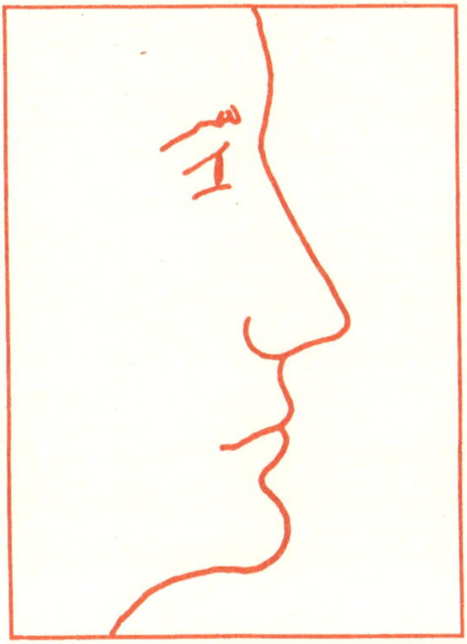

Vorstehend

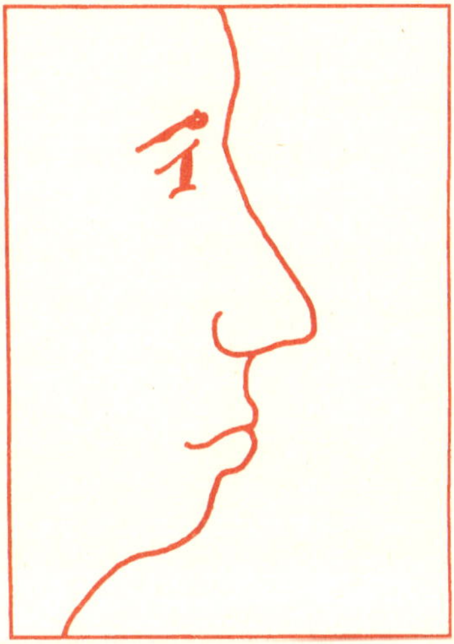

Zurückgezogen

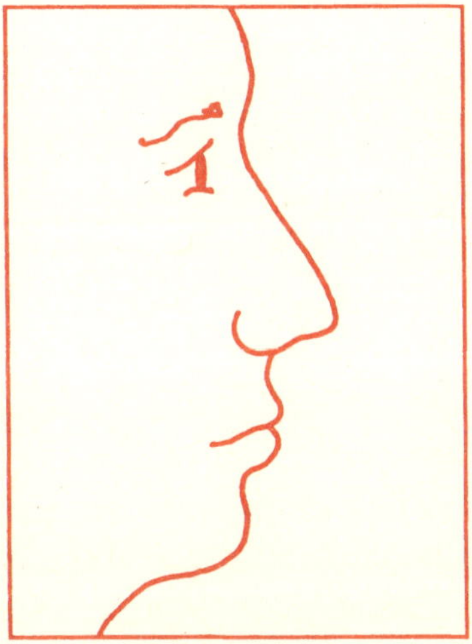

Gleichmäßig

ehrenwertes Merkmal oft unterschätzt wird. Ein zurückgezogenes Kinn bedeutet nämlich Gemeinschaftsgeist. Wenn Sie so ein Kinn haben, lassen Sie eine Beziehung nicht durch Streit kaputtgehen, sondern streben nach Kompromissen und Versöhnung. Sie übernehmen lieber zusätzliche Arbeit, als unverdientes Lob einzustreichen.

Wichtig ist, daß Sie sich selbst respektieren und von anderen respektiert werden. Leider legt unsere Gesellschaft auf Gemeinschaft oft weniger Wert als auf Aggressivität.

Sie werden immer wieder feststellen, daß Menschen mit zurückgezogenem Kinn sanfte Seelen sind. Der Philosoph Henri Bergson hatte so ein Kinn; Joni Mitchell und Aaron Copland komponieren Musik, die sich im Stil erheblich unterscheidet, aber für beide sind Intensität, Ausgewogenheit und Empfindsamkeit charakteristisch.

Ein gleichmäßiges Kinn deutet auf einen zwanglosen Umgang mit Kompromissen und Aggressivität hin. Diese Leute wollen weder übervorteilen noch übervorteilt werden. Auch sie können jedoch zu geringer Toleranz gegenüber dem Rest der Menschheit neigen.

Die Länge des Kinns

Um die Länge des Kinns im Vergleich zum restlichen Gesicht zu beurteilen, schauen Sie einfach gerade in den Spiegel, so wie Sie es normalerweise tun.

- Sieht das Kinn lang aus?
- Oder sieht es kurz aus?

Die Kinnlänge sagt uns etwas über die Risikobereitschaft. Ein langes Kinn gehört einem Menschen, der wahrscheinlich körperliche Risiken eingeht. Wenn er Pech hat, trägt er es mit Fassung.

Die Länge des Kinns

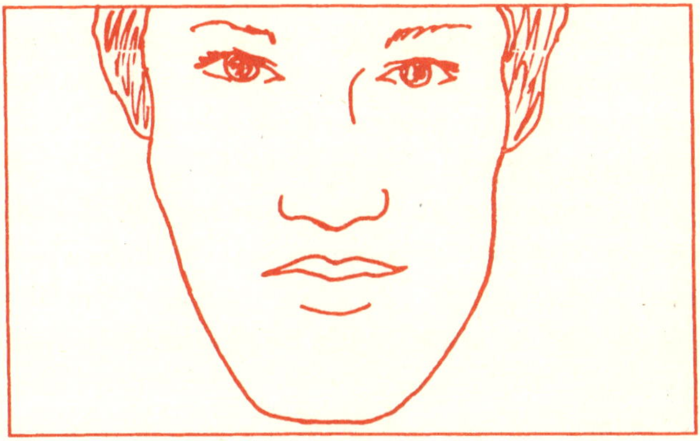

Lang

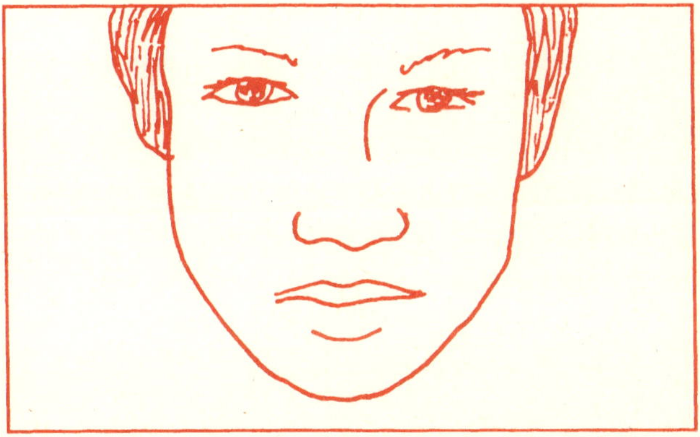

Kurz

Wie steht es mit dem kurzen Kinn? Dürfen wir es schwach nennen? Ja, wenn es um körperliche Risiken geht; nein, was seelische Risiken anbelangt. Die Moral ist ein weiterer Faktor: Wenn Sie ein kurzes Kinn haben, dann tun Sie genau das, was Sie sagen – Sie sind nicht nur in der Kirche moralisch. Vielleicht machen Sie sich sogar einige Gedanken über moralisches und unmoralisches Verhalten. Angenommen, Sie gehen zur Bank und nehmen aus Versehen einen Kugelschreiber mit, merken es aber erst zu Hause. Mit einem langen Kinn denken Sie: »Ach, das Ding kostet höchstens ein paar Cent, und die Bank hat 'ne Menge davon.« Wenn Sie ein kurzes Kinn haben, meldet sich Ihr Gewissen: »Abraham Lincoln wäre fünfzehn Meilen gegangen, um diesen Kugelschreiber zurückzubringen. Ich darf ihn nicht behalten.«

Man kann es auch anders ausdrücken: Sie neigen zu Schuldgefühlen, nicht nur, wenn Sie versehentlich einen Kugelschreiber mitgenommen haben, sondern auch, wenn andere Sie kritisieren. Denken Sie aber daran, daß Sie sich deswegen nicht quälen müssen. Sigmund Freud, der sein Kinn mit einem ordentlichen Bart noch verlängerte, meinte: »Manchmal ist eine Zigarre eben nur eine Zigarre.«

Was ist, wenn ich mir einen Bart wachsen lasse? Habe ich dann ein längeres Kinn und bin eher bereit, körperliche Risiken einzugehen?

Ja, je länger der Bart ist, desto mutiger werden Sie. Aber benutzen Sie Ihren Bart nicht zum Bungee-Springen!

Die Breite des Kinns

Um einen Blick für die Breite des Kinns zu bekommen, denken Sie am besten an Trinkgefäße. Das scharfe Auge des Physiognomen erkennt die Form sofort.

- Manche Kinne sehen von der Seite klein aus, egal, wie lang sie sind. Sie ähneln einer Tee- oder Mokkatasse. Ich nenne sie schmal. Schmal sind auch die längeren Varianten, die eher wie Becher ohne Griff aussehen.
- Ein breites Kinn ist fest in den Kiefer eingefügt, wie eine breite, dicke Untertasse oder gar wie die Platte, auf die man in feinen Restaurants eine Suppenschüssel stellt. Wenn ein Kinn Sie an eine fliegende Untertasse erinnert, ist Ihre Phantasie mit Ihnen durchgegangen.

Bisher sind mir nur die hübschen langen Kinne aufgefallen. Es gibt also auch kurze, breite und schmale. Wird diese Vielfalt oft übersehen?

Darauf können Sie wetten! Niemand behauptet, nur Augen mit einem seltenen Grauton seien sehenswert. Schauen Sie sich Ihr Kinn einmal genau an, und überlegen Sie, was das Kinn Ihres Partners über seine Persönlichkeit enthüllt. Hier sind ein paar Hinweise:

- Wer ein breites Nasenpolster hat, arbeitet gerne mit anderen zusammen.
- Wer einen breiten Mund hat, spricht gerne vor einem großen Publikum.
- Und wenn ein Kinn etwas über die Risikobereitschaft sagt, was könnte dann die Kinnbreite bedeuten?

Ein schmales Kinn bedeutet, daß Sie sich zurückziehen oder nur mit einem Vertrauten sprechen, wenn es Ihnen schlecht geht.

Ein breites Kinn spricht dafür, daß Sie hilfreiche Freunde haben. Wenn Sie Schwierigkeiten haben, erwarten und bekommen Sie Hilfe.

Ein langes, breites Kinn ist ein natürlicher Schutzschild gegen Widrigkeiten aller Art. Aber mit diesem Kinn neigen Sie auch dazu, sich in eine gefährliche Lage zu bringen.

Die Breite des Kinns

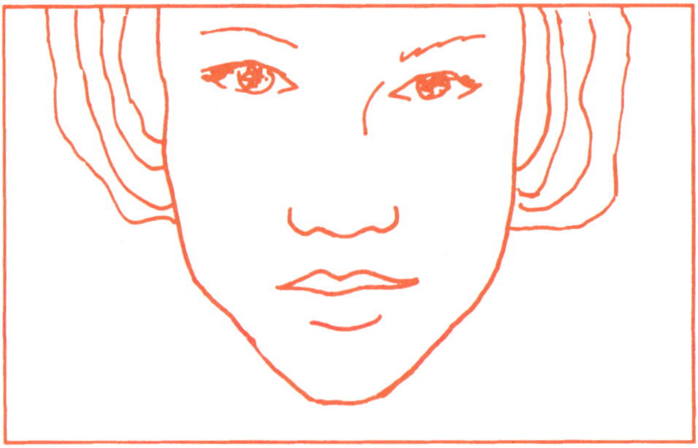

Schmal

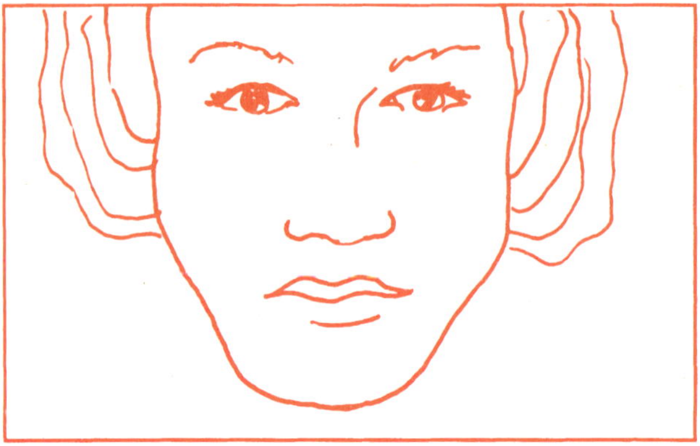

Breit

Ich bin Verkaufsleiter und muß darauf achten, wie mein Verkaufspersonal auf Kritik reagiert. Wie schaffe ich es, daß meine Leute motiviert bleiben?

Sie wissen ja bereits, daß Menschen mit vollen Lippen Ihnen sagen, wie sie sich fühlen, während die mit den dünnen Lippen schweigen. Das Kinn enthüllt auch unausgesprochene Reaktionen auf Kritik und andere Probleme.

Um Mitarbeiter mit breitem Kinn zu motivieren, organisieren Sie ab und zu eine Party für sie, sie brauchen die Unterstützung einer Gruppe. Leute mit schmalem Kinn brauchen Zeit, um sich zu sammeln. Mit großem Tamtam kann man sie nicht aufheitern.

Die Form der Kinnspitze

Wollen Sie wissen, wie jemand Entscheidungen trifft? Wenn ja, schauen Sie sich die Spitze seines Kinns an. Sie zeigt Ihnen, wie Sie sich auf seine Wellenlänge einstimmen können. Zuerst sollten Sie aber Ihr eigenes Kinn genau betrachten.

- Das gerundete Kinn kommt bei weitem am häufigsten vor.
- Ab und zu sehen Sie auch ein gerades Kinn.
- Am seltensten finden Sie das spitze Kinn. Es ist meist schmal und verjüngt sich nach unten.

Wer ein rundes Kinn hat, berücksichtigt die Menschen bei seinen Entscheidungen – was sie fühlen und wie ihr Leben durch die Entscheidung beeinflußt wird. Wenn Sie ein rundes Kinn haben, sind Sie wahrscheinlich ein Menschenfreund.

Ein rundes Kinn spricht außerdem für Gastfreundschaft. Wenn ein Mensch mit sehr rundem Kinn Sie zu einer Party einlädt, gehen Sie hin – Sie werden es nicht bereuen, was die Beköstigung angeht.

Die Spitze des Kinns

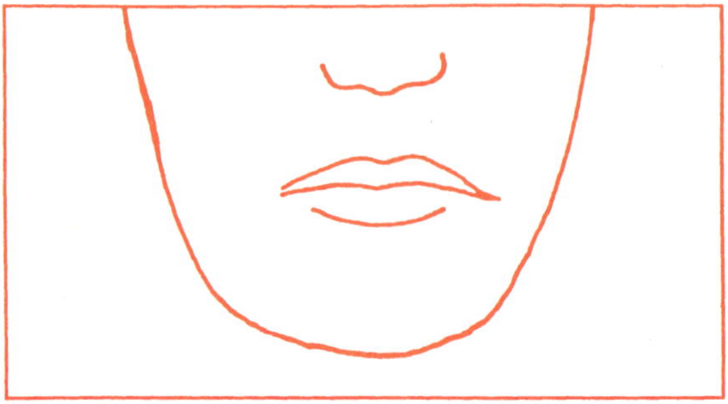

Gerundet

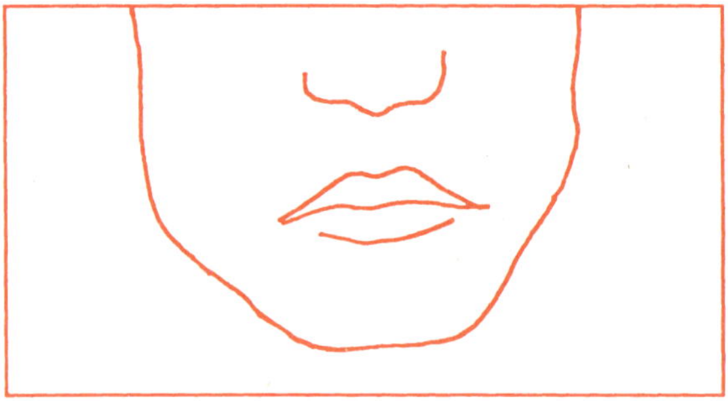

Gerade

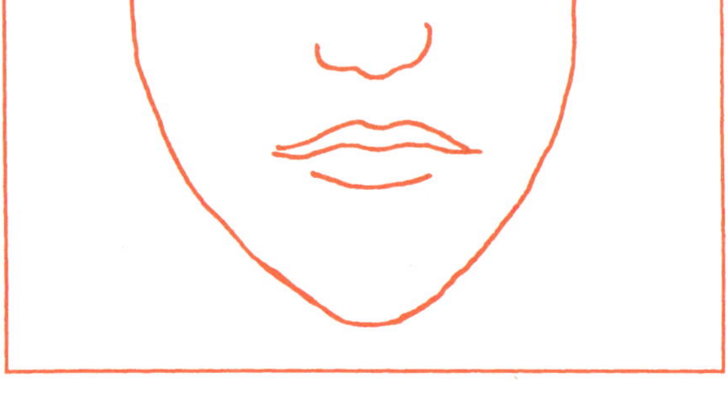

Spitz

Menschen mit geradem Kinn engagieren sich eher für eine gute Sache und zeigen dadurch, was in ihnen steckt. Ihre Entscheidungen gründen auf Ideen und Idealen.

Jedes Kinn weist auch auf mögliche Probleme hin. Menschen mit rundem Kinn sind bisweilen hoffnungslose Weichlinge, die sentimentale Entscheidungen treffen, ohne die langfristigen Folgen nüchtern abzuwägen. Wer ein gerades Kinn hat, neigt hingegen zu Schwarzweißdenken. Für ihn gibt es nur richtig oder falsch.

Spitze Kinne schließlich wollen alles im Griff haben. Menschen mit sehr spitzem und kurzem Kinn (es sind fast immer Frauen) sehen zart und verletzlich aus, haben jedoch einen eisernen Willen und wollen anderen mitunter unbedingt beweisen, daß sie sich »keine Vorschriften machen lassen«.

Denken Sie an Elizabeth Taylor, die viele Male heiratete, manchmal ganz ungewöhnliche Bewerber – aber sie setzte ihren Kopf durch. In den letzten Jahren ist ihr Kinn runder geworden – und sie wurde humanistischer und beteiligt sich am Kampf gegen Aids.

Wie stelle ich dieses Merkmal fest, wenn ein Bart es verbirgt? Sie brauchen kein Archäologe zu sein. Was zählt, ist die äußerste Schicht: Der untere Teil des Bartes ist der untere Teil des Kinns.

Wenn Sie Ihr Gesicht verändern, dann ändert sich auch Ihr persönlicher Stil. Überlegen Sie also genau, wie Sie sich verkleiden – Sie könnten es werden!

Denken Sie auch an die Ähnlichkeit zwischen dem Ende des Kinns und des Bartes. Beide können rund, gerade oder spitz sein. Allerdings gilt jeder Bart als extremes Merkmal.

Der runde Bart ist als Bart des Weihnachtsmannes am berühmtesten. Er läßt uns an einen gütigen Menschenfreund denken.

Die gerade Form nenne ich Bergler-Bart. Sie deutet auf Unabhängigkeit und Vernunft hin, wie beim Schriftsteller und Philosophen Leo Tolstoi.

Bartformen

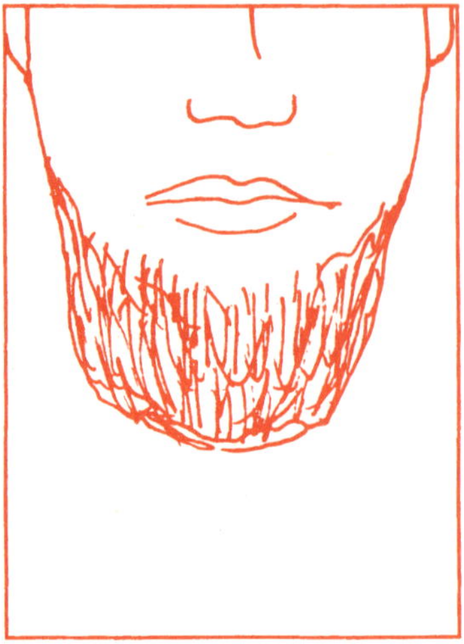

Rund

Gerade

Spitz

Spitzbärte sind als Geißbärte bekannt. Der Marquis de Sade hatte wohl den furchterregendsten, und auch der Revolutionär Leo Trotzki war nicht gerade ein Biedermann.

Ich bin verwirrt. Das Kinn und der Bart sagen uns etwas über Entscheidungen. Aber die Augenbrauen verraten doch, wie die Leute denken …

Die Augenbrauen enthüllen, wie ein Mensch denkt und spricht. Wie er entscheidet und handelt, sagt Ihnen der untere Teil des Kinns oder des Bartes. Gleichgültig, wo sich die Formen am Kopf befinden:

- rund bedeutet: an Menschen orientiert
- gerade bedeutet: an Ideen orientiert
- spitz bedeutet: an Macht orientiert

Hier ist eine Zusammenfassung der neun möglichen Kombinationen mit einigen Beispielen:

- Geschwungene Augenbrauen und rundes Kinn
  Menschen kommen zuerst – im Prinzip und in der Praxis
  Präsident Franklin Delano Roosevelt

- Geschwungene Augenbrauen und gerades Kinn
  Nimmt Gefühle zur Kenntnis, konzentriert sich aber auf abstrakte Ideen und Grundsätze
  Präsident Abraham Lincoln

- Geschwungene Augenbrauen und spitzes Kinn
  Inszeniert Ereignisse, damit seine Empfindsamkeit gegenüber anderen zur Geltung kommt
  Autorin Jane Austen, auf ironische Gesellschaftsromane spezialisiert

- Gerade Augenbrauen und rundes Kinn
  Fasziniert von abstrakten Ideen; erreicht Ziele jedoch, indem er an Gefühle appelliert
  Präsident Harry Truman, Sänger Johnny Cash

- Gerade Augenbrauen und gerades Kinn
  Rühmt sich seiner Prinzipientreue
  Präsident George H. Bush

- Gerade Augenbrauen und spitzes Kinn
  Fasziniert von Ideen; nutzt sie, um zu dominieren
  Verbrecher Billy the Kid

- Spitze Augenbrauen und rundes Kinn
  Will aus Details ein Muster machen; distanziert wie ein Manager, aber sucht am Ende die Harmonie
  Komponist Johann Sebastian Bach

- Spitze Augenbrauen und gerades Kinn
  Findet einen Weg, das gewünschte Ergebnis zu erzielen (was eine Idee voraussetzt)
  First Lady Nancy Reagan

- Spitze Augenbrauen und spitzes Kinn
  Kann je nach Bedürfnis grob, schlau oder charmant sein; will alles im Griff haben
  First Lady Jacqueline Kennedy, Marquis de Sade

11. Sexappeal

»Wonach halten Sie bei einem neuen Freund Ausschau?« fragte ich eine Gruppe von Singles, die mich zu einem Vortrag eingeladen hatten.

»Attraktivität«, sagten die meisten. Auf den zweiten Platz kam »ein gewinnendes Lächeln«, auf den dritten »Freundlichkeit«.

Am liebsten hätte ich sie gerüttelt und erwidert: »Glauben Sie nicht, daß jeder, der sich die Mühe macht, am Freitagabend auszugehen, imstande ist, sich ordentlich herauszuputzen und ein nettes Lächeln aufzusetzen? Ein gewinnendes Lächeln ist nichts weiter als ein Paarungssignal. Wollen Sie nicht wissen, wie ein Fremder sich in sechs Monaten benimmt – sofern Sie dann noch mit ihm sprechen? Ist Ihnen der Charakter egal?«

Natürlich stellte ich eine höflichere Frage: »Wonach soll ein neuer Freund in Ihnen suchen?«

Diesmal war die Antwort einhellig: »Er soll mein wahres Ich sehen.«

»Nun«, antwortete ich, »Sie schauen bei einem Rendez-vous nicht auf das wahre Ich – wie können Sie erwarten, daß Ihre Verabredung das bei Ihnen tut?«

Eine erotische Ausstrahlung hat jedoch sehr wohl etwas mit dem wahren Ich zu tun. In diesem Kapitel lernen Sie, auf Merkmale zu achten, die auf gegenseitige Faszination, Aufgeschlossenheit und Seelenverwandtschaft schließen lassen. Diese Aspekte umfassen die Anziehungskraft ebenso wie das dauerhafte Gefühl der Zusammengehörigkeit. Physiognomen suchen den Sexappeal an ziemlich ungewohnten Stellen, etwa am Oberlippengrübchen.

Der gesellschaftliche Sexappeal ist nicht alles

Physiognomen können zwischen echtem und »gesellschaftlichem« Sexappeal unterscheiden. Bei letzterem geht es um das Image und um eine aufgesetzte Haltung. Je nachdem, in welchen Kreisen Sie verkehren, kann Sexappeal etwas mit zahlreichen Piercings, einer wilden Haarmähne, sportlicher Schlankheit, dicken Muskeln, reichlich Make-up oder nichts von alledem zu tun haben.

Zur Zeit sind volle Lippen sexy. Wie Sie bereits wissen, verraten volle Lippen etwas über Aufgeschlossenheit, jedoch nichts über den Sexappeal. Danach müssen Sie anderswo Ausschau halten.

Vicky, eine meiner Schülerinnen, hatte einmal ein peinliches Erlebnis: eine Begegnung mit Kevin Kline, dem vielseitigen Schauspieler und Oscar-Gewinner. Kline hat sehr dünne Lippen. Wer volle Lippen für sexy hält, würde ihm also nur wenige Punkte geben … Was für ein Irrtum!

Vicky arbeitete in einer Schule, die Kline als Tutor haben wollte, und sie sollte mit ihm die Aufgabenstellung durchgehen. Diese Prozedur beherrschte sie eigentlich im Schlaf – abgesehen von einem unerwarteten Problem: »Die sexuelle Ausstrahlung dieses Mannes war so stark, daß ich ganz durcheinander war.«

Als die normalerweise wortgewandte Vicky mit Kline allein war, kam sie sich wie eine plappernde Idiotin vor. Außerdem hatte sie weiche Knie, und ihr Herz klopfte. »Was geht hier vor?« fragte sie sich.

Nun, das ist Sexappeal!

Klines Frau ist ebenfalls eine Schauspielerin mit einer großen und verführerischen Aura. Sie ist glücklich mit Kline verheiratet und hat die gleichen Gesichtsmerkmale wie er – jene, die echten Sexappeal verraten. Darum geht es zunächst. Anschließend befassen wir uns mit anderen Merkmalen, die ebenso wichtig sind, um einen geeigneten Partner zu finden.

Die Partie zwischen Oberlippe und Nase

Filmstars sehen nicht wie Sie und ich aus. Ein klarer Beweis dafür ist die »Überlippe«, die Partie zwischen Oberlippe und Nase. Bei den Stars hat sie eine sehr interessante Form. Über der Mitte der Oberlippe haben wir alle eine senkrechte Rinne, die Nase und Mund verbindet; in der Ärztesprache heißt diese Einbuchtung Philtrum.

Betrachten Sie die Rinne im Spiegel. Sehen Sie zwei mehr oder weniger parallele Rippen mit einer Grube dazwischen? Oder sehen Sie fast nichts?

- Eine ausgeprägte Rinne hat zwei deutliche Rippen.
- Wenn die Rippen kaum zu sehen sind, haben Sie eine unauffällige Einbuchtung.

Unter der Überlippe, genauer gesagt im Mund, auf dem Zahnfleisch, genau oberhalb der Vorderzähne, spüren Sie ein Bändchen, das Frenum heißt. Untersuchen Sie es mit den Fingern oder mit der Zunge. Sie werden feststellen, daß seine Länge und Position der Rinne entspricht. Ein unauffälliges Frenum geht mit einem unauffälligen Philtrum einher.

Die Form der Einbuchtung gibt Auskunft über den Sexappeal. Verdrehen Sie den Männern den Kopf, auch wenn Sie nicht frisch vom Friseur kommen? Wenn Sie ein ausgeprägtes Philtrum haben, lautet die Antwort wahrscheinlich »Ja!«.

Vielleicht sind Sie mürrisch, ungesellig, verschwitzt oder erschöpft – aber wen interessiert das? Sie können auch dicker oder dünner sein, als es Ihnen lieb ist – wahrscheinlich kleiden Sie und Ihre Überlippe sich so, daß Ihr Sexappeal betont wird. Menschen mit diesem Merkmal sind sich ihrer Anziehungskraft meist bewußt, denn seit sie als Teenager von Hormonen überschwemmt wurden, haben andere darauf angesprochen.

Das Philtrum

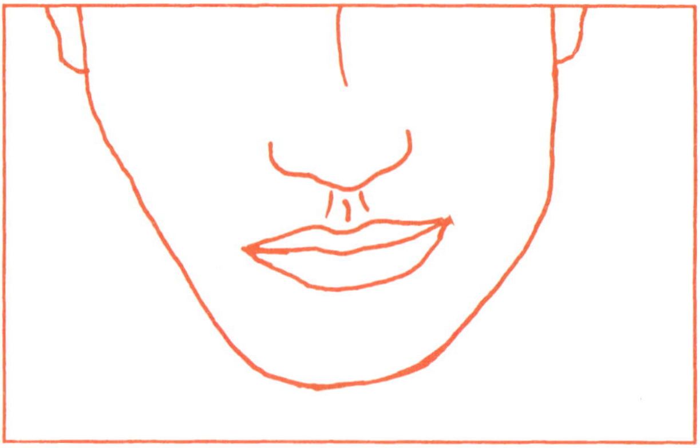

Ausgeprägt

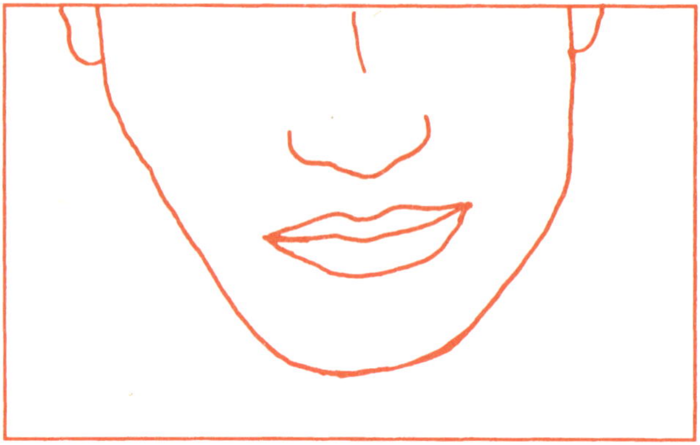

Unauffällig

Was erklärt das? Einer meiner Schüler hat die ausgeprägte Überlippen-Einbuchtung einer Frau neulich scharfsinnig als »oberes Dekolleté« bezeichnet. Einerlei, ob Sie in Stimmung sind – die Leute denken in Ihrer Gegenwart an Sex.

Welchen Gebrauch machen Sie von dieser Macht? Auch Sex ist eine Form von Energie, und Sie können das Interesse, das man Ihnen entgegenbringt, nach Belieben kanalisieren. Vielleicht genießen Sie es, daß andere in Ihrer Gegenwart lebendiger werden. Wenn Sie Verkäufer oder Politiker sind, kommt Ihre erotische Ausstrahlung Ihnen ebenfalls zugute. Die Präsidenten Kennedy, Reagan und Clinton mit ihren sehr auffälligen Philtren waren besonders charismatische Politiker. Meine Schülerin Claudia wohnt in Washington und steht seit ihrer Kindheit mit Politikern auf du und du. Über Bill Clinton sagte sie: »Der Mann ist unglaublich sexy. Wenn er ein Zimmer betritt, spürt man es. Noch nie habe ich einen Politiker mit dieser Energie getroffen.«

Jetzt kommt die heikle Frage: Wollen Sie wirklich auf andere derart magnetisch wirken? Wären Sie gerne wie Kevin Kline, der dazu verdammt ist, immer wieder ansonsten normale Menschen stammeln zu hören? Selbst wenn die Rinne bei Ihnen nur mäßig ausgeprägt ist, müssen Sie lernen, mit der Aufmerksamkeit anderer Leute umzugehen. Im Grunde wollen nur wenige Menschen Sexobjekte sein. Also was tun?

»Werden Sie Filmstar!« ist eine Antwort. Wußten Sie, daß eine sehr deutliche Einbuchtung fast eine Voraussetzung ist, wenn Sie erotische Rollen spielen wollen?

Falls Sie eine unauffällige Überlippe haben, so schließt das nicht aus, daß Sie auf Ihre Art sexy sind. Sie haben sogar die Chance, andere zuerst mit Ihrem Verstand, Ihrer Freundlichkeit oder Ihrer sportlichen Figur zu beeindrucken. Wenn die Leute Ihre Aura spüren, achten sie vielleicht nicht auf Ihre erotische Ausstrahlung – außer wenn Sie verliebt sind. Aber Ihre Aura kann auf viele andere

Arten charismatisch sein. Und es kann herrlich sein, wenn jemand sich wegen Ihrer Tugenden in Sie verliebt und später Ihren Sexappeal als köstlichen Nachtisch entdeckt!

Whoopi Goldberg hat mit ihren Filmen großen Erfolg, obwohl sie kein Sexsymbol ist. Das gleiche gilt für Billy Crystal und Robin Williams. Deren Philtrum ist nicht magnetisch, aber sie haben eine außergewöhnliche Aura, die Charisma ausstrahlt, das nichts mit Sex zu tun hat.

Jeder Mensch kann sexy sein – oder auch nicht. Nach dem *Siang Mien* sind Menschen mit einem kurzen, breiten Kinn besonders sexy. Das ist durchaus glaubhaft, denn das Kinn verrät uns ja, wie jemand auf Abweisung reagiert. Wer ein kurzes Kinn hat, verträgt Kritik nicht sehr gut; wer ein breites Kinn hat, will sich dagegen mit anderen versöhnen, er sucht den gemeinsamen Nenner. Das paßt also gut zusammen!

Manche Frauen mit kurzem, breitem Kinn reden sehr offen

Bekannte Männer mit ausgeprägtem Philtrum	Bekannte Frauen mit ausgeprägtem Philtrum
Pierce Brosnan	Halle Berry
Harrison Ford	Jodie Forster
Mel Gibson	Helen Hunt
Val Kilmer	Julianne Moore
Brad Pitt	Julia Roberts
Patrick Stewart	Susan Sarandon
Bruce Willis	Kate Winslet
Sean Connery	Cameron Diaz
Morgan Freeman	Salma Hayek
Michael Keaton	Bette Midler
Bruce Lee	Gwyneth Paltrow
Jimmy Smits	Meg Ryan
Denzel Washington	Sharon Stone
Chow Yun-Fat	Catherine Zeta-Jones

über Sex. Denken Sie an Sexbomben wie Jean Harlow und Mae West. Der Schauspieler Charles Bronson profitiert ebenfalls von seinem Sexappeal.

Gibt es ein Merkmal, das mir sagt, ob jemand homosexuell veranlagt ist?

Nein, dazu müssen Sie seine Aura lesen. Als Physiognom sollten Sie aber auf das folgende Merkmal achten.

Der Macho-Höcker

Manche Menschen, meist Männer, haben einen runden, fleischigen Höcker auf dem Kinn, den ich Macho-Höcker nenne. Achten Sie auf dieses Merkmal, vor allem, wenn es sehr ausgeprägt ist und zudem ein Grübchen hat.

Der Macho-Höcker hat etwas mit Stolz zu tun. Wenn er ein männliches Gesicht schmückt, ist der Betreffende meist eine Autoritätsperson. Sein Wort ist Gesetz, und wenn sanftere Männer versagen, benutzt der Macho die Fäuste oder eine andere passende Waffe. Mit solchen Männern sollte man sich besser nicht streiten, und die meisten wollen auch nicht mit ihnen schmusen – außer jenen Frauen, die selbst einen Macho-Höcker haben. Wenn Sie dieses Merkmal besitzen, wissen Sie, wie man Feinde einschüchtert. Sie sind stolz, und wenn jemand Sie respektlos behandelt, reagieren Sie möglicherweise so rasend, daß alle Anwesenden überrascht sind.

Aber man braucht doch keinen Macho-Höcker, um so zu reagieren! Ist das nicht ganz natürlich?

Sie haben recht, jeder kann wütend werden. Aber Menschen mit Macho-Höckern werden besonders wütend. Machen Sie eine Umfrage unter Ihren Freunden und Bekannten!

Natürlich können Sie mit diesem Höcker versuchen, Ihren Stolz positiv zu nutzen und sich in der Welt mutig durchzusetzen, ohne die Beherrschung zu verlieren und sich zu aggressiv zu verhalten.

Wer hat den größten Macho-Höcker im öffentlichen Leben? Saddam Hussein! Sein Höcker macht rund zwanzig Prozent seines Gesichts aus. Kleinere, niedlichere Versionen förderten die Karriere des legendären Tenors Enrico Caruso und des Entdeckers Christoph Columbus.

Hat der Macho-Höcker bei Schwulen und Lesben eine andere Bedeutung?

Er verrät Ihnen nicht, ob jemand schwul oder lesbisch ist. Wir alle sprechen auf bestimmte männliche und weibliche Züge an. Ein Macho-Höcker ist allerdings sehr maskulin.

Kann ein Mann ohne diesen Höcker nicht ebenfalls sehr maskulin sein?

Natürlich. Aber es gibt einen Unterschied: Männer mit Macho-Höcker haben eine traditionellere Auffassung von Männlichkeit. Leute ohne den Höcker können ebenso männlich und sogar extrem sexy sein, aber sie machen sich weniger Gedanken darüber, wie sie ihre Männlichkeit verteidigen müssen.

Schnurrbärte

Schnurrbärte sind mehr als Haare. Sie sind Symbole der Männlichkeit. Man muß kein Physiognom sein, um das zu wissen.

Angesichts dieser Symbolik ist es nicht verwunderlich, daß Frauen mit Schnurrbart keinen Schönheitspreis gewinnen. Ich vermute jedoch, es ist nur eine Frage der Zeit, bis junge Mädchen sich Schurrbärte zulegen. Heutzutage müssen sie zu langweiligen Mitteln greifen, um Ältere zu beeindrucken, zum Beispiel zu Schultertätowierungen und Nabelpiercings. Nur tapfere junge Frauen trauen sich, ihre Oberlippenbehaarung zu betonen, anstatt sie mit Bleichmitteln oder Enthaarungscremes zu traktieren.

Sie brauchen kein Physiognom zu sein, um die sexuelle Bedeutung eines Schnurrbarts zu kennen. Wenn ein Mann viel Aufhebens um ihn macht, ihn makellos stutzt, zwirbelt und daran zupft, will er unbedingt sexy sein. Wenn er den Schnurrbart Amok laufen läßt, ist er von seiner Potenz fasziniert – oder er ist einfach schlampig.

Schnurrbärte sind sehr informativ, wenn Sie darauf achten, ob sie die Oberlippe bedecken oder nicht.

- Ein Schnurrbart, der die Oberlippe frei läßt, kann so kurz sein, daß er die Lippe in großer Entfernung dramatisch einrahmt. Oder die Haare flirten sacht mit der Oberlippe.
- Ein Mann mit einem Schnurrbart, der die Oberlippe bedeckt, kann einen großen »Schonbezug« haben, der den Mund fast ganz einhüllt, oder aber Haare, die nur über einen Teil der Oberlippe hängen.

Was bedeuten diese Schnurrbartvarianten?

Beginnen wir mit der häufigeren Variante. Wenn der Schnurrbart die Oberlippe frei läßt, symbolisiert er die Bereitschaft, tiefe Gefühle zu zeigen.

Der berüchtigte englische König Heinrich VIII. hat auf Bildern diesen Bart, und die Geschichte lehrt, daß er nicht zögerte, seine Auffassung von der Ehe offen zu demonstrieren (daß er seine Frauen umbrachte, hat zum Glück nichts mit dem Schnurrbart zu tun). Heute finden wir diese dünnen Schnurrbärte vor allem bei sensiblen Männern. Nutzen Sie Ihre Phantasie, um sich auszumalen, wie diese gefühlvolle Art der Männlichkeit sich im Schlafzimmer auswirkt.

Schnurrbärte

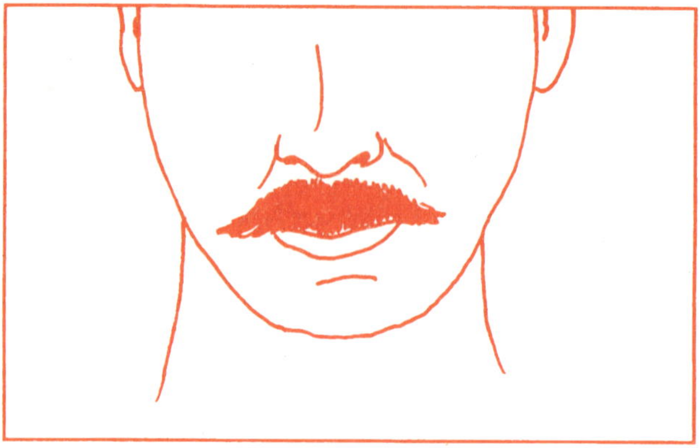

Bedeckt die Oberlippe

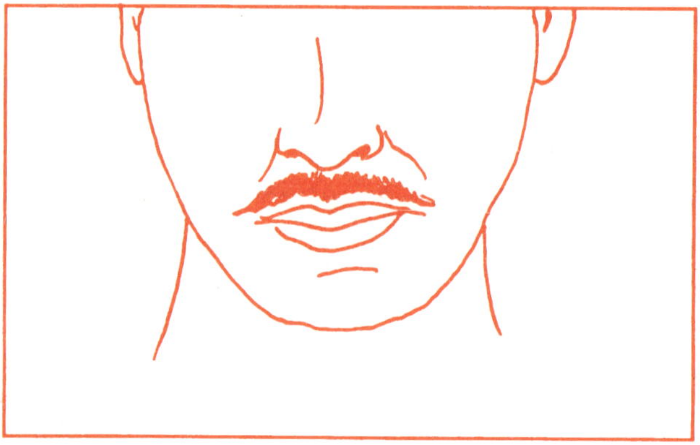

Rahmt die Oberlippe

Was ist, wenn ein Mann eine dünne Oberlippe hat – seine Gefühle also nicht gerne preisgibt –, aber gleichzeitig einen enthüllenden Schnurrbart?

Entweder bemüht er sich heldenhaft, offener zu werden, oder er stutzt seinen Bart einfach zu sehr. Doch wie oft sehen Sie so etwas? Männer, die ihre Gefühle lieber für sich behalten, werden sich nur selten einen solchen Schnurrbart zulegen. Es ist viel wahrscheinlicher, daß sie sich einen Schnurrbart wachsen lassen, der die Oberlippe verbirgt.

Charlie Chaplin und Groucho Marx schufen Charaktere auf der Leinwand, deren Markenzeichen ein Schnurrbart war. Bei Chaplin stand seine bärtige Männlichkeit in scharfem Kontrast zu seinen Rollen als Obdachloser mit einer zögerlichen Körpersprache. Marx machte auf der Leinwand Witze über sein starkes sexuelles Interesse, obwohl er eher schüchtern war.

Jim Henson, der geniale Erfinder der Muppets, sagte einmal: »Hinter Puppen kann man sich gut verstecken.« Das hätte er auch von seinem dichten Schnurrbart sagen können, der die Oberlippe verhüllt.

Ohrläppchen

Wenden wir uns nun einem attraktiven Gesichtsteil zu: den Ohrläppchen. Prüfen Sie zunächst die Größe: Wie viel Ohrringe könnte das Ohrläppchen unterbringen?

- Große Ohrläppchen haben Platz für mehrere enorme Edelsteine aller Regenbogenfarben.
- Kleine Ohrläppchen haben Platz für einen, zwei oder drei kleine Ringe, je nach Geschmack.

Die Größe der Ohrläppchen enthüllt das Interesse eines Menschen an der körperlichen Seite des Lebens. Sex ist eine angenehme Methode, sich selbst daran zu erinnern, daß man in einem materiellen Körper lebt.

Wer große Ohrläppchen hat, hat großes Interesse am Körperlichen und eine gute Beobachtungsgabe. Sie sehen nicht nur, wie die Dame, mit der Sie verabredet sind, sich anzieht – Sie achten auch darauf, wie ihr Kleid paßt. Wenn sie für ein paar Minuten weggeht und mit einem neuen Lippenstift zurückkommt, fällt Ihnen auch das auf. Sie könnten Detektiv werden!

Ein Pedant sollten Sie allerdings nicht werden. Angenommen, Ihr Kumpel Franz sagt: »Wir treffen uns beim Italiener gleich unter dem kleinen grünen Schild beim Eingang des Gebäudes«, und Sie stellen bei Ihrer Ankunft fest, daß das Schild blau und vier Meter breit ist. Da Sie große Ohrläppchen haben, sinkt Franz beträchtlich in Ihrer Achtung – es fehlt Ihnen an Toleranz für den Rest der Menschheit.

Trotzdem sind voluminöse Ohrläppchen ein wichtiger Aktivposten. Der Regisseur Alfred Hitchcock jagte den Menschen mit zahlreichen überzeugenden Details Angst ein. Der Verhaltensforscher und Nobelpreisträger (und Nazi) Konrad Lorenz, der große Ohrläppchen besaß, wurde berühmt, weil er darauf achtete, was um ihn herum vorging.

Sie brauchen kein Wissenschaftler zu sein, um zu verstehen, wie wichtig Körperbewußtheit beim Sex ist. Wenn Sie kleine Ohrläppchen haben, sind sie eher philosophisch als physisch veranlagt. Das schließt nicht aus, daß Sie sexy sein können – aber Sie müssen sich zusammenreißen, um »an das Körperliche« zu denken. Bei allem im Leben finden Sie die Seele im Körper besonders anziehend.

Der ehemalige Vizepräsident Al Gore hat nicht nur sehr kleine, sondern auch gerade Ohrläppchen. Das ist sehr ungewöhnlich. Man muß lange suchen, um Ohrläppchen zu finden, die nicht rund sind.

Dieses seltene Merkmal deutet auf einen abstrakten, intellektuellen Stil im Umgang mit dem Schönen im Leben hin. Runde Ohrläppchen sprechen dagegen für Freude am sinnlichen Vergnügen. Gores Ohrläppchen verraten uns, daß er der Natur geradezu mit metaphysischer Wertschätzung begegnet. Und sein Intellekt veranlaßt ihn, darüber nachzudenken, was er genießt und wie man es schützt und bewahrt.

Ist ein Mann wie Gore mit seinen kleinen Ohrläppchen sexy? Für eine Frau auf seiner philosophischen Wellenlänge ganz bestimmt! Und das ist der Schlüssel zum »wahren« Sexappeal – er geht über das rein Körperliche hinaus. Im Gegensatz zu dem »offensichtlichen« Sexappeal, den ein ausgeprägtes Philtrum signalisiert, kommt die individuelle Attraktivität in verschiedenen Merkmalen zum Ausdruck. Ein anderer Mensch spricht auch unsere Seele an. Wir reagieren auf Menschen, die anders sind und daher unsere Neugier wekken, die uns aber gleichzeitig so ähnlich sind, daß eine Bindung möglich ist.

Darum schreibe ich es meinen sehr kleinen Ohrläppchen zu, daß ich Al Gore für einen wundervollen Tänzer hielt, als ich ihn auf dem Ball anläßlich seiner Ernennung im Fernsehen sah. Erst später erfuhr ich, daß Tanzsaalexperten ihn für »hölzern« hielten. Für mich ist Gore ein großer Intellekt, der einen beweglichen Geist und Körper hat, und das finde ich äußerst attraktiv.

Was für ein Zufall: Während ich dieses Kapitel schrieb, rief mich eine meiner besten Freundinnen an; auch sie hat sehr kleine Ohrläppchen. »Ich habe vorhin Al Gore auf einem Empfang für Lehrer getroffen«, erzählte sie, »und habe ihm die Hand geschüttelt. Rose, du hast recht – er ist ja so sexy!«

Prioritätsbereiche

Der »wahre Sexappeal« hat viel mit den Prioritäten zu tun, die wir im Leben setzen. Wenn Sie langfristige Beziehungen bevorzugen, sollten Sie unbedingt auf die drei Prioritätsbereiche des Gesichts achten.

- Prioritätsbereich I reicht von der Haarlinie bis zum höchsten Punkt der Augenbrauen. (Wenn auf dem Kopf Ebbe herrscht, stellen Sie sich vor, wo die Haarlinie zur Zeit der Flut einmal war.) Das ist im wesentlichen die Stirn.
- Prioritätsbereich II erstreckt sich vom höchsten Punkt der Augenbrauen bis zum tiefsten Punkt der Nase (entweder zwischen die Nasenlöcher oder zur Nasenspitze, je nach Neigung der Spitze). Das sind im wesentlichen Augen plus Nase.
- Prioritätsbereich III reicht von unterhalb der Nase bis zur Kinnspitze. Das ist im großen und ganzen der Mund und was darunter liegt.

Messen Sie nun den Abstand zwischen Haarlinie und Augenbrauen mit Daumen und Zeigefinger. Das ist Bereich I. Lassen Sie die Finger in dieser Position erstarren. Das ist Ihr Maßstab.

Führen Sie die Finger nun hinab zu Bereich II. Ist er kleiner oder größer? Und was ist mit Bereich III? Wenn ein Bereich größer als I ist, erweitern Sie die Spanne zwischen Daumen und Zeigefinger und erhalten einen neuen Maßstab. Suchen Sie den größten Bereich.

Bei mir ist der Bereich II viel größer als die anderen. Ist das nicht immer so?

Die Unterschiede sind größer, als Sie denken. Wenn Sie 20 Leute zufällig herauspicken, sehen Sie, daß jeder Bereich der größte oder kleinste sein kann. Und diese Unterschiede sind bedeutsam.

Diese Prioritätsbereiche geben Auskunft über Ihre Prioritäten im Leben. Menschen, bei denen der Bereich I am größten ist, sind Denker. Sie schwelgen in abstrakten Ideen, Theorien und Phantasien. Darum zeichnen sie sich in theoretischer Wissenschaft und Philosophie aus, ebenso als Schriftsteller oder Lehrer. Einige berühmte Denker sind Papst Johannes Paul II., der Physiker Enrico Fermi oder der Sprachwissenschaftler Noam Chomsky.

Aber was hat eine relativ große Stirn mit Sex zu tun?

Menschen in dieser Gruppe bewundern komplizierte Worte und ungewöhnliche Sätze. Sie finden Ideen sexy. Ihre Schwäche besteht darin, daß sie zu theoretisch, pedantisch oder gar versponnen sein können. Und wenn sie einen sehr großen Bereich I haben wie Robin Williams, hat man den Eindruck, daß die Gesetze dieses Planeten für sie nicht gelten.

Leute mit einem kleinen Bereich I werden kaum wegen übermäßiger Subtilität kritisiert. Ihre Stärke besteht darin, daß sie ihre Ziele sehr energisch verfolgen. Der Filmemacher Spike Lee und der politische Aktivist Cesar Chavez sind gute Beispiele dafür.

Ein großer Bereich II ist ein Zeichen für Ehrgeiz. Mit diesem Merkmal lechzen Sie nach Geld, Ansehen und Besitz, während Bereich-III-Typen lieber das Beste genießen wollen. Auch bei Alexander dem Großen und Napoleon war der Bereich II groß, und vergessen wir nicht Madonna, den »blonden Ehrgeiz«.

Ehrgeizige Menschen können auch gute Denker wie die Bereich-I-Typen sein; aber sie reagieren anders. Wenn sie eine Idee verstanden haben, wollen sie unbedingt etwas damit anfangen, und man muß sie daran erinnern, daß sie auch Freizeit brauchen. Potentielle Liebende aufgepaßt! Am Anfang der Beziehung sind sie oft beeindruckt. Später werden sie jedoch vielleicht ignoriert.

Wer einen kleinen Bereich II hat, arbeitet hart an allem, auch an seinen Beziehungen; sein Elan ist Hingabe, nicht Ehrgeiz. Sein Pro-

Die Prioritätsbereiche

Denken
(I am größten)

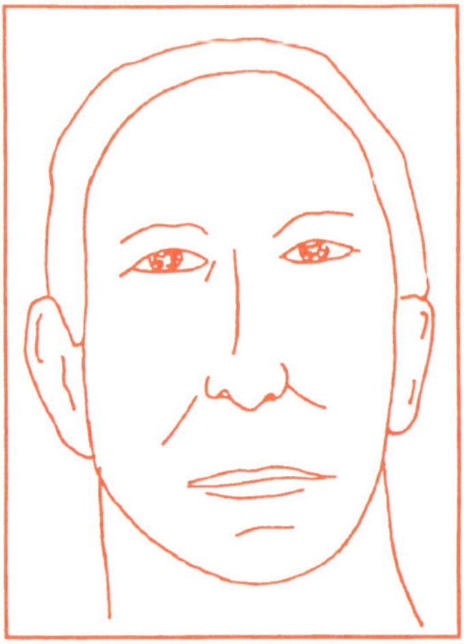

Ehrgeiz
(II am größten)

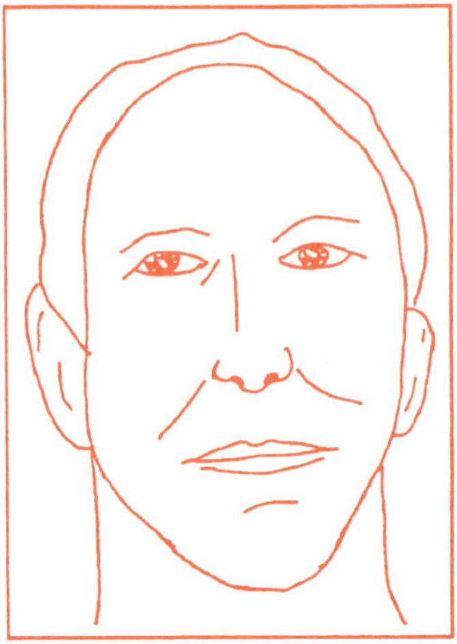

Pragmatismus
(III am größten)

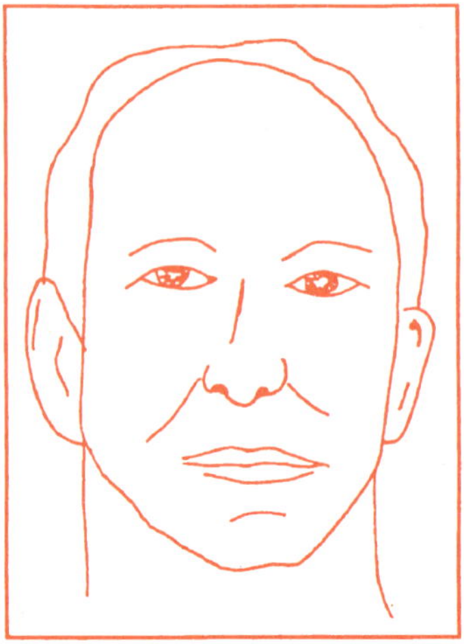

Ausgewogenheit
(alle drei gleich)

blem ist oft, daß man seine Arbeit für selbstverständlich hält. Die Nobelpreisträger Alexander Solschenizyn und Ilya Prigogine haben dieses Problem offenbar gelöst.

Wenn Sie einen großen Bereich III haben, sind Sie sich Ihres Sexappeals wahrscheinlich sicher. Viele Spitzensportler und Models haben die gleichen Gesichtsproportionen, die eigentlich relativ selten sind.

Aber das ist noch nicht alles. Sie haben vielleicht einen »ätzenden Humor«, doch Sie genießen große Glaubwürdigkeit, weil Sie kein Blatt vor den Mund nehmen. Wenn Sie sagen, daß etwas funktioniert, dann haben Sie es bereits nachgeprüft.

Denken Sie erst nach, ehe Sie sich einen Typ III angeln. Sie sollten nämlich über ähnliche Gesichtsproportionen verfügen, damit die Beziehung von Dauer ist. Andernfalls könnte sie daran scheitern, daß dieser Typ wenig Respekt vor den Prioritäten anderer hat.

Menschen mit einem kleinen Bereich III haben wenig Interesse am Körperlichen. Ganze Generationen von Schülern und Studenten haben William Wordsworths *Zeilen, ein paar Meilen oberhalb von Tintern Abbey geschrieben* gelesen. Da sein Bereich III klein war, überrascht es mich, daß er nur »ein paar Meilen« oberhalb von Tintern Abbey war ... Wordsworth war ein großer Dichter, aber ich hätte ihm keine Landkarte in die Hand gegeben.

Ein bekannter Comiczeichner hat ebenfalls etwas geschrieben, was das Denken eines Menschen mit sehr kleinem Bereich III etwas erhellt: »Ich wollte vor allem deshalb erwachsen werden, weil Erwachsene, soviel ich wußte, keinen Sportunterricht besuchen müssen.«

Bei meiner Freundin und mir sind die Prioritätsbereiche I und II gleich groß. Ist das ein schlechtes Zeichen?

Alle Kombinationen dieser Art können kompatibel sein. Für Partner ist es allerdings leichter, wenn die Proportionen ähnlich sind.

Wenn die Bereiche I und II am größten sind, verlieben Sie und Ihre Freundin sich in Ideen und geben ihnen dann eine kreative, praktische Note.

Wenn die Bereiche I und III am größten sind, haben Sie eine nüchterne Persönlichkeit vor sich, die trotzdem viel Phantasie hat.

Wenn die Bereiche II und III am größten sind, dürfen Sie einen »Macher« erwarten, dem körperliches Vergnügen ebenso wichtig ist wie finanzieller Erfolg.

Was ist, wenn alle drei Bereiche gleich groß sind?

Dieses Merkmal ist ziemlich selten. Im Gegensatz zu anderen schaffen Sie es, in dieser hektischen Welt ein ausgeglichenes Leben zu führen. Menschen mit drei gleich großen Prioritätsbereichen haben noch einen Vorteil: Sie verstehen alle anderen Typen intuitiv und können sich mit allen anfreunden. Sie können also mit einem Sportler ebenso gut ausgehen wie mit einem Arbeitssüchtigen oder einem Intellektuellen, der im Elfenbeinturm haust. Und Sie können mit jedem glücklich werden, sofern die anderen Faktoren stimmen.

Für alle anderen ist es leichter, wenn der Partner ähnliche Prioritätsbereiche hat. Wer einen besonders kleinen Bereich hat, sollte es sich zweimal überlegen, ehe er sich an jemanden bindet, bei dem eben dieser Bereich der größte ist.

Und wenn ich so einen bereits geheiratet habe?

Dann können Ihnen Wangengrübchen helfen. Wenn Sie keine haben, schaffen Sie sich welche an. Sollte Ihnen das nicht gelingen, behalten Sie einfach Ihren Sinn für Humor – denn Ihnen und Ihrem Mann steht eine stürmische Ehe bevor.

Wangen- und Kinngrübchen

Alle mögen Grübchen auf den Wangen. Warum? Das wird Ihnen klar, wenn Sie ihre Bedeutung kennen. Aber bevor wir uns mit diesen kleinen Dellen befassen, müssen wir die drei Haupttypen unterscheiden:

- Versteckte Grübchen erscheinen mit einem Lächeln und verschwinden mit ihm.
- Dauerhafte Grübchen sind immer da, einerlei, ob Sie lächeln oder nicht.
- Vertikale Grübchen gleichen Runzeln. Wenn Sie lächeln, bilden sie eine winzige Akkordeonfalte. Manche Leute haben nur eine dieser Linien, andere sogar auf beiden Wangen zwei.

Kinngrübchen sind dauerhafte Grübchen im Kinn anstatt in den Wangen. Anders als die Wangengrübchen, die einzeln oder in Gruppen auftreten, ist ein Kinngrübchen fast immer allein.

Grübchen verraten, ob jemand verspielt ist. Versteckte Wangengrübchen symbolisieren das Talent, andere zum Lachen zu bringen. Wenn Spannungen auftreten, sehen Sie die erheiternde Seite der Situation und lösen die Spannung mit einer lustigen Bemerkung. Das macht Sie bei anderen sehr beliebt. Menschen mit Grübchen, vor allem Frauen, sehen allerdings nicht so ernst aus wie andere. Das kann auch ärgerlich sein, wenn die Grübchen dauerhaft sind. Sie wollen andere immerzu aufheitern und lassen sich kaum davon abbringen. Dadurch gewinnen Sie zwar mehr Freunde als andere; Sie müssen sich aber auch mehr anstrengen, damit man Sie ernst nimmt.

Vielleicht haben Unterhaltungskünstler deshalb häufiger ein Grübchen als Unternehmer und Politiker. Faszinierende Showleute mit Grübchen sind zum Beispiel Minnie Driver, Clark Gable und Vivian Leigh.

Wangen- und Kinngrübchen

Versteckte Grübchen

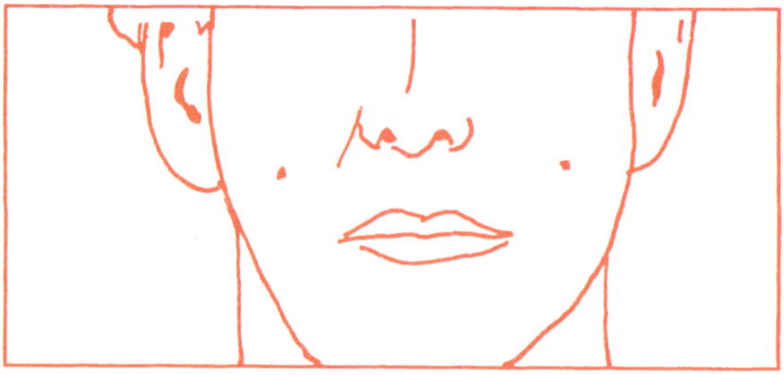

Dauerhafte Grübchen

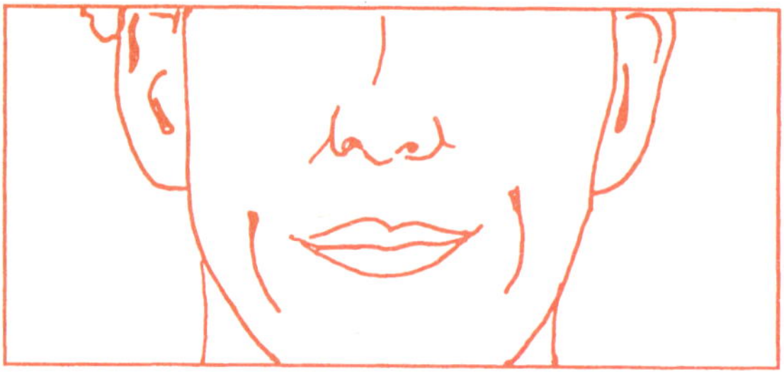

Vertikale Grübchen

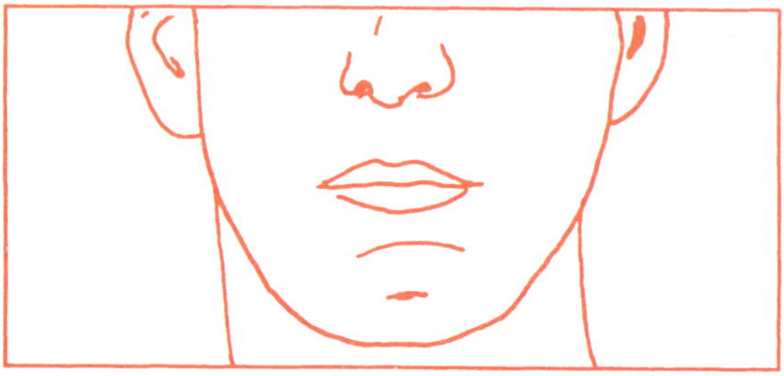

Kinngrübchen

Vertikale Grübchen sind ein Zeichen für Liebenswürdigkeit, vor allem wenn Sie Macht haben. Anstatt mit Ihrer Position zu prahlen, helfen Sie denen, die unter Ihnen stehen. Manchmal ist diese joviale Art allerdings nicht echt.

Dennoch hat der umgängliche Charme der vertikalen Grübchen die Karriere vieler Stars gefördert. Denken Sie an Frank Sinatra, Spencer Tracy, Sean Connery und Ricardo Montalban.

Kinngrübchen haben Leute, für die das Leben ein Spiel ist. Diamanten halten für sie vielleicht ewig, aber Verlobungen nicht. Und erwarten Sie ja nicht von ihnen, einer Firma so lange treu zu bleiben, bis sie eine goldene Uhr bekommen. Ihr Problem ist Nervosität, aber dafür ist die Liebe für sie immer echt – oder vorbei, denn geheuchelt wird nicht.

Sind Kinngrübchen dasselbe wie Kinnspalten?

Nein. Spalten sind senkrechte Linien, dic den unteren Teil des Kinns kreuzen. Sie symbolisieren einen Konflikt bei wichtigen Entscheidungen im Leben. Wenn Sie so eine »Spalte« haben, kann Ihre Persönlichkeit an diesen Konflikten reifen.

Ich fürchte, ich habe mir bisher die falschen Freundinnen ausgesucht. Soll ich mich lieber danach richten, was das Gesicht über den Charakter verrät, anstatt nach dem, was ich jahrelang für sexy hielt?

Was haben Sie zu verlieren? Sie können sogar noch weiter gehen und bewußt Partnerinnen wählen, deren Gesichtsmerkmale die Qualitäten versprechen, an denen Sie interessiert sind. Vielleicht hat die Frau Ihrer Träume ein kurzes, breites Kinn, einen riesigen Bereich II und monumentale Ohrläppchen. Ich empfehle Ihnen zwar nicht, ihr Gesicht in allen Einzelheiten zu zeichnen; aber es kann nicht schaden, wenn Sie einen Wunschzettel mit Ihren Lieblingsmerkmalen erstellen.

12. Beziehungsprobleme

Unser Leben ist entweder glücklich oder anstrengend. Das spiegelt sich in unseren Beziehungen wider. Nachdem wir uns im vorigen Kapitel mit den anziehenden Aspekten des Zusammenseins befaßt haben, wollen wir uns jetzt den problematischen zuwenden. Intimität ist eine gute Lehrmeisterin, Distanz aber auch.

Beziehungsexperten und Psychologen haben schon vielen Paaren geholfen, alltägliche Probleme mit neuen Augen zu sehen und dabei die Unterschiede zwischen den Geschlechtern zu berücksichtigen.

Ebenso hilfreich ist es, die Unterschiede im persönlichen Stil zu verstehen, um besser zu kommunizieren, mehr Mitgefühl zu empfinden und zu begreifen, daß unser Standpunkt nur einer von vielen möglichen ist. Wenn Gesichter Ihnen zeigen, wann ein Mensch sich in einem bestimmten Lebensbereich wohl fühlt oder nicht, können Sie manche Konflikte vermeiden und andere lösen.

Es kann klug sein, einem Streit vorzubeugen. Dabei hilft die Physiognomik viel mehr als das bloße Studium des Gesichtsausdrucks. Wenn Ihnen die roten Augen Ihres Gastgebers auffallen, kann es schon zu spät sein, um sich höflich von seiner Party zu verabschieden. Er wird bald losbrüllen, und Sie werden zurückkreischen. Ich halte Feingefühl für angebrachter. Fangen Sie emotionale Signale unbedingt auf. Reagieren Sie auf die Wut eines anderen, und tun Sie das am besten, bevor sie überkocht.

Hier deshalb mein persönliches Warnsystem. Auf der nächsten Seite finden Sie die zehn wichtigsten Hinweise auf das Temperament, die es Ihnen erlauben, vorbeugende Maßnahmen zu treffen. Alle Merkmale haben wir bereits besprochen, außer Nr. 2, 8 und 10.

Die zehn wichtigsten Wesensmerkmale

Gesichtsmerkmal	Mögliches Problem	So vermeiden Sie Streit
1. Lidpolster	leichte Reizbarkeit	Machen Sie früh Zugeständе, sonst eskaliert der Streit.
2. senkrechte Stirnfurche	aufgestaute Frustrationen	Meiden Sie die Lava, wenn der Vulkan ausbricht.
3. sehr volle, stark gewinkelte Augenbrauen	Aggressivität	Verteidigen Sie Ihre Position nur, wenn Sie kämpfen wollen.
4. Macho-Höcker	Stolz, ein Mann zu sein oder einen Macho-Partner zu haben	Lieben Sie das Toben, wenn möglich.
5. sehr spitzes Kinn oder Spitzbart	Verlangen, alles im Griff zu haben	Lachen Sie heimlich.
6. kleiner Augenabstand	Kritik	Fragen Sie sich, ob der andere vielleicht recht hat.
7. sehr dünne Lippen	Abneigung gegenüber sentimentalem Gerede	Respektieren Sie die emotionalen Grenzen des anderen. Nehmen Sie bissige Bemerkungen nicht krumm.
8. große Vorderzähne	Starkes, unnachgiebiges Ichgefühl Übertriebene Empfindsamkeit	Streicheln Sie dieses Ego. Auch Humor hilft.
9. feine Wimpern	Erfolgszwang	Freuen Sie sich über die Sensibilität.
10. vorstehende Eckzähne		Ein Indiz für Killerinstinkt. Gehen Sie aus dem Weg.

Was sind Furchen auf der Stirn?

Als senkrechte Stirnfurchen bezeichne ich einen bestimmten Faltentyp, den die Seele gräbt. Halten Sie nach Linien Ausschau, die von einer Augenbraue oder von beiden ausgehen. Verwechseln Sie sie aber nicht mit der senkrechten Linie in der Stirnmitte beim »dritten Auge«, dem Zeichen der Hingabe.

Eine senkrechte Stirnfurche symbolisiert angestaute Wut. Wenn Sie eine haben, wissen Sie, wie sehr Sie sich bemühen, schlechte Laune nicht zu zeigen. Zweifellos haben Sie einen guten Grund für Ihren Zorn. Jede senkrechte Linie zeigt, daß Ihr Frustrationskonto ein hohes Guthaben aufweist. Versuchen Sie, die Summe nach und nach zu reduzieren – z.B. durch Verzeihen –, um Explosionen zu vermeiden. Linien dieser Art brauchen allerdings Zeit, um sich zu bilden, und Zeit, um zu heilen.

Spielt es eine Rolle, ob die Linie rechts oder links verläuft?

Ja. Eine senkrechte Stirnfurche über der rechten Augenbraue enthüllt angestauten beruflichen Ärger. Steht sie über der linken Braue, betrifft die Wut Ihre Beziehungen – oft den Partner oder ein Kind.

Und was ist mit dem Zeichen der Hingabe?

Diese senkrechte Linie unmittelbar über dem dritten Auge in der Stirnmitte bedeutet, daß Sie ein hohes spirituelles Ziel haben – Ihre Seele will auf Erden möglichst viel lernen. Aber wehe, wenn Sie von Ihrem Ziel abweichen! Dann geht es Ihnen schlechter als anderen Leuten, die manchmal sogar so abgestumpft sind, daß sie tun können, was sie innerlich für falsch halten. Mitunter müssen Sie für Ihr spirituelles Leben Opfer bringen.

Möglicherweise gehen Sie an die Öffentlichkeit, um für Ihre Religion zu werben. Beispiele dafür sind Mutter Teresa oder der Dalai Lama. Es gibt auch sehr engagierte Leute, die ihre religiöse Einstellung für sich behalten. Doch einerlei, ob ein Mensch mit diesem

Zeichen publikumsscheu ist oder nicht, er ist auf jeden Fall sehr spirituell eingestellt.

Was haben feine Wimpern mit dem Temperament zu tun?
Die Wimpern verraten Ihnen, wie intensiv ein Mensch in einer Situation reagiert. Wer dicke Wimpern hat, ist ein ziemlich ruhiger Typ. Feine Wimpern sind dagegen ein Indiz für extreme neurophysiologische Empfindsamkeit. Am besten gehen Sie mit solchen Leuten behutsam um!

Schauen Sie einem geschenkten Gaul ins Maul

Die Zähne symbolisieren die Fähigkeit, Erfahrungen zu analysieren und Entscheidungen zu treffen. Selbst wenn Sie einem geschenkten Gaul eigentlich nicht ins Maul schauen wollen, sollten Sie sich die Zähne eines neuen Freundes, den das Leben Ihnen geschenkt hat, ansehen, vor allem wenn er sie freiwillig und lächelnd entblößt. Zähne sind faszinierend, weil sie das tiefgründigste aller Merkmale sind. Sie sagen uns nämlich, wie ein Mensch die Lektionen in seinem Leben lernt.

Neugeborene brauchen kaum Entscheidungen zu treffen; sie sind genug damit beschäftigt, ihre Füße zu finden. Darum müssen sie noch keine Zähne zeigen, weder im wörtlichen noch im übertragenen Sinne.

Wenn das Kind wächst und lernt, bekommt es seine Milchzähne, die später wieder verschwinden. Ist Ihnen schon einmal aufgefallen, wie gut die Zähne eines Kindes zu seiner Entwicklungsphase passen? Anfangs sind sie noch niedlich und süß; im ersten Schuljahr sehen die Zähne dann zu klein aus. Wenn die »richtigen« Zähne kommen, sind sie aber scheinbar wieder viel zu groß für den kleinen Mund. Sie erinnern uns daran, daß die Anforderungen der

Erwachsenen einen Schulanfänger überwältigen können. Mit den bleibenden Zähnen entwickeln sich individuelle Muster, die nützliche Informationen über die Persönlichkeit liefern.

Die Vorderzähne symbolisieren die Größe des Ichs. Diese zwei Zähne (oben in der Mitte) sind meist etwas größer als der Rest, so wie auch das Ich in vernünftigem Maß Vorrang haben möchte.

Große Vorderzähne fallen zunächst nicht unbedingt auf, weil auch normale Vorderzähne groß sind. Große Zähne sehen eben noch größer aus. Manchmal deuten sie auf egozentrische Sturheit hin, die Konflikte auslösen kann.

Kleine Vorderzähne sind kaum größer als ihre Nachbarn. Sie sind ein Zeichen für Zurückhaltung.

Soll das heißen, daß Menschen mit kleinen Vorderzähnen nie in die Luft gehen?

Auch sie können explodieren. Jeder kann das. Aber sie machen sich meist Sorgen um andere, nicht um sich selbst. Mutter Teresa mußte bestimmt resolut sein, um sich in Indien durchzusetzen.

Was erzählt uns ein Eckzahn? Welcher ist das überhaupt?

Lächeln Sie einen Spiegeln an, und suchen Sie im Oberkiefer die vier mittleren Zähne. Rechts und links von ihnen sehen Sie einen spitzen »Fang« – das ist ein Eckzahn. Auffällige Eckzähne sind länger als die Zähne zwischen ihnen. Bei den meisten Menschen sind sie dagegen kürzer. Diese Zähne informieren uns über die Aggressivität. Auffällige Eckzähne enthüllen also einen Killerinstinkt! Wenn Sie dieses Merkmal besitzen, geben Sie es zu: Sie tun alles, um zu bekommen, was Sie haben wollen, auch wenn Ihre Methoden anderen Leuten nicht immer auffallen. Das ist kein übler Zug – allerdings ein wenig beunruhigend, wenn Sie ihn an einem Rivalen sehen.

Erwähnen möchte ich noch ein Zahnmerkmal, das etwas mit Konflikten zu tun hat: den Biß. Wie treffen die oberen Zähne auf die unteren? Beim Unterbiß stehen die unteren Zähne weiter vor als die oberen. Ein auffallender Unterbiß signalisiert Grimmigkeit oder Bitterkeit, nicht offene Wut. Es ist das Zeichen eines unerbittlichen Kämpfers. Mit Sicherheit hat es General Norman Schwarzkopf, dem Oberkommandierenden der Verbündeten im ersten Golfkrieg, gute Dienste geleistet.

Menschen mit einem Überbiß sind viel zahlreicher. Bei ihnen ragen die oberen Zähne über die unteren hinaus. Diese Leute geben sich die größte Mühe, anderen zu gefallen.

Falls Sie einen gleichmäßigen Biß haben, können Sie das S beneidenswert klar aussprechen. Und als ob das noch nicht genug wäre, sind Sie mit einer seltenen inneren Ruhe gesegnet. Bei Ihnen passen die sozialen Bedürfnisse (symbolisiert von den oberen Zähnen) genau zu Ihrem Selbsterhaltungstrieb (symbolisiert von den unteren Zähnen). So kommt man hervorragend mit anderen Leuten aus!

Allerdings darf man nicht vergessen, daß kein Gebiß, nicht einmal das ebenmäßigste, uns davor bewahrt, die Lektionen des Lebens zu lernen. Lernen muß jeder Mensch auf diesem Planeten – andernfalls wäre er gar nicht hier.

10 Tips, um Streit zu vermeiden

Als Gesichtsdeuter haben wir gute Chancen, Streit zu vermeiden. Vergessen Sie nie die goldene Regel der Physiognomen:

- Andere Menschen haben das gleiche Recht auf ihren persönlichen Stil wie Sie.

Wenn Sie die Geheimnisse anderer Leute enthüllen, fällt es Ihnen leichter, sie so zu akzeptieren, wie sie sind, selbst wenn sie in bestimmten Situationen anders reagieren als Sie. Das befreit Sie natürlich nicht von Ihrer moralischen Pflicht, gegen Ungerechtigkeit aller Art die Stimme zu erheben. Das Verhalten, das uns auf die Nerven geht, ist jedoch meist nicht falsch, sondern nur unerwartet. Es ist zwar normal, von anderen dasselbe Verhalten zu erwarten, das wir für richtig halten – doch es ist unfair, weil es viele gleichberechtigte persönliche Stile gibt. Die folgenden Tips helfen Ihnen bei alltäglichen Konflikten, deren Ursache ein unterschiedlicher persönlicher Stil ist.

1. Begegnen Sie der Nase der anderen mit Respekt

Wenn Sie mit anderen zusammenarbeiten, sollten Sie ihnen nicht dreinreden, solange sie gut arbeiten. Einerlei, ob Sie einen neuen Verkäufer einarbeiten oder Ihre Frau dazu bringen wollen, daß sie die Dusche entkalkt – Sie werden belohnt, wenn Sie die Talente erkennen und anerkennen, welche die Nase verrät.

Menschen mit Mulde im Nasenrücken verlassen sich nur dann auf ihre Gefühle, wenn man es ihnen erlaubt. Wenn eine Nase gewölbt ist, will ihr Besitzer kreativ arbeiten. Seien Sie mit Leuten geduldig, die keine gerade Nase haben und von den üblichen Methoden abweichen – sie arbeiten besser auf ihre Weise.

2. Halten Sie nichts für selbstverständlich

Ersparen Sie sich und anderen Kopfschmerzen, und akzeptieren Sie unterschiedliche Einstellungen zur Arbeit, wie sie die Nasenlänge ausdrückt. Bewundern Sie die Arbeitswut einer kurznasigen Mitarbeiterin, aber halten Sie es nicht für selbstverständlich, daß sie zum Workaholic wird. Und erwarten Sie von einem langnasigen Mitarbeiter keine Begeisterung, wenn er mit Routinearbeit eingedeckt wird. Er sehnt sich nach sinnvoller Arbeit und will daher die Zusammenhänge kennen. Wenn er gebeten wird, ein Projekt zu leiten, strahlt er wie ein Weihnachtsbaum. Alle Mitarbeiter freuen sich, wenn ihre Anregungen aufgenommen werden, aber für Langnasen ist das besonders wichtig.

3. Fördern Sie die Teamarbeit

Jeder Mensch hat seine eigene Vorstellung von Teamwork. Isolieren Sie Mitarbeiter mit üppigem Nasenpolster nicht, denn sie brauchen das Team und sind auch dann produktiv, wenn sie scheinbar bummeln.

Binden Sie hingegen Mitarbeiter mit kleinem Nasenpolster nicht streng in ein Team ein. Und für Leute mit schmalem Nasensattel (egal, wie breit die Nasenspitze ist) bedeutet es eine Art Folter, ein neues Projekt in einer Ausschußsitzung starten zu müssen.

Wenn Ihr Liebster mit Schreckensmeldungen von der Arbeit nach Hause kommt, die Sie für unrealistisch halten, sollten Sie daran denken, daß seine Nase möglicherweise schmaler oder breiter ist als Ihre. Seien Sie »naseweis«!

4. Streiten Sie nicht um Details

Der Teufel steckt im Detail – ganz besonders für Leute mit abnehmenden Augenbrauen. Übertragen Sie ihnen also nicht die Verantwortung für zu viele Einzelheiten. Am besten arbeiten abnehmende mit zunehmenden Brauen zusammen. Die zweitbeste Kombination sind Leute mit geraden Brauen. Wenn Sie mit einer ganzen Gruppe von abnehmenden Augenbrauen arbeiten müssen, gehen Sie zu einem Berater! Andernfalls müssen Sie Ihre Anforderungen zurückschrauben – nicht jedes i muß einen Punkt haben. Menschen mit abnehmenden Brauen sind sehr kreativ. Nutzen Sie dieses Talent, dann sind alle glücklich.

5. Ignorieren Sie Asymmetrien, wenn es angebracht ist

Asymmetrie spricht für tiefe Erfahrungen, die Respekt verdienen. Wenn ein Arbeitskollege ein sehr asymmetrisches Gesicht hat, dürfen Sie sich nicht in sein Privatleben einmischen. Fragen Sie nicht, wenn Sie Ärger vermeiden wollen. Dieser Mensch hat außerhalb des Arbeitsplatzes mit Sicherheit eine andere Persönlichkeit. Bei der Arbeit sollten Sie sich auf die Merkmale der rechten Gesichtshälfte konzentrieren und die linke Hälfte ignorieren.

Ein Beispiel ist die Asymmetrie der Ohren. Anliegende rechte und abstehende linke Ohren kommen viel häufiger vor als der umgekehrte Fall. Das ist praktisch: Während der Arbeit spuren diese Menschen; aber nach Feierabend ist Schluß. »Unabhängig« ist ein zu milder Ausdruck für sie. Besser wäre »wild und verrückt«. Es macht Spaß, einen Partner zu haben, der kein Konformist ist. Doch fragen Sie ihn lieber nicht nach seinem traurigen Leben am Arbeitsplatz.

Einige Menschen haben ein abstehendes linkes und ein anliegendes rechtes Ohr. Sie zeichnen sich durch konventionelle Ansichten über Ehe, Erziehung und Freundschaft aus, passen sich jedoch nicht leicht an Arbeitskollegen an. Das mag in einem Beruf nützlich sein, der Ideen von Außenseitern gut verwerten kann, etwa in der Management-Beratung. Es besteht jedoch gleichzeitig die Gefahr, daß diese Mitarbeiter sich am Arbeitsplatz unverstanden oder fremd fühlen.

6. Mixen Sie Machtcocktails richtig

Angehörige, Freunde und Kollegen verbinden sich zu einem Drink, zu dem jeder einzelne seinen persönlichen Machtstil beisteuert. Da Sie jetzt Ihre Stärken kennen, sollten Sie über den Cocktail genau nachdenken.

Zwei Mitarbeiter, deren Wangen verraten, daß sie nach Führungsaufgaben gieren, werden vermutlich um die Aufmerksamkeit der anderen wetteifern. Zwei Pazifisten machen einander stumpf; doch wenn eine Führernatur sich der Gruppe anschließt, wird sie dynamisch. Genießen Sie die neue Mixtur. Kämpfen Sie nicht dagegen an.

Wenn Sie mit einem Menschen arbeiten, der leidenschaftlich mit Macht umgeht, sollten Sie auf eine intensive Beziehung vorbereitet sein. Sonst haben Sie bald das Gefühl, Sie seien in einem Mixbecher durchgeschüttelt worden.

7. Geduldsspiele

Wenn Sie mit jemandem zusammenleben, dessen Ohren viel höher oder tiefer stehen als Ihre, müssen Sie mit einem Problem rechnen: Die Person mit den höher stehenden Ohren ist gegenüber den tieferen ungeduldig.

8. Ein flexibles Kinn? Nie und nimmer!

Das Kinn ist der Verlierer, wenn es um Flexibilität geht. Probieren Sie es vor dem Spiegel aus: Wie dehnbar ist Ihr Kinn im Vergleich zu den Augenbrauen, den Augen, dem Mund und dem Kiefer? Es ist leichter, die Nase in Falten zu legen oder mit den Ohren zu wackeln, als das Kinn nach oben zu stülpen.

Wie passend – die Grundsätze, auf denen unsere Entscheidungen gründen, ändern sich ebenfalls nicht so leicht. Meinungsverschiedenheiten zwischen Menschen mit rundem und solchen mit geradem Kinn kann man mit Geduld beilegen; der wahre Störenfried ist derjenige mit einem sehr spitzen Kinn. Akzeptieren Sie sein starkes Bedürfnis, alles im Griff zu haben.

9. Augen auf!

Augenlider können uns zum Narren halten. Die Lider Ihrer Partnerin (und mit ihnen deren Bedarf an Nähe und Intimität) können sich schneller ändern, als Sie denken. Eine schlaflose Nacht oder ein tränenreicher Tag genügt.

Schauen Sie einander also jedes Mal tief in die Augen, wenn Sie sich herzlich begrüßen. Auf diese Weise erfahren Sie, was Ihre Frau durchmacht. Sie passen deswegen nicht unbedingt besser zusammen, doch Sie zeigen Aufmerksamkeit und schützen sich vor Schuldgefühlen.

10. Aufgepaßt auf die Wangenknochen

Ich habe es oft gesehen: Ein sanftes, rundes Gesicht scheint Streit zu verabscheuen. Und dann fallen mir plötzlich die hohen Wangenknochen auf, und das ändert alles. Denken Sie daran, daß dieses Merkmal über moralische Standhaftigkeit Auskunft gibt. Ihr schüchterner Gatte oder Mitarbeiter zuckt vielleicht zusammen, wenn Sie harte Worte äußern; doch wenn er und seine hohen Wangenknochen Sie bei einer Lüge ertappen ... wehe Ihnen! Vielleicht bekommen Sie dann Worte zu hören und Mienen zu sehen, mit denen Sie nie gerechnet hätten. Gehen Sie also bei diesen Moralaposteln auf Nummer Sicher, und seien Sie ehrlich.

Die Neigung der Augen

Einige der unnötigsten Beziehungsprobleme sind darauf zurückzuführen, daß wir etwas an der Neigung der Augen anderer Menschen auszusetzen haben. Natürlich ist uns das nicht bewußt, und darum taucht dies vor Gericht kaum als Scheidungsgrund auf. Wenn

Sie jedoch die Bedeutung der Neigung kennen, werden Sie das zu schätzen wissen.

Betrachten Sie zunächst nur ein Auge, da Asymmetrien häufiger vorkommen, als Sie denken. Stellen Sie sich einen Punkt in der inneren Ecke des Auges vor, gleich am Tränenkanal. Einen zweiten Punkt stellen Sie sich in der anderen Ecke des Auges vor – passen Sie gut auf, denn dieser Punkt liegt oft viel höher, als angehende Physiognomen glauben. Jetzt verbinden Sie die beiden Punkte mit einer imaginären Linie. Diese Linie steht schräg, und sie bestimmt die Neigung des Auges.

Denken Sie daran, daß wir immer nur eine Eigenschaft studieren, und zwar auf Augenhöhe. Schauen Sie jetzt in den Spiegel, und bestimmen Sie die Schräglage Ihrer Augen. Sobald Sie ein Auge für diese Neigung haben, fallen Ihnen drei Varianten auf:

- Die meisten Augen neigen sich von der Mitte des Gesichts nach außen aufwärts.
- Andere neigen sich abwärts.
- Der Rest ist natürlich gerade.

Je deutlicher die imaginäre Linie aufwärts gerichtet ist, desto optimistischer oder gar idealistischer ist der betreffende Mensch. Er stellt große Ansprüche an den Ehepartner, seine Kinder, seine Eltern, seinen Chef oder seine Angestellten. Das eröffnet reichlich Gelegenheit für Konflikte, zum Beispiel

a) zwischen Idealisten und den Leuten, die ihren hohen Erwartungen genügen müssen;
b) zwischen zwei Idealisten, die unterschiedlich hohe Erwartungen haben;
c) im Geist und im Herzen eines Idealisten, wenn er mit der Realität konfrontiert wird.

Die Neigung der Augen

Aufwärts

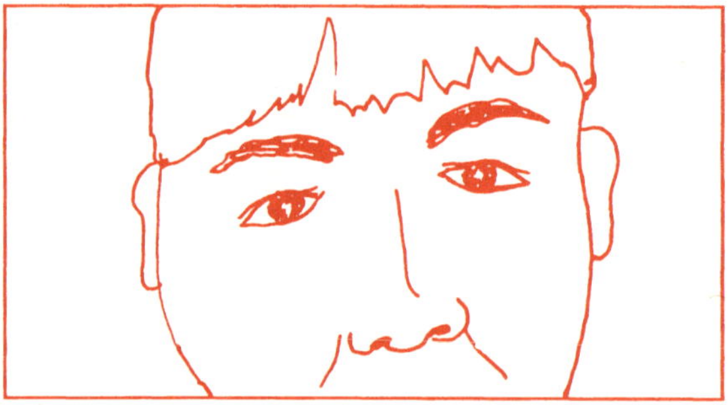

Abwärts

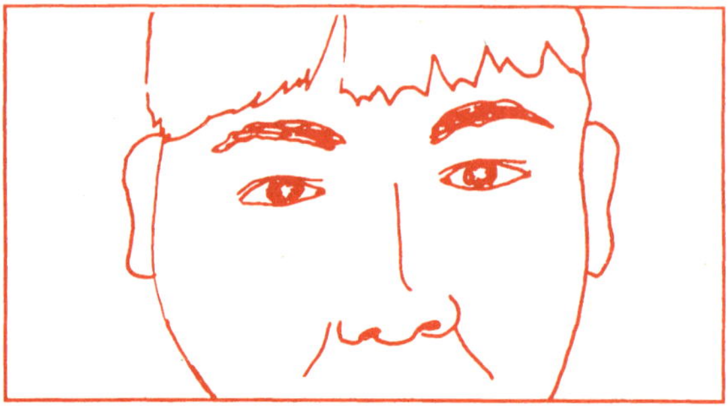

Gerade

Außerdem gibt es ein noch größeres Problem, das bei Optimisten zwangsläufig auftritt: Verdrängung, wie das folgende Beispiel verdeutlicht:

Eines Tages kam mein Klient John nach Hause und stellte fest, daß seine Frau nach sechzehn Ehejahren verschwunden war. Sie hatte die Kinder, die Möbel und den ganzen Hausrat mitgenommen – bis auf eine kleine Matratze für ihren Ehemann. »Es war schrecklich«, berichtete mir John, dessen Augenneigung sehr deutlich aufwärts verläuft. »Was mich betrifft, fand ich unsere Ehe perfekt, wir hatten keinerlei Probleme.« Natürlich hat John noch ein paar andere Gesichtsmerkmale, aber Ihnen ist sicher klar, worum es mir geht.

Vergessen wir nicht, daß Idealismus auch mit Abenteuerlust verbunden ist. »Schau genau hin, bevor du ins Wasser springst« ist ein Satz, den wahrscheinlich verzweifelte Eltern eines Kindes mit sehr stark nach oben geneigten Augen prägten. Enttäuschungen sind zwar unvermeidlich, wenn die Erwartungen hoch sind, aber das entmutigt eingefleischte Optimisten nicht.

Wie hängt diese optimistische Einstellung mit der Kinnlänge, also mit der Risikobereitschaft, zusammen? Als Verkäufer wüßte ich gerne, welcher Kunde eine Spielernatur ist.

Eine aufwärts gerichtete Neigung der Augen verstärkt die Risikobereitschaft, die das Kinn enthüllt. Kunden mit langem Kinn gehen körperliche Risiken ein; sie fahren zum Beispiel schnell. Kunden mit kurzem Kinn meiden solche Risiken, legen aber großen Wert auf Moral und Ethik. Ich würde ihnen zuerst die Sicherheit eines Autos unter die Nase reiben und dann hinzufügen, daß der Wagen viel Platz für Mitfahrer bietet.

Kunden mit stark nach oben geneigten Augen und sehr großen, runden Nasenlöchern sind der Traum eines Verkäufers: Diese Leute gehen die höchsten finanziellen Risiken ein. Abgesehen von den unmittelbaren Vorteilen einer optimistischen Haltung profitieren wir alle von Pionieren, die Grenzen überschreiten, um neue Möglichkeiten zu erschließen.

Welches Talent besitzen Sie, wenn Ihre Augen schräg nach unten stehen? Keine Sorge, auch Sie gehen nicht leer aus: Sie finden und lösen Probleme. Denken Sie zum Beispiel an Ihr letztes Familientreffen. Waren Sie nicht eine der ersten, die ahnten, daß Tante Inge und Onkel Karl sich scheiden lassen würden? Und haben Sie nicht die Schwierigkeiten vorausgesehen, die Ihre Cousine Sylvia heute an ihrem neuen Arbeitsplatz hat?

Sie entdecken Probleme und Lösungen, die andere übersehen. Und Sie sind mitfühlend und können gut zuhören. Die Welt braucht solche Beziehungsexperten.

Die Kehrseite der Medaille: Weil Sie so gut darin sind, Probleme zu lösen, sorgen Sie – unbewußt – dafür, daß Sie immer mindestens ein großes Problem im Leben haben.

Falls Sie gerade Augen haben, sind Sie weder optimistisch noch pessimistisch, sondern außergewöhnlich realistisch. Sie können den Leuten klarmachen, daß ein Glas Wasser gleichzeitig halb voll und halb leer ist.

Der einzige Nachteil Ihrer Sippe ist unter Umständen ein Mangel an Toleranz für den Rest der Menschheit, den Sie für weltfremd halten.

Mundwinkel

Worte haben eine besondere Bedeutung, wenn wir Probleme lösen müssen. Oft ärgern uns nicht Taten, sondern Bemerkungen, die anderen entschlüpfen. Wenn Sie Kinder haben, wissen Sie, daß Babys eine seltsame Methode haben, ihre ersten festen Mahlzeiten zu verspeisen: erst rein, dann raus. Damit nehmen sie ein weit verbreitetes menschliches Problem vorweg, bei dem es allerdings nicht ums Essen, sondern ums Reden geht. Wenn Kinder sprechen lernen, muß man ihnen auch beibringen, was sie lieber nicht sagen sollten.

Wenn es Ihnen schwerfällt, Ihre Zunge im Zaum zu halten, habe ich eine gute Nachricht für Sie: Die Physiognomik sagt Ihnen etwas über die Reaktion anderer Leute auf Ihre vorschnellen Äußerungen. Sie brauchen sich nur den Mundwinkel anzusehen. Tun Sie das, während der Mund entspannt ist – es sei denn, Sie untersuchen den persönlichen Stil eines Menschen, der immer lächelt.

Stellen Sie sich wieder einen imaginären Punkt in jedem Mundwinkel vor und dazu einen dritten in der Mitte des Mundes, wo die Lippen sich begegnen. Wenn Sie diese Punkte verbinden, erhalten Sie zwei Linien, eine auf jeder Seite des Mundes. Meist, aber nicht immer, ist der Winkel auf beiden Seiten gleich. Betrachten Sie nun jede Seite einzeln:

- Ist die Linie waagrecht? Dann ist der Mundwinkel gerade.
- Steigt die Linie gegen außen hin? Dann ist der Mundwinkel aufwärts geneigt.
- Sinkt die Linie gegen außen? Dann ist der Mundwinkel abwärts geneigt.

Der Mundwinkel verrät Ihnen, wie ein Mensch die Worte anderer Leute interpretiert. Vielleicht sind Sie ein Idealist, Problemlöser oder Weiser, wenn Sie selbst reden. Doch wie reagieren Sie, wenn andere mit Ihnen reden?

Lassen Sie es mich an einem Beispiel erläutern. Angenommen, Sie überlegen sich, ob Sie mit Janet ausgehen sollen. Eines Nachmittags laufen Sie ihr über den Weg, als sie ein Restaurant verläßt, und da Sie einen wichtigen geschäftlichen Termin haben, rufen Sie ihr zu: »Tut mir leid, ich hab's furchtbar eilig. Wir reden ein andermal!«

Mundwinkel

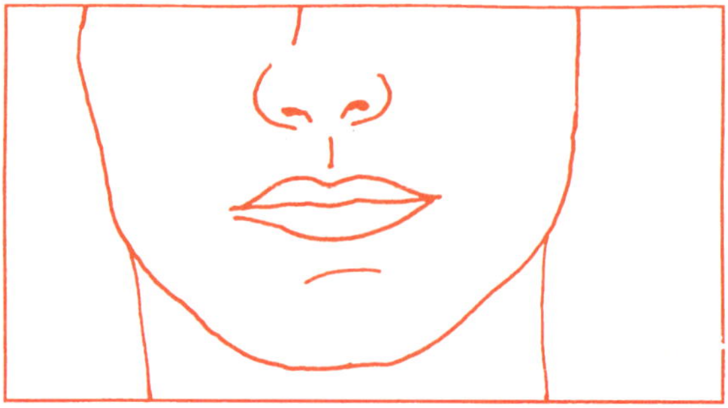

Gerade

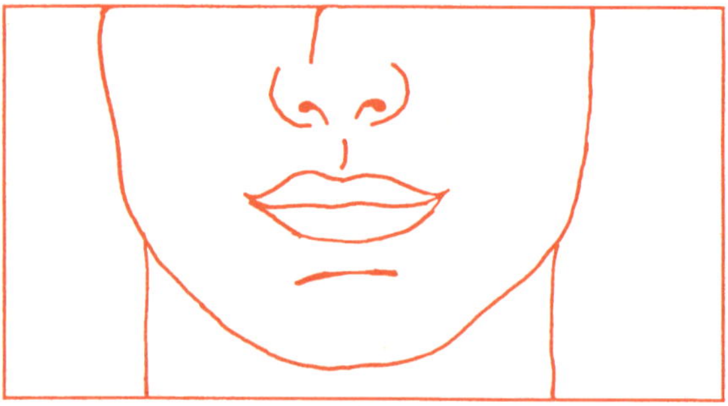

Aufwärts

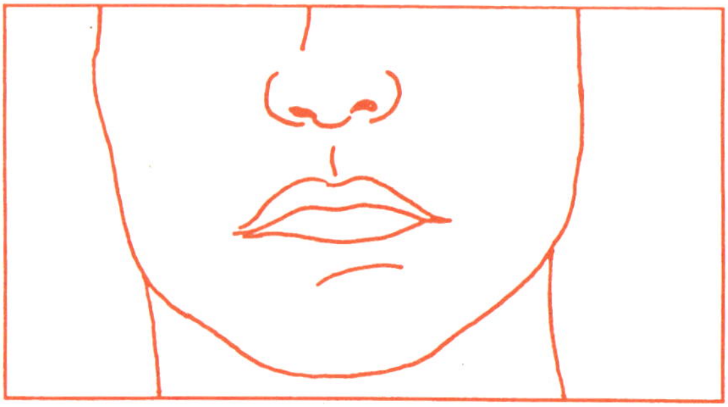

Abwärts

Wenn Janets Mundwinkel gerade ist, denkt sie: »Was ist los mit ihm? Warum hat er es so eilig?« Wenn ihr Mundwinkel steigt, denkt sie: »Wahrscheinlich hat er einen seiner fabelhaften geschäftlichen Termine. Nett von ihm, sich zu entschuldigen.« Sollte Janet jedoch einen fallenden Mundwinkel haben (er kommt bei Erwachsenen bei weitem am häufigsten vor), fängt sie an zu grübeln: »Seine Stimme war so kühl. Dabei waren wir doch einmal Freunde. Das erinnert mich an Hubert – der war auch so kurz angebunden.«

Je deutlicher der Mundwinkel nach unten zeigt, desto eher vermutet der dazugehörige Mensch das Schlimmste. Wenn Sie einen solchen Mund haben, sind Sie also leicht verletzlich – aber Sie sind auch nett zu anderen, und wenn Ihnen mal ein verletzendes Wort entschlüpft, bitten Sie schnell um Verzeihung.

Jemand, dessen Mundwinkel nach oben zeigt, nimmt beiläufige Bemerkungen nicht krumm und zweifelhafte Komplimente beim Wort. Andererseits neigt er dazu, auch empfindlichere Leute zu nekken. Es kann deshalb vorkommen, daß Leute ihm eine Bemerkung übelnehmen, die ihn nicht einmal an einem schlechten Tag aus der Ruhe bringen würde.

Die seltenen Wesen mit geradem Mundwinkel besitzen einen erstaunlichen Instinkt. Sie spüren, wie eine Bemerkung gemeint ist, und danach handeln sie. Andere finden das vielleicht seltsam – in diesem Fall fehlt es also dem Rest der Menschheit an Toleranz.

Bei Dr. Norman Vincent Peale zeigten die Augen- und Mundwinkel auf der rechten Seite nach unten und auf der linken Seite nach oben. Vermutlich mußte er sich immer wieder anstrengen, um eine negative Einstellung durch eine positive zu ersetzen, und weil ihm das gelungen ist, wurde er zum berühmtesten Befürworter des positiven Denkens.

Ein Dutzend Talente für Problemlöser

Viele Merkmale, die wir besprochen haben, enthüllen die Fähigkeit, Probleme zu lösen. Darum ist die Liste auf der gegenüberliegenden Seite gut zur Aufmunterung geeignet. Wenn ein Mensch, mit dem Sie streiten, einen dieser Züge in der Tabelle besitzt, sollten Sie überlegen, wie sie sein Talent zum beiderseitigen Vorteil nutzen können.

Phantasie

Was die Kreativität anbelangt, zeigt sie sich nirgends so eindeutig wie im Haaransatz, der in der Mitte spitz zuläuft. Natürlich gibt es viele andere Merkmale, die ein Indiz für schöpferisches Denken sind. Alle drei Nasenprofile (gerade, eingedellt und gewölbt) weisen zum Beispiel auf ein unterschiedliches kreatives Talent im Beruf hin. Auch sie könnten also auf unserer Liste stehen.

Fast jedes Merkmal symbolisiert eine Nuance der Kreativität, die wir nutzen können, um Probleme zu lösen. Für die Liste habe ich jedoch die speziellsten Formen der Kreativität ausgesucht.

Die kreative Haarlinie gehört auf die Liste, weil sie etwas mit der schöpferischen Phantasie zu tun hat. Die besitzen wir alle, und wir können sie auch fördern; doch manche Leute wurden damit besonders reichlich ausgestattet. Natürlich müssen diese damit rechnen, daß andere Leute sich von ihrer Phantasie bedroht fühlen könnten.

Die brillante junge Sopranistin Cecilia Bartoli scheut sich allerdings nicht, der Welt diese außergewöhnliche Haarlinie zu zeigen. Sie hat recht! Niemand sollte dieses Merkmal verstecken. Die Probleme der Welt schreien nach Phantasie.

12 Talente für Problemlöser

	Gesichtsmerkmal	Talent
1.	Großer Augenabstand	Erweitert den Blickwinkel, so daß ein Maulwurfshügel nicht mehr wie ein Berg aussieht.
2.	Kleiner Augenabstand	Konzentriert sich aufs Detail, bis das Problem gelöst ist. Dieser Stil kann Menschen mit anderen Augenabständen in den Wahnsinn treiben.
3.	Dünnes Nasenpolster	Findet Lösungen allein. Braucht viel Freiraum.
4.	Dickes Nasenpolster	Schätzt Teamarbeit und findet Lösungen im Team.
5.	Zunehmende Augenbrauen	Löst alle Probleme, kümmert sich um alle Details, bis das Projekt beendet ist.
6.	Abgewinkelte Augenbrauen	Verliert keine Sekunde mit Ideen, die keine Lösung bringen. Sucht energisch nach besseren Lösungen.
7.	Hohe Ohren	Verblüfft mit schnellen, intuitiven Lösungen.
8.	Tiefe Ohren	Wartet geduldig, bis das Problem vollständig gelöst werden kann.
9.	Enge Wangenknochen	Bleibt unter Druck ruhig. Findet die Lösung immer, wenn es eine gibt.
10.	Eingezogenes Kinn	Schätzt Zusammenarbeit, ist freundlich und selbstlos.
11.	Besonders volle Lippen	Überzeugt jeden davon, daß das Problem gelöst ist, selbst wenn es nicht stimmt (das beruhigt verärgerte Leute wenigstens zeitweise).
12.	Kreative Haarlinie	Löst Probleme phantasievoll; ist seiner Zeit vielleicht weit voraus.

Die kreative Haarlinie

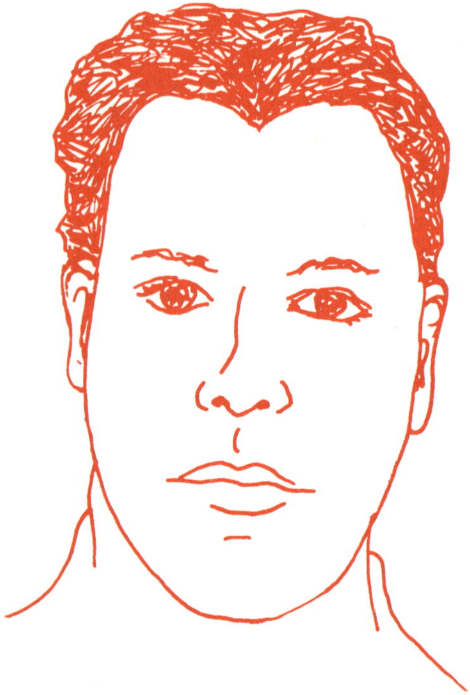

13. Verkaufsstrategien

Wenn Sie im Verkaufsbereich tätig sind, müssen Sie manchmal ein Geschäft schnell abschließen. Dann sollten Sie bedenken, daß die ersten Eindrücke Ihres Kunden auch die bleibenden sind. Die Gesichtsdeutung kann Ihnen als Verkäufer helfen. Die Physiognomik unterstützt Sie nicht nur, wenn Sie an der Ladentheke oder in einem Supermarkt verkaufen, sondern auch, wenn Sie als Lehrer oder Manager andere dazu bringen wollen, etwas zu tun. Dank den Tips in diesem Kapitel können Sie dabei in Zukunft geschickter vorgehen.

Die gute Absicht

Der Wille, anderen zu helfen, zahlt sich aus, weil die meisten Menschen Gier riechen können. Wir sind wie Bluthunde, wenn jemand uns ausnutzen will. Aber wir verabscheuen nicht nur Typen, die uns mit dem Eurozeichen in den Augen anschauen, sondern wir fühlen uns auch zu Menschen hingezogen, die gute Absichten haben.

Darum lohnt es sich, die Bedürfnisse von Kunden zu berücksichtigen. Die Gesichtsdeutung hilft Ihnen dabei, vor allem wenn Sie erschöpft sind. Selbst der frischeste Schnee, der atemberaubend weiß ist, kann den Verkehr aufhalten und sich in schmutzigen Matsch verwandeln. Das gilt auch für unsere guten Absichten.

Wenn also unsere guten Absichten den Geist aufgeben wollen, ist die Physiognomik eine Energiequelle. Wenn Sie am Freitagnachmittag um drei Uhr die Nase voll haben, studieren Sie einfach eine

Augenbraue oder ein Kinn! Und wenn eine neue Nase das Geschäft betritt, nehmen Sie sich ein paar Sekunden Zeit, sie zu betrachten. Vergessen Sie den Gesichtsausdruck. Suchen Sie nach einem oder zwei Talenten, und Sie wissen, was den Kunden zum Individuum macht.

Gewiß, das Leben eines Verkäufers ist heutzutage hart. Die Kunden kaufen nur, was preiswert ist. Oft starrt man Sie mit dem Euroblick an – oder die Leute meiden Ihren Blick, solange Sie ihnen nicht bieten können, was sie haben wollen, und zwar zum niedrigsten Preis.

Wenn Kunden Sie als Verkaufsobjekt betrachten, fühlen Sie sich ähnlich wie ein Sexobjekt (für schlimme Kunden sind Sie vielleicht sogar beides). Zum Glück haben Sie einen freien Willen und können Gesichter deuten. Wenn Sie Kunden als Individuen behandeln, kann das ansteckend sein. Bestehen Sie darauf, von Mensch zu Mensch zu reden, nicht von Objekt zu Objekt.

Bewahren Sie Ihren Humor

Selbst wenn Sie die edelsten Absichten haben und Ihr Bestes geben, ist der Erfolg nicht garantiert. Aber mit Humor können Sie Enttäuschungen bewältigen.

Am Ende meiner Kurse bitte ich alle Teilnehmer, ein Bewertungsformular auszufüllen. Das inspiriert mich, denn so bekomme ich nützliche Anregungen. Manchmal stöhne ich jedoch angesichts der Kommentare und wundere mich über das harte Klima in unserer Zeit. In einer Welt, in der man es nicht allen recht machen kann, gewinnen wir Physiognomen wenigstens den Trostpreis: Einerlei, was geschieht, wir erweitern unser Fachwissen!

Wenn Ihre guten Absichten also keinen Erfolg zeitigen, können Sie zu Plan B übergehen: Lachen Sie, und lernen Sie soviel wie möglich. Manchmal verbringen Leute in Dienstleistungsberufen soviel Zeit damit, es anderen recht zu machen, daß sie vergessen, an sich selbst zu denken. Die Gesichtsdeutung bringt erfrischenden Humor in den beruflichen Alltag.

Mein Mann und ich werden eine bestimmte Party nie vergessen. Elvira, die Gastgeberin, hatte mich als Gesichtsdeuterin engagiert, bestand aber darauf, daß sie sich meine Dienste nicht länger als eine Stunde leisten könne. Mein Mann brachte mich hin und wartete im Auto. Hinterher wollten wir noch eine Geburtstagsfeier besuchen.

So deutete ich den begeisterten Gästen das Gesicht. Nach einer Weile begann Elvira sich Sorgen zu machen. Offensichtlich wollten ihre Gäste, daß ich länger blieb. Doch dafür mußte sie bezahlen. Ihr gerundetes Kinn deutete an, daß sie eine großzügige Gastgeberin war. Nichts war für ihre Gäste zu gut. Aber sie hatte auch sehr kleine, dreieckige Nasenlöcher – es fiel ihr also schwer, Geld auszugeben. Wie sollte sie den Konflikt lösen?

Als ich meine Sachen packte, fragte sie mich, was eine Verlängerung kosten würde. Ich nannte ihr mein Stundenhonorar, und um sie und ihre Nasenlöcher zu beruhigen, fügte ich hinzu, wir könnten auch nach Viertelstunden abrechnen. »Aber nur fünfzehn Minuten mehr!« sagte sie.

Also blieb ich und deutete eine weitere Viertelstunde lang Gesichter. Dann noch eine. Und noch eine. Und wieder eine. Ich kam mir vor wie Scheherazade in *Tausendundeiner Nacht*. Jede Minute konnte meine letzte sein!

Schließlich hatte ich fast vier Stunden gearbeitet. Mitch lag im Auto, die Beine aufs Armaturenbrett gelegt und den Sitz nach hinten geklappt, und machte ein Nickerchen. Ich hatte ihn nicht vorgewarnt, weil ich nie wußte, wie viele Viertelstunden mir noch gewährt wurden. Gemeinsam lachten wir über diese unbeabsichtigte Folge: Mitch war vier Stunden lang ein Gefangener von Elviras Nasenlöchern gewesen.

Sie werden immer wieder erleben, daß die Menschen so handeln, wie ihr Gesicht es verspricht. Eine unterhaltsamere Show bekommen Sie nirgendwo geboten. Und wenn das Geschäft einmal nicht so gut läuft, können Sie immer noch als Physiognom aktiv werden.

Wer hat das Sagen?

Wenn Sie es mit einer Gruppe von Kunden zu tun haben, müssen Sie herausfinden, wer die Entscheidungen trifft; andernfalls verkommt Ihr ausgeklügelter Vortrag zur Generalprobe. Wahrscheinlich haben Sie schon viel über Körpersprache gehört und kennen verschiedene Bürohierarchien, so daß Sie merken, wer das Sagen hat. Wie immer Sie vorgehen, es lohnt sich, zusätzlich die Gesichter zu studieren, vor allem, wenn Sie es mit Leuten zu tun haben, die gelernt haben, zu verhandeln oder ihre Gefühle zu verbergen. Wer das letzte Wort hat, ist am reichlichsten mit folgenden Merkmalen ausgestattet:

1. Wangenknochen

Derjenige, dessen Wangenknochen am stärksten vorstehen, fällt die Entscheidung, einerlei, ob die anderen einverstanden sind oder nicht.

2. Nase

Die Nase, die im Profil am deutlichsten vorsteht, gehört einem Menschen, der daran gewöhnt ist, Anweisungen zu erteilen.

3. Kinn

In einer Wettkampfsituation ist derjenige siegessicher, dessen Kinn am aggressivsten vorsteht – und er gewinnt auch am häufigsten.

Kann man das Verfahren auch vereinfachen?
Wenn Sie es einfacher haben wollen, wählen Sie denjenigen mit dem aggressivsten Kinn. Schauen Sie ihn jedes Mal an, wenn Sie etwas Wichtiges sagen und wenn das Verkaufsgespräch dem Ende zugeht. Sollte jemand in einer Gruppe einen Einwand haben, widerlegen Sie ihn und werfen dann der »Nummer eins« einen raschen, bekräftigenden Blick zu.

Beachten Sie Prioritäten der Kunden

Natürlich passen Sie genau auf, wenn der Kunde sagt, was ihm an Ihrem Produkt wichtig ist. Aber die Leute offenbaren Ihnen nicht immer die ganze Wahrheit – und manchmal kennen sie diese selbst nicht.

Zum Glück kann das Gesicht Ihnen weiterhelfen. Besonders nützlich ist es, wenn Sie wissen, was dem Kunden im Leben am wichtigsten ist. Das verrät Ihnen der Prioritätsbereich. Achten Sie auf die Worte des Kunden, doch deuten Sie zusätzlich sein Gesicht.

Gehen Sie gleich zu Beginn des Verkaufsgesprächs auf die Prioritäten des Kunden ein. Um sie zu identifizieren, brauchen Sie nicht länger als fünf Sekunden. (Wenn die Proportionen des Gesichts unklar sind, sind sie nicht genügend ausgeprägt, um eine Deutung zu rechtfertigen.)

1. Bereich I am größten

Diese Menschen sind von Ideen fasziniert. Präsentieren Sie ihnen eine Fülle von theoretischen Hintergrundinformationen. Wenn Sie zum Beispiel Software verkaufen, erklären Sie nicht nur, was sie tut, sondern auch, warum sie so und nicht anderes entworfen wurde. Was wurde damit bezweckt? Welche Rolle spielt das?

2. Bereich II am größten

Diese Menschen sind ehrgeizig. Betonen Sie, welche Ergebnisse zu erwarten sind. Je persönlicher Sie argumentieren, desto besser. Fragen Sie, wofür die Software benutzt werden soll, und zeigen Sie dem Kunden, daß er mit Ihrem Produkt mehr erreichen und dabei noch Zeit und Arbeit sparen kann.

3. Bereich III am größten

Nüchterne, bodenständige Menschen fühlen sich unwohl, wenn Ihr Timing nicht stimmt. Bauen Sie deshalb häufige Pausen ein, die Zeit für einen Scherz, ein Schwätzchen, einen Kaffee lassen.

Was ist, wenn der Kunde einen großen Bereich III hat, aber auch abstehende Ohren? Sind das nicht Nonkonformisten, selbst wenn sie nüchtern sind?

Es schadet nicht, wenn Sie bei einem Kunden mit Prioritätsbereich III auch den Ohrenwinkel prüfen. Wenn seine Ohren stark abstehen, verlieren Sie kein Wort über die Beliebtheit und weite Verbreitung des Produkts. Diese Menschen sind stolz darauf, daß sie nicht einer von vielen sind. Reden Sie über praktische Dinge und Tatsachen.

Man kann also voraussagen, wann ein Appell an den Herdentrieb unangebracht ist?

Das gelingt oft. Selbst wenn Ihr Kunde ein Teenager ist, also die »Herde« mehr braucht als jemals zuvor oder danach im Leben, müssen Sie sein Gesicht prüfen. Wenn Sie abstehende Ohren oder einen dominierenden Bereich I sehen, verzichten Sie auf den Spruch »Das ist unser beliebtestes Produkt«. Solche Menschen bevorzugen sachliche Argumente. Wenn Sie erwähnen, daß Ihr Produkt allen gefällt, sagt Ihr Kunde möglicherweise aus Prinzip nein.

Geistige Beweglichkeit

Als Verkäufer haben Sie es auch mit Kunden zu tun, die anders denken als Sie. Wenn Sie sich deren Denkweise anpassen können, erreichen Sie mehr Abschlüsse, vor allem, wenn Sie eine Dienstleistung anbieten. Es genügt nicht, einen Kunden mit Ihrem Wissen zu beeindrucken. Wenn Ihre Ausführungen seiner Denkweise entsprechen, wirken Sie überzeugender.

Wahrscheinlich haben Sie gehört, daß Sie Freunde gewinnen und Menschen beeinflussen können, wenn Sie deren Körpersprache nachahmen. Wenn Ihr Kunde die Beine übereinanderschlägt, sich auf dem Stuhl vorbeugt oder den Kopf nach rechts neigt – tun Sie das gleiche. Das wirkt, weil Körper und Geist zusammenhängen. Wenn Sie sich buchstäblich in die Lage des Kunden versetzen, überträgt sich das auch auf Ihre geistige Einstellung.

Noch besser ist es, auch den mentalen Stil zu kopieren. Nase und Augenbrauen sagen Ihnen, was Sie wissen müssen. Fangen Sie mit der Nase an. Welche Art Logik gefällt dem Kunden?

- Je gerader die Nase ist, desto mehr Respekt hat Ihr Kunde vor einer systematischen Präsentation. Benutzen Sie eine Checkliste, oder tun Sie so, als hätten Sie eine.
- Wenn die Nase eingedellt ist, appellieren Sie an Gefühle und beschränken sich nicht auf bloße Fakten.
- Ist die Nase gewölbt, gewinnen Sie die Sympathie des Kunden, wenn Sie seinem Sinn für Ästhetik entgegenkommen.

Wenn ein Produkt keinen ästhetischen Reiz hat, können Sie mit dem Kunden über andere Dinge plaudern, die ihm gefallen. Und weisen Sie ihn darauf hin, daß Ihr Produkt ihn kreativer macht.

Gehen Sie auf die Augenbrauen ein

Sobald Sie sich auf die Wellenlänge des Kunden eingestimmt haben, wenden Sie sich den Augenbrauen zu. Deren Form sagt Ihnen, welche Form Ihre Argumentation haben sollte.

1. Gerade Brauen

Heben Sie Ideen hervor. Es können Ideen über den Nutzen oder über Gefühle, Schönheit und Kreativität sein. Auf jeden Fall tragen Sie Ihre Argumente zügig vor und halten sich nicht lange an einzelnen Punkten auf. Warten Sie nicht auf Anzeichen der Begeisterung. Kunden mit geraden Augenbrauen schätzen es, wenn Sie eine Idee nach der anderen kurz und bündig erläutern.

2. Geschwungene Brauen

Würzen Sie das Verkaufsgespräch mit Anekdoten. Erzählen Sie, wie Ihr Produkt anderen Leuten geholfen hat. Nutzen Sie Ihr Feingefühl, um den Kunden zu gewinnen. Sie können jede Geschichte erzählen, die zum Thema paßt, den guten Geschmack nicht verletzt und an Gefühle appelliert.

3. Abgewinkelte Brauen

Denken Sie daran, daß der Kunde alles im Griff haben will. Fragen Sie ihn gleich zu Beginn des Gesprächs: »Was ist Ihnen an diesem Produkt (oder an dieser Dienstleistung) am wichtigsten?« Wenn Sie dem Kunden die Möglichkeit geben, das Gespräch auf diese Weise zu steuern, fühlt er sich wohl. Machen Sie ihm diese Freude, wann immer es möglich ist.

Will denn nicht jeder Kunde das Gespräch steuern, egal, welche Form seine Augenbrauen haben?

Sie werden überrascht sein! Wenn es Ihnen gelingt, an die Gefühle eines Kunden zu appellieren, spricht jemand mit geschwungenen Brauen so lange mit Ihnen, wie Sie es für nützlich halten. Ein Mensch mit geraden Brauen ist ein guter Zuhörer, vor allem wenn Sie ihm Ihre Argumente schmackhaft machen. Leute mit sehr stark abgewinkelten Augenbrauen hingegen wollen die Richtung bestimmen. Das ist ihnen ebenso wichtig wie Ihre Argumente.

Angenommen, der Kunde meint, ich verschwende nur seine Zeit. Wird er es mir sagen?

Viele sagen es Ihnen erst, wenn es zu spät ist und sie längst abgeschaltet haben. Seien Sie bei Kunden mit tiefliegenden Augen besonders vorsichtig – sie bleiben selbst dann noch höflich, wenn sie innerlich bereits nein gesagt haben. Ihre Intuition verrät Ihnen, ob ein Kunde sich insgeheim schon verabschiedet hat. Wenn Sie aber in sehr tiefliegende Augen schauen, sollten Sie trotzdem so früh und so oft wie möglich fragen: »Was halten Sie davon?«

Das Timing

In unserer hektischen Gesellschaft ist die Zeit knapp. Sie dürfen Ihre Kunden zwar nicht drängen, aber auch nicht den Eindruck erwekken, daß Sie ihnen die Zeit stehlen werden. Die Position der Ohren gibt Ihnen wertvolle Informationen. Achten Sie besonders auf Ohren, die hoch oder tief stehen.

1. Tiefe Ohren

Diese Leute denken gründlich nach, ehe sie eine Entscheidung treffen. Sie zucken zurück, wenn man sie vorschnell um eine Unterschrift bittet. Menschen mit tiefen Ohren wollen alle Informationen sammeln, die sie brauchen. Seien Sie also geduldig mit ihnen.

2. Hohe Ohren

Diese Menschen entscheiden sich schnell. Beleidigen Sie sie nicht, indem Sie ihre rasche Auffassungsgabe unterschätzen und eine Aussage wiederholen.

Wie gehe ich vor, wenn ich ein ganzes Bündel von Kaufargumenten habe?

Wenn Ihr Kunde hohe Ohren hat, genügt eine kurze Zusammenfassung. Er entscheidet sich äußerst schnell. Wenn Sie mehr tun, fühlt er sich belästigt.

Wie locker sitzt das Geld?

Die Nase verrät Ihnen, wie gern ein Kunde Geld ausgibt:

- Freuen Sie sich über Kunden mit großen, runden Nasenlöchern. Sie geben Geld mit vollen Händen aus.
- Bei Kunden mit dreieckigen oder sehr kleinen Nasenlöchern müssen Sie vor einem Kauf ziemlich viel Überzeugungsarbeit leisten.
- Wenn ein Kunde geblähte Nasenlöcher hat, sollten Sie betonen, wieviel Spaß er mit ihrem Produkt haben wird.
- Sind die Löcher rechteckig, stellen Sie den Kauf als sehr vernünftige Investition dar – selbst wenn Sie Spielzeugaffen verkaufen.

Ist die Nasenspitze nicht wichtig?

Doch. Wenn Ihr Kunde eine gepolsterte Nasenspitze hat, interessiert er sich vor allem für Sicherheit. Erklären Sie ihm, daß er langfristig Geld spart, wenn er Ihr Produkt kauft.

Der Umgang mit Kritik

Wir alle lieben Komplimente. Jemanden nach Einwänden zu fragen, macht keinen Spaß – es sei denn, Sie haben ein stark vorstehendes Kinn oder ein anderes Merkmal, das Kampfgeist symbolisiert. Trotzdem können Sie auch daraus einen Nutzen ziehen.

1. Nach unten geneigte Augen

Diese Menschen lieben es, Probleme zu lösen. Stellen Sie ihnen Fragen wie »Sehen Sie ein Problem in dem, was ich eben gesagt habe?« oder »Können Sie sich eine Situation vorstellen, in der das nicht funktioniert?« Ob Sie es glauben oder nicht, Ihr Kunde fühlt sich dann wie ein Tanzlehrer, der Ihnen einen Schritt erklären darf. Fürchten Sie sich also nicht, wenn der Kunde Probleme anspricht – arbeiten Sie gemeinsam mit ihm an der Lösung, und der Kunde betrachtet Sie als verwandte Seele.

2. Breites Gesicht unterhalb der Wangen

Wenn das Gesicht unterhalb der Wangenknochen am breitesten ist, verabscheut der Kunde Streit. Darum verschweigt er seine Einwände, sofern Sie ihm nicht das Gefühl vermitteln, daß sie willkommen sind. Wenn das nicht gelingt, verläßt er den Raum und erklärt seiner geplagten Ehefrau, was ihm nicht gefallen hat.

Tun Sie so, als hätten Sie ein unerschütterliches Selbstwertgefühl und wären so sehr an Kritik gewöhnt, daß Sie dabei geradezu aufblühen. Es schadet nicht, wenn Sie solche Kunden auffordern: »Sagen Sie mir knallhart Ihre Meinung!« Viele dieser Leute warten nur auf eine Chance, jemandem ihr Herz auszuschütten – und vielleicht kaufen sie hinterher aus purer Dankbarkeit.

3. Sehr dünne Lippen

Wer dünne Lippen hat, geht nicht gerne aus sich heraus und redet lieber übers Geschäft. Machen Sie nicht den Fehler, persönliche Themen anzuschneiden.

Bei gewissen Einwänden lohnt es sich außerdem, indirekt zu antworten. Angenommen, der Klient äußert den Verdacht, das Faxgerät, das Sie anbieten, sei nicht zuverlässig. In Wirklichkeit kann er sich ein besseres Gerät nicht leisten, und Sie fürchten, daß er überhaupt nichts kauft. Wie gehen Sie mit Einwänden um, die er Ihnen verschweigt, weil sie persönlicher Natur sind?

Hier empfiehlt sich die indirekte Methode. Zum Beispiel: »Letzte Woche hatte ich einen Kunden, der wie Sie zum ersten Mal ein Faxgerät kaufen wollte. Er fürchtete, daß die Seiten sich zu sehr zusammenrollen, hatte aber kein Geld für ein Normalpapiergerät. Nun, gestern war er wieder hier und sagte, das preiswerte Gerät, das ich ihm verkauft habe, sei sein Lebensretter. »Daß die Kopien aus dünnem Papier sind, ist gar kein Problem«, sagte er. »Wichtig ist, daß ich sie überhaupt bekomme. Jetzt kann ich mir mein Geschäft ohne Faxgerät gar nicht mehr vorstellen.«

4. Sehr kurze Lippen

Dieses Merkmal deutet auf leidenschaftliche Wahrheitsliebe hin. Wenn Sie diese Leidenschaft teilen, haben Sie viel bessere Aussichten, etwas zu verkaufen. Andernfalls sollten Sie ein zeitweiliges Ehrlichkeitsgelübde ablegen. Sagen Sie diesem Kunden nur die Wahrheit, die volle Wahrheit und nichts als die Wahrheit, und meiden Sie Zusätze, die Zweifel an Ihrer Aufrichtigkeit wecken, zum Beispiel: »Um die Wahrheit zu sagen …« oder »Meine ehrliche Meinung ist …«

5. Tiefe Augenbrauen

Menschen mit tiefen Brauen platzen sofort mit ihrer Meinung heraus. Wenn Sie ihnen keine Gelegenheit dazu geben, schalten sie früher oder später einfach ab. Sobald Sie den Eindruck haben, daß Ihr Kunde eine skeptische Frage hat, sollten Sie deshalb innehalten und ihn fragen: »Was halten Sie davon?«

Mache ich dann nicht einen unsicheren Eindruck?

Nicht auf tiefe Augenbrauen! Natürlich sollte Ihre Körpersprache Selbstsicherheit ausdrücken. Wichtig ist, daß Sie wachsam sind, sobald ein Kunde mit tiefen Brauen auftaucht. Achten Sie auf jeden Anflug von Zweifel in seinem Gesicht. Und wenn er gar süffisant lächelt, haken Sie sofort nach: »Was ist Ihre Meinung dazu?« Wenn Sie ihm eine ehrliche, spontane Antwort entlocken können, sind Sie auf dem besten Weg, sein Vertrauen zu gewinnen – und einen Abschluß zu erzielen.

Ist es nicht verwirrend, auf all diese Gesichtsmerkmale zu achten? Immerhin muß ich ja auch meine Verkaufsargumente im Kopf behalten.

Arbeiten Sie dieses Buch systematisch durch, ein Kapitel nach dem anderen. So werden Sie mit den Grundlagen der Gesichtsdeutung vertraut. Versuchen Sie aber nicht, alles sofort anzuwenden. Wählen Sie zunächst ein Merkmal aus, das Sie fasziniert, etwa die Nasenlöcher. Testen Sie dann meine Strategie eine Woche lang. Erst dann nehmen Sie eine weitere Eigenschaft hinzu.

Nach einiger Zeit deuten Sie Gesichter unbewußt. Sie unterhalten sich ganz normal und achten gar nicht auf Gesichtsmerkmale. Sie fallen Ihnen von selbst auf. Dann denken Sie »Aha!« und wissen, was zu tun ist.

14. Selbstbewußtsein

Wenn Sie die vorigen Kapitel nicht übersprungen haben, wissen Sie, daß Ihr Gesicht Ihr inneres Selbst widerspiegelt. Jedes Merkmal sagt etwas über Ihr Innenleben aus, und Sie sind mit vielen Talenten gesegnet, die Sie einzigartig machen.

Trotzdem haben viele Menschen meiner Erfahrung nach Probleme mit dem Selbstbewußtsein, sogar wenn sie Physiognomen geworden sind. Sie finden sich nicht hübsch genug oder glauben, sie seien zu alt und verrunzelt. Manche ärgern sich, weil sie einem Verwandten ähnlich sehen, den sie nicht mögen.

Ist das Leben fair, was Gesichter anbelangt? Die Antwort ist ein klares Ja, wenn Sie Ihr Wissen über Gesichtsdeutung mit psychologischen und metaphysischen Erkenntnissen verbinden. Genau das werden wir in diesem Kapitel tun.

Hübsch oder durchschnittlich?

Die Wahrheit über Schönheit lautet: Sie ist ziemlich trügerisch. In der Gesellschaft ist sie ein klarer Vorteil, doch die Physiognomik stellt sich auf den Standpunkt, daß jeder im Leben erfolgreich sein kann: Schönheit hat ihre Vorteile – aber für das durchschnittliche Aussehen gilt das gleiche!

Befassen wir uns zunächst mit der Schönheit. Wußten Sie, daß sie sich buchstäblich auszahlt? In einer Untersuchung hat man herausgefunden, daß attraktive Menschen rund fünf Prozent mehr verdienen als Leute mit durchschnittlichem Aussehen. Im Vergleich zu den wirklich unansehnlichen Menschen verdienen sie sogar bis zu zehn Prozent mehr.

Attraktivität kommt auch Strafgefangenen zugute. Zwei New Yorker Psychologen vom Iona College baten Versuchspersonen, bei einem fingierten Einbruchsdelikt die Geschworenen zu spielen. Die Urteile waren vom Schönheitsquotienten der Delinquenten abhängig! Gutaussehende Täter wurden durchschnittlich für 9,7 Jahre in den Knast geschickt, weniger attraktive für 14,7 Jahre.

Der Psychologe Karl Wuensch von der Universität East Carolina stieß bei seinen umfangreichen Forschungen auf ähnliche Vorurteile: »Besser aussehende Menschen werden vor Gericht besser behandelt. Nach unseren Feststellungen gilt das nicht nur in fingierten Strafprozessen, sondern auch in Zivilverfahren.«

Wuensch fand heraus, daß attraktive Menschen als »vertrauenswürdig, ehrlich, zuverlässig und freundlich« gelten, unattraktive dagegen als »faul, schwierig, nicht vertrauenswürdig und unehrlich«. Die Leute glauben, »gutaussehend sei gut«, sagt Wuensch. Mit Gesichtsdeutung hat das natürlich nichts zu tun.

Es herrscht weitgehend Übereinstimmung darüber, daß Schönheit in den Formen und Proportionen des Körpers verborgen ist. Aber was heißt das? Psychologen und Forscher an verschiedenen Universitäten machten eine erstaunliche Entdeckung: Wir bewundern an einem attraktiven Menschen seine Durchschnittlichkeit! Schönheit bedeutet, Merkmale zu haben, die dem arithmetischen Mittelwert aller Gesichter in der Bevölkerung nahekommen.

Dies wurde folgendermaßen herausgefunden: Die Wissenschaftler gaben die Fotos von 96 Studenten und 96 Studentinnen per Scanner in einen Computer ein und zerlegten jedes Bild in eine Matrix aus winzigen digitalen Einheiten mit Zahlenwerten. Jede Gesichtergruppe, Männer und Frauen, wurde in drei Serien zu je 32 Gesichtern eingeteilt. Daraus wählte der Computer nach dem Zufallsprinzip zwei Gesichter aus, berechnete die Durchschnittsmaße und stellte anhand dieser Zahlen ein einziges, neues Gesicht zusammen. Auf ähnliche Weise wurden neue Gesichter aus 4, 8, 16 und 32 Mitgliedern jeder Serie geschaffen.

Dann baten sie 65 Studenten, jede Serie von Fotos (also Einzelgesichter und zusammengesetzte Gesichter) zu beurteilen. Die »Mischgesichter« aus 16 und 32 Einzelfotos schnitten mit Abstand am besten ab.

Als Gesichtsdeuter wissen Sie, wann ein Gesicht durchschnittlich ist. Die Augen müßten in einem mittleren Abstand voneinander stehen. Die Nase müßte eine moderate Länge haben, die Ohren eine durchschnittliche Position, die Augenbrauen gleichmäßige Fülle und so weiter.

Denken Sie jetzt daran, was diese Merkmale aussagen. Durchschnittliche Züge deuten auf Flexibilität hin. Wer sie hat, ist also anpassungsfähig. Außerdem arbeitet er an kurzfristigen und langfristigen Projekten gleich gut, kann Entscheidungen schnell oder langsam treffen und beginnt ein Projekt ebenso gern, wie er es beendet.

Wenn Sie ein völlig durchschnittliches (und somit »schönes«) Gesicht hätten, wäre Ihre größte Schwäche mangelnde Toleranz für den Rest der Menschheit, der nicht so flexibel ist. Und Sie wären nur spärlich mit außergewöhnlichen Talenten ausgestattet.

Wirklich schön zu sein ist nicht leicht, weder in emotionaler noch in sozialer Hinsicht. Es ist natürlich auch eine Art Gabe, so wie die Häßlichkeit. In beiden Fällen starren die Leute Sie an, behandeln Sie wie ein Symbol und projizieren ihre Hoffnungen, Ängste, Gelüste und Ressentiments auf Sie.

Eine meiner Schülerinnen, eine Franziskanerin, trug die typische Schwesterntracht ihres Ordens. Sie erzählte mir, wie seltsam es sei, durch die Stadt zu gehen und »als Nonne« behandelt zu werden. »Manche gehen mit offenen Armen auf mich zu, andere – Leute, die ich nie zuvor gesehen habe – kommen zu mir und beklagen sich.

Einige schreien mich sogar an. Es ist, gelinde gesagt, interessant. Ich weiß nie, wie die Leute reagieren werden.«

Viele von uns haben ähnliche Erfahrungen gemacht, ohne Nonnenkleider zu tragen. Sind Sie schon einmal in einem Rollstuhl gefahren oder an Krücken gegangen? Haben Sie einen Gipsverband getragen? Waren Sie im achten Monat schwanger, hatten Sie ein blaues Auge, sind Sie mit einem sehr teuren Rassehund spazieren gegangen? Oder waren Sie der einzige Farbige in einem Raum voller Weißer?

Wissen Sie noch, welche Emotionen Sie aufwühlten? Manche Leute liebten Sie, andere haßten Sie – und keine dieser extremen Reaktionen hatte etwas mit Ihrem wahren Ich zu tun. Für Objekte der Schönheit ist das längst zur Routine geworden. Soweit diese Gesichter nicht durchschnittlich sind, enthüllen sie spezifische Begabungen. Ansonsten besteht das Talent der Schönheit darin, sich jeder Situation anpassen zu können.

Als ich Material für dieses Buch sammelte, zog ich Hunderte von berühmten Gesichtern als Beispiele heran. Sie gehören Menschen mit unterschiedlichen Berufen aus verschiedenen Zeiten. Diese Menschen sind bedeutend wegen ihrer Leistungen, nicht wegen ihres Schönheitsquotienten. Abgesehen von einigen Stars, hätten nur wenige dieser berühmten Leute eine Stelle als Model bekommen. Viele sehen ganz unauffällig aus. Und je mehr Hindernisse sie überwinden mußten, desto mehr Asymmetrien, Falten und Extreme zeigt ihr Gesicht.

Wollen Sie damit sagen, daß außergewöhnlich attraktive Menschen sich mehr anpassen?

Ja, sie müssen nicht nur damit umgehen lernen, daß sie ein Schönheitssymbol für andere sind, sondern sie sind im allgemeinen auch flexibler, da sie ja durchschnittliche Merkmale haben.

Talente – ein zweischneidiges Schwert

Theoretisch ist es verlockend, ein Talent für einen bestimmten Beruf oder Führungsqualitäten zu haben. In der Praxis bedeutet es jedoch, daß nur wenige Menschen Sie verstehen, weil die meisten einen anderen persönlichen Stil haben. Manche bewundern Sie vielleicht, bleiben Ihnen jedoch fremd.

Nehmen wir die Nasenlänge als Beispiel. Sie hat etwas mit Planung und Strategie im Beruf zu tun. Je länger Ihre Nase ist, desto außergewöhnlicher sind Ihre Erfolge – und desto unzufriedener sind Sie mit ihrer Arbeit. Wenn Sie nicht die Freiheit haben, ein großes Projekt nach dem anderen zu planen, fühlen Sie sich eingeengt, und alles positive Denken der Welt kann nicht verhindern, daß Sie sich miserabel fühlen – sogar in einer Stellung, von der andere nur träumen können.

Statistisch gesehen ist die große Mehrheit der Menschen durchschnittlich und hat nur etwa sechs auffallende Gesichtsmerkmale. Überprüfen Sie das an sich selbst. Wählen Sie eine Kategorie aus, die sich zum Beispiel auf die Ohren, die Augenbrauen oder die Nase bezieht (letztere sagt Ihnen am meisten über berufliche Fähigkeiten). Deuten Sie das Gesicht von fünfzig oder hundert Menschen, die Sie kennen, und konzentrieren Sie sich dabei auf ein Merkmal. Wenn Sie die Nasenlänge aussuchen, schreiben Sie auf, wie viele Leute eine durchschnittliche, lange oder kurze Nase haben. Wie viele sind extrem lang oder kurz? Wenn Sie die Ergebnisse graphisch darstellen, sehen Sie, daß die meisten Menschen nur wenige ausgeprägte Merkmale haben. Nur sehr mutige Seelen tragen ein Gesicht, das außergewöhnliche Talente enthüllt. Alle Individualisten brauchen viel Mut.

Die Beliebtheit ist ein weiterer Vorteil eines eher durchschnittlichen Gesichts. Die meisten Leute haben dann den gleichen persönlichen Stil; sie denken und fühlen wie Sie, und alle verstehen einander.

Schönheit ist ein weiterer Aspekt. Denken Sie daran: Schön zu sein bedingt, durchschnittlich auszusehen. Wenn Sie Merkmale aufweisen, die extrem und ungewöhnlich sind, dürften die damit verbundenen Talente kein ausreichender Ersatz für das wenig attraktive Aussehen sein. Vor allem als Teenager werden Sie schluchzen: »Warum gerade ich?«

Mir ist, als sprächen Sie von mir und von meiner Nase, die ich nie leiden konnte. Glauben Sie wirklich, daß sie ein Talent symbolisiert?

Ja, und der Preis, den Sie dafür zahlen, ist ein Gesicht, das außergewöhnlich ist. Schönheitswettbewerbe können Sie mit dieser Nase und diesem Kinn nicht gewinnen. Aber Sie sind außergewöhnlich engagiert, kreativ und unabhängig im Beruf und sehr wahrheitsliebend. Und Sie können sich durchsetzen.

Jedes dieser ausgeprägten Merkmale geht mit ebenso extremen Lebenslektionen einher, die Sie lernen müssen. Auch mit der Kehrseite Ihrer Talente müssen Sie zurechtkommen: Schwierigkeiten mit Routineaufgaben und Überempfindlichkeit gegen Kritik. Solange Sie leben, werden die Leute Sie auffordern, lockerer zu werden. Und wenn Sie bei der Arbeit nicht kreativ sein können, langweilen Sie sich zu Tode. Je extremer Ihr Talent ist, desto größer sind Ihre Aussichten, etwas zu vollbringen, was niemand sonst schafft. Und desto größer ist die Wahrscheinlichkeit, daß Sie sich von anderen drastisch unterscheiden.

Es ist also kein Zufall, daß viele Manager, Computergenies und Professoren wie »echte Charaktere« aussehen?

Sie haben es erfaßt! Schauen Sie sich Ihre alten Schulfotos an, und vergleichen Sie die Gesichter der Beliebten mit denen der Streber. Die Attraktiven haben moderate Gesichtszüge, die Erfolgreichen haben extreme Merkmale.

Ein ehemaliger Außenseiter ist heute vielleicht Millionär. Extreme Gesichtsmerkmale, die seine Attraktivität schmälerten, haben seine Karriere gefördert. Und die beliebten Leute mit Durchschnittsgesichtern sind möglicherweise immer noch hübsch und gesellschaftlich einflußreich. Aber wenn sie Karriere gemacht haben, dann weniger dank ihrer Originalität, sondern eher wegen ihrer Beliebtheit. Die meisten Ihrer ehemaligen Mitschüler sind Mixturen – Durchschnitt mit ein paar außergewöhnlichen Zügen.

Unfälle

Unfälle tragen offenbar nicht viel zur Schönheit oder Selbstachtung eines Menschen bei. Wie kann die Gesichtsdeutung sie erklären?

In der Regel verändert sich das Gesicht allmählich als Reaktion auf die innere Entwicklung. Durch Unfälle kann die Seele ein Merkmal bekommen, das sich nicht nach und nach herausbilden konnte oder das in den Genen nicht vorgesehen ist.

Wayne brach sich als Junge die Nase. Die Wölbung, die davon zurückblieb, befand sich genau auf dem Sattel der Nase, und Wayne war denn auch darauf spezialisiert, Arbeitsprojekte auf ungewöhnlich schöpferische Art in Gang zu bringen. »Ich glaube nicht, daß Sie motiviert bleiben, wenn Sie nicht aus jedem Projekt etwas ganz Besonderes machen können«, sagte ich. »Und dieses Bedürfnis verspüren Sie von Anfang an. Dann läuft alles wie von selbst.«

»Das stimmt!« erwiderte Wayne. »Und das Seltsame ist, daß keiner meiner Verwandten eine Nase wie ich hat. Alle haben eine ziemlich gerade Nase.« – »Sind Ihre Angehörigen so kreativ wie Sie?« – »Nein, sicher nicht.«

Genau das ist der Punkt.

Manchmal ereignen sich Unfälle, die den Erfolg einer kosmetischen Operation zunichte machen. Das ist zwar enttäuschend, aber bedeutsam, wie die Geschichte von Christine zeigt: Jahrelang glaubte sie, das Schicksal habe ihr einen unfairen Streich gespielt. In den Dreißigern ließ sie sich operieren, um die Nase schmaler zu machen. Doch kaum war die Narbe verheilt, verletzte sie sich bei einem Unfall. Das Nasenbein brach, und die Nase war wieder so breit wie früher.

In meinem Kurs lernte Christine, daß dieses unerwünschte Merkmal etwas mit ihren wichtigsten beruflichen Stärken zu tun hatte: mit ihrem Talent zur Teamarbeit. Vom Beginn eines Projektes an konnte sie mit anderen zusammenarbeiten, und es machte ihr sogar Freude, Anerkennung zu teilen.

Dieser Arbeitsstil hätte unter einer erfolgreichen Operation gelitten; die neue, schmalere Nase paßte nicht wirklich zu ihr. Gewiß, die »hübsche« künstliche Nase war ihr großer Wunsch gewesen und hatte eine Stange Geld gekostet; aber es war für Christine besser, die Phantasienase zu opfern als ihre wahre Natur.

Anthony ärgerte sich, weil er eine Narbe über einer Augenbraue hatte. Sie ruiniere sein attraktives Gesicht, dachte er. Ich forderte ihn auf, die Narbe als Schmuck zu betrachten. Jede Narbe und jede Falte, jede Veränderung des Gesichts ist eine Medaille, die wir für spirituelle Fortschritte erhalten.

Um eine Narbe zu deuten, brauchen Sie Grundkenntnisse der Physiognomik, den Willen, etwas Nützliches zu erfahren, und eine gute Intuition. Da Anthony seine Narbe aus tiefem Herzen verabscheute, riet ich ihm, einen Blick nach innen zu werfen. Seine Narbe prangte über der rechten Augenbraue und bewirkte, daß die von Natur aus gerade Braue aussah, als sei sie abgewinkelt. Die Farbe der Narbe war sehr hell, was auf Lehren hindeutet (während gerötete Narben auf Wut schließen lassen). »Diese Narbe spiegelt Konflikte in Ihrem Berufsleben wider. Vielleicht wollen Kollegen Ihre guten Ideen nicht akzeptieren. Vor dem Unfall waren Sie ungeduldig mit Leuten, die nicht mit Ihnen mithalten konnten. Daß die Narbe weiß ist, deutet auf größeres Verständnis und mehr Toleranz hin – obwohl Sie eine Phase der Enttäuschung hinter sich haben.«

Sein Gesicht hellte sich auf. »Meine Firma hat ein antiquiertes Computersystem«, erklärte er, »und niemand kapierte, warum ich unbedingt eine modernere Software haben wollte. Ich stritt mich monatelang mit den Leuten herum und wurde dabei fast verrückt. Zwar habe ich den Kampf verloren, aber ich behielt meinen Job, den ich auch ohne die neue Software ausüben kann. Kurze Zeit später fiel mir ein Aktenschrank auf den Kopf. Die Wunde wurde genäht, und diese Narbe ist geblieben.«

Wollen Sie damit sagen, daß wir auf dem Weg ins Krankenhaus frohlocken sollen?

Die Gesichtsdeutung kann nicht verhindern, daß Sie unter Schmerzen leiden. Aber hinterher gibt sie Ihnen die Chance, aus einem anderen Blickwinkel über das Ereignis nachzudenken. Hat es eine positive Folge?

Die Gesichtsdeutung gibt Ihnen die Möglichkeit, sogenannte Unzulänglichkeiten neu zu interpretieren. Narben machen Sie nicht hübscher, aber wie Sie gelernt haben, hat ein Gesicht mehr zu bieten als ein niedliches Aussehen – und Erfahrung ist auf dieser Welt wichtiger als die äußere Erscheinung.

Wie ist es um das Selbstbewußtsein eines Menschen mit Geburtsfehlern bestellt? Und was ist mit Menschen, die Brandwunden haben oder Opfer von Katastrophen wurden?

Ein deformiertes Gesicht verursacht großes Leid. Doch als Physiognom wissen Sie, daß es Wichtigeres gibt als die Standardschönheit, und dieses Wissen kann Mut machen. Holen Sie also tief Luft, und prüfen Sie nacheinander die einzelnen Merkmale. So entdecken Sie auch in einem verunstalteten Gesicht Talente. Menschen, die von Gesichtsdeutung nichts verstehen, wenden vielleicht schaudernd den

Blick ab, und vielleicht schaudern auch Sie zunächst. Dann aber sollten Sie das Gesicht und seine vorhandenen Talente studieren. Helfen Sie dem behinderten oder entstellten Menschen, sichtbar zu werden.

Wer so etwas durchgemacht hat, glaubt bestimmt nicht daran, daß das Schicksal in bezug auf Gesichter fair ist. Warum deuten Sie das an?

Mein Gefühl für Fairneß hat etwas mit meinem Glauben an die Wiedergeburt zu tun. Ich glaube, wir leben viele Male, und alles, was wir tun, fällt irgendwann auf uns zurück. Darum kann es, auch wenn es hart ist, gerecht sein, daß ein Mensch ein Leben lang eine Verunstaltung mit sich trägt. Vielleicht war er einmal sehr eitel, oder er hat einen anderen verunstaltet. Oder seine Seele will ein heldenhaftes Leben führen und beweisen, daß sie trotz enormer Schwierigkeiten mutig sein und anderen dienen kann.

Wir kennen die Gründe für Häßlichkeit und Behinderungen nicht. Ein gemeinsamer Nenner ist aber die Herausforderung, die ein solches Gesicht für uns alle bedeutet. Sind wir bereit, das Innere zu sehen und nicht nur das Äußere? In solchen Fällen ist spirituelles Verständnis kein Luxus, sondern eine Notwendigkeit.

Das Älterwerden

Die körperliche Alterung empfinden wir oft als schrecklich. Doch auch hier gibt es einen alternativen Standpunkt, den ich anhand von Oscar Wildes Roman *Das Bildnis des Dorian Gray* erläutern möchte. Wie viele seiner viktorianischen Zeitgenossen beschäftigte sich auch Wilde mit Physiognomik. In seinem Roman geht es darum, daß ein Gesicht sich mit der inneren Entwicklung nicht verändert.

Dank einer teuflischen Abmachung spiegeln sich Dorian Grays monströses inneres Selbst und seine Taten nicht auf seinem Gesicht wider, sondern werden auf ein verstecktes Gemälde übertragen – bis der Bösewicht am Ende doch bekommt, was er verdient hat.

Gray sieht trotz seines schrecklichen Charakters rein und unschuldig aus, und das verwirrt alle, die ihm begegnen. Denn eines der Gesetze dieses Planeten ist jenes von Ursache und Wirkung, ob es uns gefällt oder nicht. Als Kinder mußten wir in der Ecke stehen, wenn wir unartig waren; als Erwachsene werden wir mit dem Gesicht gestraft, das wir selbst hervorbringen.

Hier möchte ich darauf hinweisen, daß die Klischees über das Alter in der Regel falsch sind. Die meisten Leute fürchten, daß außer den Fettpolstern jeder markante Gesichtszug erschlafft und zum Schluß nur noch die Falten übrigbleiben. Wenn das Schicksal keine Falten gräbt, dann die UV-Strahlen.

Mein Rat lautet: Achten Sie in jedem Alter auf ausreichenden Sonnenschutz, und fürchten Sie sich nicht vor Veränderungen des Gesichts. Sie sind nicht dazu verurteilt, an einer bestimmten Stelle Falten zu bekommen, egal, wie Ihre Mutter aussieht. Mit jedem Jahr, das vergeht, wird Ihr Gesicht Ihnen ähnlicher. Und alles, was geschieht, hat einen guten Grund. Wenn Sie diese Gründe verstehen, können Sie mit größerem Recht selbstbewußt sein.

Ähnlichkeiten in der Familie

Verzeihen Sie Ihren Angehörigen, daß sie sind, wie sie sind, und daß sie aussehen, wie sie aussehen. Wahrscheinlich haben Sie einiges mit ihnen gemeinsam.

Was die Gesichtszüge anbelangt, können der freie Wille und der persönliche Stil überraschende Unterschiede zwischen Familienmitgliedern hervorrufen. Haben Sie im Geschichtsunterricht je von Nase und Kinn der Habsburger gehört? Sie waren typisch für diese Adelsfamilie, die Österreich und Spanien lange regierte.

Waren diese Züge lediglich eine Folge der Inzucht, wie mein Geschichtslehrer scherzhaft bemerkte? Oder glichen sich diese Leute, weil sie innerlich ähnlich waren – auch in ihrer arroganten Weigerung, sich zu ändern? Wenn Ihre Familie seit Generationen in Europa herrscht, sehen Sie wahrscheinlich kaum einen Grund, am Wachstum Ihrer Persönlichkeit interessiert zu sein, erst recht nicht, wenn Ihr Volk glaubt, Könige seien von Gott berufen.

Kehren wir in unsere Zeit zurück. Versammeln Sie einmal Ihre Angehörigen (oder wenigstens Fotos von ihnen), und betrachten Sie die Gesichter genauer als sonst. Welche Merkmale sind typisch für die väterliche Seite der Familie, und welche sind eher individueller Natur? Wie haben Ihre Verwandten sich im Laufe der Zeit verändert? Einerlei, ob Sie Schwarzweiß- oder Farbfotos betrachten, Sie gewinnen auf diese Weise neuen Respekt für die Art und Weise, wie Ihre Lieben altern.

Die meisten Leute suchen unter Angehörigen nach Ähnlichkeiten. »Sabinchen hat die Nase von Stefan und die Lippen von Erna«, kichert Oma, als könne man Sabine dadurch voll und ganz beschreiben. Diesem Verhalten liegen folgende Ideen zugrunde:

- Gene entscheiden über das Aussehen.
- Gene bestimmen unser Leben.
- Ein Mensch kann »genau gleich« wie ein anderes Familienmitglied sein.
- Dank unseren Ahnen ist unser Schicksal in allen wichtigen Aspekten festgelegt: »Die Müllers sind eben so.«

Ich sehe das anders, und wenn auch Sie an den freien Willen glauben, kann die Gesichtsdeutung Ihre Ansicht stützen. Suchen Sie im Gesicht Ihrer Mutter fünf einzigartige Merkmale, die weder ihre Kinder noch ihre Geschwister oder Eltern besitzen. Suchen Sie drei Merkmale, die Sabines Nase von der Nase ihres Opas unterscheiden.

Aber es gibt doch auch Ähnlichkeiten, oder nicht?

Natürlich. Und es ist faszinierend, solche Muster zu entdecken und zu interpretieren, besonders wenn man Gemeinsamkeiten und Originalität gegeneinander abwägt. Wenn Sie sich für Genealogie interessieren, können Sie eine Geschichte darüber schreiben, wie Ihre Familie im Laufe der Zeit ihre Lektionen gelernt und an Lebenserfahrung dazugewonnen hat.

Ich glaube, daß ich nur durch meine Kinder unsterblich bin. Ist es nicht traurig festzustellen, daß sie mir nicht so ähnlich sind, wie ich erwartet hatte?

Wenn Sie in Ihren Kindern weiterleben wollen, vermitteln Sie ihnen Ihre Lebenserfahrung! Erzählen Sie ihnen Geschichten, und zeigen Sie ihnen anhand Ihrer Fotos, wie Sie sich geändert haben, was Sie durchgemacht haben und wie Sie daran gewachsen sind. Die Lektionen Ihrer Kinder sind nicht immer die Ihren, so wie deren Gesichtszüge nicht immer Ihre sind; doch die Erinnerung an Ihre innere Geschichte kann sie und Ihre Enkel für immer verbinden.

Schön sein – wozu?

Wenn Sie eine Familie gründen wollen und noch keinen Partner gefunden haben, können Sie Ihr Selbstbewußtsein mit Hilfe der Gesichtsdeutung aufpäppeln. Dafür haben Sie zwei Möglichkeiten; die eine betrifft Sie, die andere Ihre Auffassung von einem geeigneten Partner.

Heutzutage brauchen Sie mehr als eine normale Portion Selbstsicherheit, um dem gesellschaftlichen Druck standzuhalten; denn Unverheiratete werden mit Klischees über Attraktivität geradezu überschwemmt, und in allen Medien werden Kosmetika, Haarwuchsmittel und Schönheitsoperationen angepriesen. Haar- und Fingernagelkünstler lechzen danach, uns heiratsfähiger zu machen, und Modedesigner, Einzelhändler, Farb- und Imageberater sowie zahllose Fitneßclubs und Diätapostel schließen sich ihnen an.

Viele dieser Leute können tatsächlich nützliche Dienste leisten. Manchmal erreichen sie aber das genaue Gegenteil, weil sie Ihnen eine Art Schönheit anbieten, die Sie so dringend benötigen wie einen Kropf.

Vielleicht hat Ihnen eine Kosmetikerin einmal gezeigt, wie Sie die Illusion hervorrufen können, daß Ihre Augen näher beieinander oder weiter auseinander stehen oder daß Ihre Lippen voller oder dünner aussehen. Müssen Sie Ihr Gesicht wirklich verfälschen? Und warum lassen sich immer mehr Frauen und Männer »liften« oder die Nase »verschönern«? Plagen Sie sich in einem Fitneßstudio ab, oder haben Sie ein schlechtes Gewissen, weil Sie Ihre Mitgliedskarte gar nicht nutzen? Glauben Sie, daß Sie unbedingt den »richtigen« Partner am Arm haben müssen – als Statussymbol?

Die heute üblichen Vorstellungen von Attraktivität können nur sehr wenige Menschen erfüllen. Filme und Zeitschriften gaukeln Ihnen eine Phantasiewelt vor, in der Sie »den einen« oder »die eine« finden, also den für Sie bestimmten Menschen, der richtig gut aussieht und Ihr Leben zum Traum macht.

Für Frauen und Männer, denen man eingetrichtert hat, das Gesicht oder der Körper des Partners oder der Partnerin sei ein wichtiges Statussymbol, bleibt eine echte Romanze oft nur ein Traum. Aber jetzt sind Sie ja Physiognom und wissen, daß eine Persönlichkeit, die eine Romanze lohnend machen würde, nicht unbedingt mit einem hübschen Gesicht einhergeht.

Im Gegenteil, die Gesichtsmerkmale, die heute so erwünscht sind, können mit Charakterzügen verbunden sein, die Sie unglücklich machen! Wenn Sie also bisher geglaubt haben, Sie seien ein Verlierer, ist es Zeit, einen Statuswettkampf zu beenden, den Sie nicht gewinnen können. Programmieren Sie sich um!

- Lesen Sie die Kapitel über die Teile des Gesichts noch einmal durch. Unterstreichen Sie Verhaltensweisen, die Sie von einem Partner erwarten, egal, ob sie etwas mit den Gesichtszügen zu tun haben, die als attraktiv gelten.
- Schreiben Sie sich drei Gesichtsteile auf, die auf erwünschte innere Vorzüge schließen lassen, z. B. eine fleischige Nase, dünne Augenlider, ein großer Prioritätsbereich III, ein großes, breites Kinn oder enorme Ohren.
- Tragen Sie diesen Zettel in der Tasche oder Geldbörse bei sich. Er symbolisiert Ihre neue Einstellung: Ich pfeife auf die sogenannte Schönheit!

Es gibt keine allgemeingültigen Normen. Aber wenn Sie zum Beispiel Wert darauf legen, daß Ihr Partner gut zuhören kann, ist es sinnlos, mit Männern auszugehen, die niedliche kleine Ohren haben. Viele Männer haben verinnerlicht, daß eine hübsche Frau halb verhungert aussehen muß. Trotzdem soll sie üppige Brüste und eine süße kleine Nase haben ...

Das wahre Leben hat mehr Nuancen. Schauen Sie Gesichter nicht nur an, sondern schauen Sie in sie hinein. Dadurch stärken Sie Ihr Selbstbewußtsein und das Ihres Partners.

15. Gesichtsdeutung für die Karriere

Sie haben es geschafft: Sie kennen die Fakten, die Merkmale und die neue Art, Gesichter zu betrachten. Das kann Ihre berufliche Laufbahn zweifellos fördern. Zumindest steigt dadurch Ihr Selbstbewußtsein.

Natürlich besitzen Sie noch weitere Kenntnisse, die es Ihnen ermöglichen, Ihren Lebensunterhalt zu verdienen. Doch nun können Sie auch aus einem Gesicht auf den persönlichen Stil schließen. Fühlen Sie sich jetzt nicht wohler in Ihrer Haut, was Ihr Aussehen und Ihre Talente anbelangt? Sie dürfen mit Recht stolz auf sich sein. Selbst wenn dieses Buch nichts weiter bewirkt hätte, als Ihre Selbstachtung zu steigern, hätte die Lektüre sich gelohnt.

Die Selbsterkenntnis durch Physiognomik kann jedoch viel mehr auslösen. Zuerst möchte ich Ihnen eine Technik vorstellen, die Ihre Selbstsicherheit am Arbeitsplatz noch mehr stärkt, einerlei, welchen Beruf Sie haben oder anstreben.

Sehen Sie Ihren Stärken ins Gesicht

Wenn Sie Ihre Gesichtsmerkmale mit Ihren Talenten in Verbindung bringen, nimmt Ihr Selbstvertrauen zu. Der Grund ist zum Teil ein »Aha-Erlebnis« – wie oft ist Ihnen beim Lesen dieses Buches ein Licht aufgegangen?

Bestimmt haben Sie einige Male gedacht: »Ja, darin bin ich wirklich gut!« Vielleicht können Sie gut im Team arbeiten, neue Projekte in Gang setzen oder zu Ende führen und so weiter. Einige der

Talente, die in Ihrem Gesicht zum Ausdruck kommen, haben Sie mit Sicherheit wiedererkannt. Selbst wenn Sie die Auslöser dieser Aha-Erlebnisse später vergessen, bleiben sie für immer in Ihrem Unterbewußtsein gespeichert. Eine spezielle Technik der Gesichtsdeutung hilft Ihnen, daraus innere Kraft zu schöpfen. Diese Methode ist gerade dann nützlich, wenn Ihr Selbstbewußtsein angeschlagen ist. Und das sind die zehn einfachen Schritte:

1. Achten Sie ausnahmsweise auf Ihren Gesichtsausdruck

Betrachten Sie Ihr Gesicht im Spiegel. Achten Sie auf Ihren Gesichtsausdruck. Wenn Sie deprimiert sind, liefert Ihr Gesichtsausdruck perfektes Anschauungsmaterial für diesen Teil der Technik. Gehen Sie eine halbe Minute lang in diesem Ausdruck auf. Sehen Sie trübselig aus? Niedergeschlagen? Ein Gesicht kann menschliches Leid in tausend Nuancen widerspiegeln. Welche fällt Ihnen diesmal auf? Sehen Sie genau hin. Und dann wehren Sie sich: »He, was soll's? Ich habe immer noch mein wahres Gesicht!«

2. Überlegen Sie, was Sie anschauen

Welcher Teil Ihres »wahren Gesichts« gefällt Ihnen am besten? Wenn Sie in mieser Stimmung sind, zieht vielleicht ein unschönes Merkmal Ihre Aufmerksamkeit auf sich, etwa eine Runzel oder ein Pickel. Wechseln Sie zu einem wundervollen Merkmal! Wenn Sie wirklich mutig sind, können Sie auch bei der verabscheuten Falte bleiben.

3. Loben Sie das auserwählte Merkmal ausgiebig

Loben Sie nun das Merkmal, das Ihnen ins Auge gesprungen ist, egal, ob es Ihnen gefällt oder nicht. Loben Sie es ausgiebig.

Wenn ich mich verletzlich fühle, wende ich mich den Ringen unter meinen Augen zu. Ringe, Falten oder Tränensäcke haben eine spezielle Bedeutung, je nach der Stelle, wo sie auftreten. Tränensäcke zeigen, daß Sie tiefer blicken wollen. Ein angemessener Kommentar könnte also lauten: »Gott sei Dank, daß ich nach der tiefsten Wahrheit im Leben strebe und sich diese Sehnsucht sogar in meinem Gesicht ausdrückt!« Wenn die Tränensäcke morgens besonders auffällig sind, feile ich mein Lob noch ein wenig aus: »Aha, heute lechze ich noch mehr als sonst nach der Wahrheit. Ist das nicht großartig?«

4. Machen Sie weiter

Nachdem Sie den »häßlichen« Gesichtsteil mit Lob überhäuft haben, wenden Sie Ihre Aufmerksamkeit sofort einem Teil zu, der Ihnen gut gefällt. Sollte Ihnen das schwerfallen, picken Sie einfach den auffälligsten Teil heraus.

5. Loben Sie den ausgewählten Gesichtteil ernsthaft

Deuten Sie das ausgewählte Gesichtsmerkmal. Preisen Sie es laut – es sei denn, Sie befinden sich in der Öffentlichkeit; dann könnte ein Murmeln vorteilhafter sein.

Noch ein persönliches Beispiel: Mein auffälligster Gesichtsteil sind meine vorderen Zähne. Anstatt unten flach zu sein wie die meisten Zähne, sind sie deutlich rund. Was sagt mir dieses seltene Merkmal? Nun, ich lerne die Lektionen des Lebens mit dem Herzen!

Die meisten Leute haben gerade Vorderzähne. Sie lernen durch den Intellekt. Sie brauchen aber nicht eifersüchtig zu werden, denn wir verbrauchen mehr Papiertaschentücher als Sie.

Natürlich lobe ich meine Zähne: »Ich lerne direkt mit dem Herzen, Gott sei Dank. Deshalb konnte ich mein System der Gesichtsdeutung entwickeln!«

6. Hinterfragen Sie sich

Fragen Sie sich: »Welches der Talente, die mein Gesicht enthüllt, brauche ich jetzt am dringendsten?« Holen Sie tief Luft, um einen klaren Kopf zu bekommen.

7. Lauschen Sie

Die Antwort kommt plötzlich. Hören Sie ihr dann aufmerksam zu, und warten Sie nicht auf irgendeine »abschließende« Antwort.

Angenommen, ich gehe zu einer Konferenz, an der 500 Manager teilnehmen, und fühle mich ein wenig wie David vor Goliath. Was ich am dringendsten brauche, ist in diesem Fall also Selbstsicherheit.

8. Suchen Sie, was Sie brauchen – in Ihrem Gesicht

Überlegen Sie, welches Gesichtsmerkmal der Fähigkeit, die Sie brauchen, am genausten entspricht. Dabei kann Ihnen ein Blick auf das Inhaltsverzeichnis helfen.

9. Bekräftigen Sie Ihr Talent

Starren Sie das richtige Merkmal an, und sagen Sie sich dann zum Beispiel: »Meine sehr abgewinkelten Augenbrauen zeigen, daß ich Führungsqualitäten habe. Darum lasse ich mich nicht von dem Gedanken einschüchtern, wieviel diese Manager verdienen und was für ein tolles Büro sie haben. Ich achte nur auf ihre Augenbrauen. Es ist unwahrscheinlich, daß einer von ihnen einen so ausgeprägten Winkel hat. Mein Auftritt wird ein großer Erfolg werden.«

10. Verankern Sie die Wahrheit

Programmieren Sie sich nun für den ganzen Tag. Betrachten Sie das auserwählte Merkmal im Spiegel, streicheln Sie es mit der rechten Hand. Loben Sie es. Wiederholen Sie dann das Ganze – schauen, streicheln, loben –, aber nehmen Sie diesmal die linke Hand. Jetzt sind Sie bereit. Und jedes Mal, wenn Sie Aufmunterung brauchen, berühren Sie den besagten Teil Ihres Gesichts.

Was soll ich tun, wenn der Blick in den Spiegel mich noch deprimierter macht?

Betrachten Sie den anfänglichen Gesichtsausdruck höchstens 30 Sekunden lang, und gehen Sie dann gleich zu Schritt 3 über.

Was unterscheidet diese Methode von der Autosuggestion?

Der wichtigste Unterschied ist, daß Sie das Lob in einem physischen Teil Ihres Gesichts verankern. Von diesem Verankern hörte ich zum erstenmal im Zusammenhang mit dem neurolinguistischen Programmieren (NLP). Stellen Sie sich ein Schiff vor, das einen Anker auswirft, um am gewünschten Platz zu bleiben. Ihre Aufmerksamkeit ist einem Schiff vergleichbar. Wenn sie verankert wird, werden Sie stabiler. Suchen Sie also einen guten Ankerplatz, werfen Sie den Anker, und freuen Sie sich über die daraus resultierende Geistesgegenwart.

Welche Ihrer Stärken Sie verankern können, lernen Sie nicht nur vom NLP, sondern auch von der Graphoanalyse, vom Enneagramm und von der echten Astrologie (die Horoskope in Zeitschriften sind reine Unterhaltung). Studieren Sie eines dieser Systeme gründlich, sie geben Ihnen wertvolle Anregungen. Die Informationen, die Sie dabei erhalten, ähneln oft den Ratschlägen in diesem Buch.

Die Gesichtsdeutung hat aber einen großen Vorteil, weil Sie Ihre Vorzüge direkt mit einem Teil Ihres Gesichts verbinden können. Diesen Teil können Sie jederzeit im Spiegel sehen, und Sie können ihn berühren oder ansprechen – oder alles zusammen.

Zum Schluß möchte ich Ihnen noch zeigen, wie Sie mit der Gesichtsdeutung Ihre Karriere fördern oder sogar eine neue Beschäftigung finden können. Wir wollen uns zehn Spezialitäten näher ansehen und dann überlegen, wie man ein Geschäft gründet und Gesichter professionell liest.

Karrierebereiche für Physiognomen

- Toleranztraining
- Personalberatung
- Konfliktmanagement
- Genealogie
- Unterhaltung auf Partys
- Deutung des Potentials
- Standortbestimmung
- Partnerberatung
- Beratung vor kosmetischen Operationen
- Tätigkeit als Gesellschaftskommentator

Toleranztraining

Meinungsforscher wissen es: Vorurteile haben immer nur die anderen. Trotzdem gibt es Ausländerhaß, Rassismus und ethnische Konflikte. Als Gesichtsdeuter können Sie zur Lösung solcher Probleme beitragen, zum Beispiel indem Sie lokale Unternehmen unterstützen, die ein Toleranztraining anbieten.

Das Toleranztraining (im Englischen »Diversity training«, also »Vielfaltstraining«) will den Menschen beibringen, andere nicht als

Stereotypen, sondern als Individuen zu sehen und Klischees zu vermeiden. Sie helfen den Leuten also, auf Unterstellungen zu verzichten und statt dessen unvoreingenommen auf andere zuzugehen. Sie machen ihnen klar, daß Hautfarbe und Typen unwichtig sind. Fordern Sie Ihr Publikum heraus:

»Sie glauben doch, daß Sie einander als Individuen ansehen, stimmt's? Prüfen wir einmal, ob Sie nicht doch in Klischees denken, ohne es zu merken. Wählen Sie jetzt gleich einen Partner aus dieser Gruppe, den Sie nicht sehr gut kennen. Schreiben Sie dann in fünf Minuten alles auf, was Sie über ihn sagen können. Reden Sie mit niemandem. Gewinnen Sie Ihre Erkenntnisse, indem Sie Ihrem Partner ins Gesicht sehen. Alles, was Sie schreiben, wird vertraulich behandelt.«

Sie werden sehr kümmerliche Listen bekommen. Das weiß ich, weil ich dieses Experiment schon öfter gemacht habe. Wer nicht gelernt hat, systematisch Informationen zu sammeln, sieht nur den Gesichtsausdruck und fällt dann allgemeine Urteile wie: »Sie sieht aus wie ein guter Mensch« oder »Er hat ein gewinnendes Lächeln«.

Nun können Sie damit beginnen, die Gesichtsdeutung als Alternative einzuführen, als Methode, tiefgreifende und detaillierte Informationen zu erlangen.

- Fangen Sie mit den Teilen des Gesichts an, die emotional wenig »geladen« sind, etwa mit den Augenbrauen oder mit den Prioritätsbereichen.
- Bringen Sie die Teilnehmer zum Lachen, bevor Sie zu schwierigeren Zügen wie der Nase übergehen. Machen Sie den Leuten klar, daß es nicht um eine braune oder weiße, deutsche oder ausländische Nase geht. Zeigen Sie ihnen, daß Menschen verschiedener ethnischer Herkunft die gleichen Merkmale haben können, während bei Personen, die sich angeblich ähnlich sind, oft erhebliche Unterschiede bestehen.

- Behalten Sie bei jeder Kategorie das gleiche Ritual bei: Betrachten Sie das Gesicht, stellen Sie fest, welche Merkmale Sie und welche andere haben, und lernen Sie, aus diesen Merkmalen den persönlichen Stil zu ermitteln.

Natürlich gehen Sie bei diesem Toleranztraining häufiger als sonst auf ethnische oder kulturelle Unterschiede ein. Aber Einzelheiten dieser Art sind eher Nebenprodukte der Diskussion. Leugnen Sie solche Unterschiede nicht. In manchen Kulturen ist es beispielsweise verpönt, anderen in die Augen zu sehen. Wem wurde das beigebracht und warum?

Seien Sie sich darüber im klaren, daß professionelle Toleranztrainer sehr fähige Leute sind – einfühlsam, mutig und geschickt im Umgang mit Gruppen. Bilden Sie mit einem Profi ein Team. Versuchen Sie nicht, das Toleranztraining neu zu erfinden, sondern bereichern Sie die konventionellen Methoden. Machen Sie sich auch mit Techniken vertraut, welche die emotionale Heilung fördern. Wir sind alle mit unbewußten negativen Klischees aufgewachsen, und der Heilungsprozeß kann heftige Gefühle freisetzen, die Sie als Trainer bewältigen müssen. Arbeiten Sie also zunächst nicht allein.

Doch gerade weil dieses Training so schmerzlich ernst sein kann, ist die Gesichtsdeutung eine willkommene Quelle des Humors. Ihr Beitrag kann also sehr nützlich sein. Und während Sie die Leute auffordern, Gesichtsteile zu sehen und zu interpretieren, übermitteln Sie ihnen heimlich die Botschaft: »Sehen Sie das Individuum. Kommunizieren Sie mit Individuen.«

Das Toleranztraining geht heutzutage vor allem auf die Bedeutung des Lebensstils ein. Dazu werden Faktoren wie soziale Ungleichheit, wirtschaftliche Probleme, tiefsitzende Ängste, familiäre Erwartungen, sprachliche und kulturelle Unterschiede bewußt gemacht. Langfristig gesehen dürfte es jedoch nützlicher sein, über den persönlichen Stil aufzuklären. Diskutieren Sie mit Ihrer Gruppe über extravertierte und introvertierte Menschen. Weisen Sie auf Spannungen zwischen Einzelgängern und »Herdentieren« hin. Reden Sie über Menschen, die gerne Anweisungen befolgen, während andere sich davon eingeengt fühlen. Und betonen Sie den Wert jedes Stils. Wir alle müssen toleranter werden gegenüber Menschen, die anders arbeiten als wir. Moderne Unternehmen wissen, daß ihre zunehmend heterogene Mitarbeiterschaft ein tieferes menschliches Verständnis braucht. Darum geben sie für dieses Training Geld aus. Wenn Sie qualifiziert sind, ein Toleranztraining zu konzipieren und durchzuführen, kann das einer der lukrativsten Wege sein, Ihr Wissen über Gesichtsdeutung zu nutzen.

Personalberatung

Der Umgang mit Menschen im Betrieb ist heute eine Quelle der Furcht. Die Personalabteilung hat Angst vor Fehlern. Bewerber fürchten sich vor Vorurteilen. Und wenn viel auf dem Spiel steht – etwa eine Anstellung –, ist die Furcht am größten. Dann reden Sie sich die Lippen wund und erklären, daß die Hautfarbe in der Physiognomik keine Rolle spielt, und stoßen dennoch auf Vorurteile.

Meiden Sie also Kontroversen. Seien Sie diskret. Bieten Sie ein Training für die Personalabteilung an, oder arbeiten Sie hinter den Kulissen als Berater. In dieser Funktion können Sie zum Beispiel an Vorstellungsgesprächen teilnehmen oder zu Hause Fotos analysieren und Ihren Befund dann der Firma unterbreiten, die Sie engagiert hat. So machen es Graphologen, und Physiognomen können ebenso vorgehen. Wenn ein Unternehmen Sie beauftragt, ihm bei der Auswahl von Stellenbewerbern zu helfen, gehen Sie so vor:

1. Erläutern Sie genau, was Sie anbieten

Erläutern Sie schriftlich, welchen Service Sie anbieten und wie Sie Ihr Honorar berechnen. Verlangen Sie eine Gebühr für jede Person, die Sie beurteilen, oder berechnen Sie ein Stundenhonorar? Was verlangen Sie für später auftauchende Zusatzfragen – sind auch diese im vereinbarten Festpreis inbegriffen? Eine schriftliche Vereinbarung zeugt nicht nur von Ihrer Professionalität, sondern beugt zudem Mißverständnissen vor.

Ein schlichtes Bestätigungsschreiben kann bereits genügen. Bitten Sie den Kunden, das Schriftstück nach Bedarf zu ergänzen, eine Kopie zu unterzeichnen und diese an Sie zurückzuschicken. Mit der Zeit können Sie vielleicht auch ein Formular entwickeln, das Sie routinemäßig verwenden, wenn Sie Bewerber beurteilen.

2. Fragen Sie, was der Arbeitgeber wissen will

Welche Aspekte des persönlichen Stils sind für die Stelle besonders wichtig? Arbeiten Sie mit der Personalabteilung eine Checkliste aus, und setzen Sie dann Prioritäten.

3. Bohren Sie nach

Was ist dem unmittelbaren Vorgesetzten am wichtigsten? Welche (offiziellen und inoffiziellen) Qualitäten muß der Stellenbewerber haben? Fügen Sie diese Faktoren der Liste hinzu, auf der Sie die wichtigen Aspekte des persönlichen Stils vermerkt haben. Legt der Chef zum Beispiel großen Wert auf gute Manieren? Dann kommt ein Freigeist für ihn kaum in Frage, wohl aber Leute mit anliegendem rechtem Ohr.

4. Übersetzen Sie die Stellenanforderungen in Gesichtsmerkmale

Schreiben Sie eine Wunschliste. Angenommen, es handelt sich um einen Job in der Verwaltung, der höchste Konzentration erfordert. Dann halten Sie Ausschau nach Bewerbern mit kurzen bis mittleren Nasen, gleichmäßigen oder zunehmenden Augenbrauen und Augen mit einem mittleren oder engen Abstand.

5. Analysieren Sie die Bewerber

Prüfen Sie anhand der Gesichtsmerkmale, welche Stärken ein Bewerber zu bieten hat.

6. Evaluieren Sie

Werten Sie Ihre Befunde aus, und wählen Sie gemäß der Wunschliste die passenden Kandidaten.

7. Vergleichen und kontrastieren Sie

Die Personalabteilung hat die Kandidaten bereits auf ihre Weise gesichtet und dabei Fähigkeiten, die bisherige berufliche Entwicklung und Referenzen berücksichtigt. Wie fügen sich Ihre Erkenntnisse ein? Entdecken Sie etwas Verdächtiges? Leider sorgen unsere Gesetze und andere Einflüsse dafür, daß Arbeitszeugnisse heute kaum noch wichtige Informationen über den Charakter eines Berufstätigen enthalten. Die Gesichtsdeutung hilft Ihnen, die richtigen Fragen zu stellen, um der Wahrheit näher zu kommen.

8. Stellen Sie Fragen

Welche Fragen wären in einem anschließenden Gespräch nützlich? Schreiben Sie diese Fragen auf, und notieren Sie auch, was Sie mit ihnen klären wollen. Aber ein fröhliches Geplauder enthüllt ebenso wie die schriftlichen Unterlagen nicht unbedingt das, was der Personalchef wissen will. Eine Firma investiert viel Zeit und Geld in einen Mitarbeiter und will ihn daher nicht schon in sechs Monaten verlieren. Natürlich können Sie nicht Todesfälle, Krankheiten und dergleichen voraussagen. Doch als Gesichtsdeuter können Sie auf jeden Fall sagen, wer eine Vorliebe für Routinearbeiten hat (schlagen Sie im Kapitel über die Nasenlänge nach) oder wer sich gerne mit Details befaßt (das sagt Ihnen die Dichte der Augenbrauen).

Um die Ehrlichkeit zu beurteilen (die für alle Arbeitgeber wichtig ist), brauchen Sie einiges Geschick; es ist aber möglich. Suchen

Sie die auffälligsten Gesichtsmerkmale des Bewerbers, und stellen Sie Fragen zu den dazugehörigen Eigenschaften. Wenn Sie beispielsweise eine Frau mit sehr spitzem Kinn beurteilen, können Sie fragen: »Wie wichtig ist es für Sie, alles selbst im Griff zu haben, wenn Sie eine wichtige Entscheidung treffen müssen?«

Wenn sie antwortet: »Oh, daran liegt mir gar nichts!«, dann seien Sie auf der Hut. Entweder lügt sie, oder sie kennt ihre wahren Stärken überhaupt nicht. In beiden Fällen können Sie ihr nicht vertrauen. Anders sieht es aus, wenn sie sagt: »Die Ziele der Firma werden meine Ziele sein. Und ich tue, was notwendig ist, um meine Ziele zu erreichen.«

9. Schreiben Sie einen Bericht

Fassen Sie Ihre Beobachtungen zusammen. Schreiben Sie wie ein Journalist, und setzen Sie die wichtigsten Informationen an den Anfang. Anschließend führen Sie die Einzelheiten auf, die für oder gegen einen Bewerber sprechen. Geben Sie demjenigen, der entschedet, reichlich Material in die Hand.

Konfliktmanagement

Als Gesichtsdeuter wären Sie auch in der Lage, Geschworene auszuwählen. Aber meiner Meinung nach ist es interessanter, Konflikte zu lösen. Wie können Menschen ihre Meinungsverschiedenheiten ohne einen teuren und schmerzlichen Rechtsstreit beilegen? Für Scheidungsberater ist die Physiognomik besonders wichtig. Wenn Sie bereits ein solcher Berater sind, gibt die Gesichtsdeutung Ihren Fähigkeiten den letzten Schliff. Sollten Sie keine entsprechende Ausbildung haben, arbeiten Sie am besten mit einem zusammen. Was Sie sonst noch brauchen, sind Geduld, Nachsicht und viel Mut.

Wenn es um praktische Fragen geht, gerät ein Gespräch oft ins Stocken, sobald unterschiedliche Meinungen auftreten. Sie können die Diskussion in Gang halten, wenn Sie die Leute auf die individuellen Stile aufmerksam machen:

- Zeigen Sie ihren Klienten, daß scheinbar unvereinbare Standpunkte auf gegensätzliche Stile zurückgehen. Beschreiben Sie diese Stile objektiv.
- Weisen Sie immer wieder darauf hin, wie unterschiedliche Meinungen sich versöhnen lassen.
- Brechen Sie alte Gewohnheiten Ihrer Klienten im Umgang miteinander auf.
- Halten Sie einen Spiegel bereit, damit die Leute sehen, wie sehr sie sich äußerlich in ihrem Augenabstand, ihren Prioritätsbereichen oder den Proportionen ihrer Ohren unterscheiden. Überlegen Sie gemeinsam, wie man Gegensätze allgemein überbrücken kann.

Sie können das gegenseitige Verständnis folglich fördern, indem Sie aufzeigen, wie ein unterschiedlicher persönlicher Stil zu Kommunikationsproblemen geführt hat. Fordern Sie alle Beteiligten auf, guten Willen zu zeigen, denn dieser entwickelt dann seine eigene Dynamik. Gesichtsdeuter sind Friedensstifter.

Genealogie

Genealogen sind oft konservativ. Versichern Sie ihnen also gleich zu Beginn eines Gesprächs, daß die Physiognomik seit Tausenden von Jahren praktiziert wird. Bieten Sie eine kostenlose fünfzehnminütige Arbeitsprobe an, damit können Sie potentielle Klienten in Erstaunen versetzen. Genealogen sammeln Fotos, und diese Bilder können Sie zu neuem Leben erwecken. Umgekehrt verschafft die Genealogie Ihnen die faszinierende Chance, Muster über Generationen hinweg zu entdecken.

Ihre Aufgabe besteht darin, die Bedeutung dieser Muster aufzuzeigen. Konzentrieren Sie sich auf die Extreme. Wer in der Familie schlägt wem nach und in welcher Hinsicht? Wenn die Fotos gut genug sind, können Sie die Behauptung widerlegen, ein Mensch sehe »genau so« aus wie ein anderer. Es kann durchaus sein, daß drei Männer, die angeblich »die gleiche Nase« besitzen, nur ein oder zwei Merkmale gemeinsam haben und ansonsten erhebliche Unterschiede aufweisen.

Wie steigen Sie in dieses interessante Gebiet ein?

- Lesen Sie zur Übung eine gut illustrierte Biographie. Kaufen Sie eine gute Lupe, damit Sie die Gesichter auch auf kleinen Fotos studieren können. Suchen Sie immer nach Mustern.
- Lassen Sie sich Visitenkarten drucken.
- Halten Sie einige kostenlose Sitzungen ab, damit Sie Empfehlungen und Referenzen bekommen.
- Halten Sie Vorträge vor Genealogievereinen und Seniorenclubs. Mit der Zeit bauen Sie sich so einen Kundenstamm auf.

Verwandte lassen sich in zwei Gruppen einteilen: in jene, über die man viel weiß, und in jene, über die man sehr wenig weiß. Wenn Sie die Gesichter der ersten Gruppe deuten und treffende Aussagen machen (z.B.: »Onkel Daniels Kiefer zeigt, daß er ungewöhnlich loyal war, aber auch stur wie ein Maultier«), werden Sie Ihre Klienten beeindrucken. Und Ihr Ansehen steigt noch mehr, wenn Sie sich dann den weniger bekannten Familienmitgliedern zuwenden.

Die Genealogie ist zum Teil eine Geschichte der harten Zeiten. Wenn jemand von schweren Lebensphasen berichtet, können Sie mit ihm diskutieren, wie bestimmte Talente, die sich im Gesicht ausdrücken, ihm geholfen haben, diese Zeit durchzustehen. Auch Leuten, die stolz auf ihre Familie sind, haben Sie viel zu bieten: Unabhängig vom wirtschaftlichen Erfolg wurde jeder Ahne mit dem »spirituellen Äquivalent« eines silbernen Löffels im Mund geboren. Was hat er daraus gemacht?

Unterhaltung auf Partys

Es macht Spaß, Gesichter zu deuten. Und man kann damit gutes Geld verdienen. Partys sind ein ausgezeichneter Markt, weil Sie für die ehrliche Arbeit eines Abends bis zu mehreren Hundert Euro verlangen können und sich dabei noch amüsieren. Sie müssen allerdings wirklich gut sein, damit Sie alle wichtigen Merkmale entdekken und verstehen. Die Leute werden die Stirn runzeln, wenn Sie dieses Buch mitnehmen und ständig nachschlagen.

- Wenn Sie genügend Praxis und Selbstvertrauen haben, suchen Sie in den Gelben Seiten nach Vermittlungsagenturen (unter Stichworten wie »Unterhaltung« und »Partyservice«).
- Vereinbaren Sie mit diesen Agenturen einen Termin, und zeigen Sie ihnen, was Sie können.
- Als Unterhaltungskünstler können Sie frei entscheiden, welches Angebot Sie annehmen und ob Ihnen der Termin, der Ort und andere Aspekte zusagen.

Sie brauchen also nicht zu singen oder in einer Band zu spielen, um als »Talent« zu gelten. Organisatoren suchen ständig nach Leuten, die Empfänge, Kongresse, Eheseminare und Partys auflockern. Warum sollten Sie nicht einer von ihnen sein?

Manchmal wird man Sie als »Wahrsager« abstempeln. Das ist zwar genau genommen nicht korrekt, aber Sie dürfen ruhig erklären: »Ich werde Ihnen sagen, welche Ihrer Talente in den nächsten sechs Monaten für Sie im Beruf wichtig sind.« Gesichtsmerkmale ändern sich zwar, aber selten in einem halben Jahr.

Es ist anstrengend, auf einer Party stundenlang Gesichter zu deuten und für jeden Klienten nur wenige Minuten Zeit zu haben. Mitunter wird die Schlange der Wartenden lang, und es gibt Zwischenrufer, die witzig sein wollen. Aber lassen Sie sich selbst vom gelegentlichen Trunkenbold nicht abschrecken: Es macht Freude, anderen Menschen etwas über ihr Gesicht zu erzählen und festzustellen, wie sie an Selbstachtung gewinnen und sich vielleicht mit ganz neuen Augen sehen.

Manche Gastgeber sind so begeistert, daß sie Ihr Engagement um Stunden verlängern. Ich habe schon 6, 9 oder 11 Stunden ohne Pause Gesichter gedeutet und war hinterher frisch und fröhlich (und wohlhabender). Meine Energie nimmt zu, wenn ich Menschen über die Bedeutung von Gesichtszügen aufkläre.

Bitte fördern Sie das Ansehen unseres Berufs, wenn Sie als Unterhaltungskünstler engagiert werden. Nehmen Sie ein Bad, bevor Sie Ihr Wahrsagerinnenkostüm anziehen. Knabbern Sie nurdann an Appetithäppchen, wenn der Gastgeber Sie dazu einlädt. Und erliegen Sie nie der Versuchung, einen unhöflichen Gast zu beleidigen oder willentlich zu verletzen. Hingegen kann es vorkommen, daß Gäste vor Freude weinen! Es ist ein Privileg, Gesichter lesen zu dürfen, und das gilt auch für Partys.

Deutung des Potentials

Sie suchen nach einem außergewöhnlichen Jubiläums- oder Geburtstagsgeschenk? Wie wäre es mit einem Geschenk, das Sie gar nichts kostet? Deuten Sie eine Stunde lang kostenlos Gesichter!

Erklären Sie den Menschen – Angehörigen, Freunden oder eines Tages auch zahlenden Klienten –, was ihre wichtigsten Gesichtsmerkmale bedeuten. Ich bezeichne die Empfänger Ihrer Dienste als Klienten, um Sie zu ermutigen: Sammeln Sie Erfahrung, Fertigkeiten und Selbstvertrauen, und machen Sie sich einen Namen. Gehen Sie auch dabei Schritt für Schritt vor.

1. Treffen Sie Vorbereitungen

Suchen Sie einen sauberen, gut belüfteten Ort, an dem Sie und Ihr Klient nicht gestört werden. Vergewissern Sie sich, daß der Klient Ihre Arbeit ernst nimmt: eine Stunde lang kein Fernsehen im Hintergrund und keine Anrufe. Das gilt erst recht, wenn Ihr Klient noch keine Erfahrung mit der Physiognomik hat – dann ist er verständlicherweise skeptisch. Trotzdem haben Sie das Recht, Respekt für Ihren Service zu verlangen.

Setzen Sie sich beide an einen Tisch. Legen oder stellen Sie einen Spiegel bereit, und sagen Sie dem Klienten, daß Sie ihm Gesichtsmerkmale erklären werden, die ihm vielleicht nie aufgefallen sind. Machen Sie sich Notizen, oder verwenden Sie ein Diktiergerät.

2. Erläutern Sie Ihre Absichten

Bevor Sie mit der Deutung beginnen, erläutern Sie, was Sie beabsichtigen. Andernfalls schleichen sich unbewußte Vorstellungen ein, zum Beispiel, Sie wollten dem Kunden beweisen, daß er clever ist oder Erfolg haben wird. Auf diese Ideen würden Sie nicht bewußt kommen; aber wenn Sie Ihre Absichten nicht klar formulieren, stekken solche Torheiten womöglich im Hinterkopf.

Alte Gewohnheiten setzen uns Grenzen. Sie können Ihre Gedanken jedoch willentlich in eine neue Richtung lenken, zum Beispiel in dem Sie erklären: »Ich hoffe, unsere Weisheit beflügelt diese Gesichtsdeutung. Ich will Ihnen helfen, sich selbst besser zu verstehen und Ihre Talente optimal zu nutzen.« Wenn Sie mutig sind, sprechen Sie diese Absichtserklärung laut, und – schwupp! – wird die Atmosphäre im Zimmer magisch.

3. Wählen Sie einen Gesichtsteil aus, und fangen Sie an

Beginnen Sie mit den Augenbrauen, und fahren Sie mit anderen Zügen fort. Wählen Sie zuerst eine Kategorie, dann ein Merkmal. Erläutern Sie zunächst äußerliche Aspekte, etwa was unter »abnehmenden Brauen« zu verstehen ist, und sorgen Sie dafür, daß der Klient sieht, was Sie besprechen. Erklären Sie dann, was das Merkmal bedeutet, und bitten Sie Ihren Klienten um eine Stellungnahme.

Welche Reihenfolge ist die beste? Das können Sie selbst entscheiden. Natürlich können Sie sich auch an die Kapitel dieses Buches halten:

- Augenbrauen
- Ohren
- Augen
- Nase
- Wangen
- Mund
- Kiefer
- Kinn
- Prioritätsbereich

4. Stellen Sie die Extreme heraus

Denken Sie daran, daß nur sehr ausgeprägte Merkmale auf starke Charakterzüge hinweisen. Moderate Merkmale symbolisieren weniger starke Charakterzüge.

5. Seien Sie taktvoll

Manchmal stechen Ihnen die Schwächen eines Klienten sofort ins Auge. Vergessen Sie dennoch seine Stärken nicht – sonst haben Sie den Stich verdient. Seien Sie nett.

Wenn Ihnen beispielsweise die Proportionen der Lippen auffallen und Sie schon gemerkt haben, daß Ihre Klientin ein Plappermaul ist, würden Sie vielleicht am liebsten sagen: »Ihre Lippen verraten mir, daß Sie zu oft über persönliche Dinge reden und sich dadurch in Schwierigkeiten bringen. Beißen Sie sich doch auf die Zunge!« So geht es jedoch nicht. Erklären Sie der Klientin, daß sie gut über persönliche Angelegenheiten sprechen kann, und erwähnen Sie erst danach vorsichtig die möglichen Gefahren. Die Klientin ist nicht dumm; ein behutsamer Hinweis genügt.

6. Vertrauen Sie Ihrem Timing

Es kommt vor, daß Ihnen im Laufe der Sitzung etwas auffällt, was Ihnen anfangs entgangen ist. Vielleicht sind Sie schon bei den Augen, und plötzlich sehen Sie ein wichtiges Merkmal der Ohren, das Sie vorhin übersehen haben. Zu Beginn meiner Karriere war ich in solchen Fällen peinlich berührt, als wäre mir ein schlimmer Fauxpas unterlaufen. Stopfen Sie dem inneren Kritiker den Mund! Improvisieren Sie einfach. Vielleicht gibt es sogar einen guten Grund, warum Sie einen Gesichtsteil erst später entdecken.

Eine Regel für Physiognomen lautet: Sprich über das, was dir auffällt, sobald es dir auffällt, unabhängig von der Reihenfolge. Als erfahrener Gesichtsdeuter bemerken Sie verwandte Merkmale gleichzeitig. Dann können Sie auf eine Checkliste verzichten und sich vom Gesicht des Klienten sagen lassen, was als nächstes kommt. Vielleicht fragen Sie sich also zunächst: »Was haben Annes üppige Ohrläppchen mit dem engen Abstand Ihrer Augen zu tun?« Ganz einfach: Ihre scharfe Beobachtungsgabe geht mit einem Interesse an den körperlichen Aspekten des Lebens einher. Allerdings besteht die Gefahr, daß Anne zu kritisch und unverblümt ist und andere Leute vor den Kopf stößt. Doch mit ihren Talenten kann sie im Leben sehr erfolgreich sein.

7. Freuen Sie sich über Rätsel

Bemerken Sie Widersprüche in einem Gesicht? Großartig! Dann stehen Ihnen wichtige Erkenntnisse bevor. Betrachten Sie solche Widersprüche als interessantes Rätsel. Ihr Klient muß seit langer Zeit damit fertig werden. Jetzt haben Sie die wundervolle Gelegenheit, seine Selbsterkenntnis zu vertiefen.

Holen Sie tief Luft, entspannen Sie sich, und untersuchen Sie das Mysterium geduldig. Widersprüche gehören zu den bedeutsamsten Aspekten der Physiognomik. Nehmen wir an, Ihr Klient hat ein gerades Kinn und geschwungene Augenbrauen. Dann könnte die Deutung so lauten: »Ihre Augenbrauen lassen vermuten, daß Sie emotional und empfindsam mit anderen Menschen umgehen. Andererseits läßt Ihr gerades Kinn darauf schließen, daß Sie eher objektiv und analytisch vorgehen, wenn Sie wichtige Entscheidungen treffen müssen.«

8. Ziehen Sie Beispiele heran

Wenn der Klient verständnislos dreinschaut, helfen Sie ihm mit einem Beispiel auf die Sprünge: »Angenommen, es ist Wahltag. Sie gehen mit Ihrer Frau zum Wahllokal und hören ihr mitfühlend zu, wie sie von ihren Problemen berichtet. Dann verschwinden Sie im Wahllokal und wählen streng nach Ihren Grundsätzen; es ist Ihnen gleichgültig, ob Sie mit Ihrer Stimme manche Leute zum Verzweifeln bringen. Wichtig ist Ihnen nur, daß Sie die richtige Partei wählen. Vielleicht wundern Sie sich oft darüber, daß Sie in manchen Situationen so empfindsam reagieren und in anderen so nüchtern. Jetzt kennen Sie die Antwort: Es liegt an den Augenbrauen und am Kinn.«

9. Spielen Sie nicht Gott, sondern einen Freund

Zu Beginn Ihrer Karriere als Gesichtsdeuter denken Sie vielleicht: »Mann, ich bin ja ein Gedankenleser!« und sind versucht zu glauben, daß Sie »die Wahrheit« oder das Schicksal Ihrer Klienten kennen. Verscheuchen Sie solche Gedanken! Seien Sie freundlich zu allen Klienten, und vergessen Sie nie, daß wir alle fehlbar und sterblich sind.

Selbst wenn Sie einen Klienten voraussichtlich nie wiedersehen, müssen Sie ihn wie einen alten Freund behandeln und den Wunsch verspüren, ihm zu helfen. Und was hilfreich ist, bestimmen nicht Sie, sondern Ihr Freund.

Standortbestimmung

Haben Sie einen Freund, der vierzig oder fünfzig oder pensioniert wird? Auch dann haben Sie ein Geschenk für ihn! Deuten Sie sein Gesicht, und konzentrieren Sie sich auf die Fortschritte, die er im Leben gemacht hat. Das ist die höchste Anerkennung für einen Menschen, der in ein neues Lebensjahrzehnt eintritt, eine Scheidung durchgemacht hat oder sich zur Ruhe setzt. Wenn Sie solche Deutungen kostenlos machen, sammeln Sie Erfahrung und Selbstvertrauen, bis Sie eines Tages Geld für Ihre Dienste verlangen können.

Nehmen wir an, Sie möchten Ihrer Freundin etwas zum Geburtstag schenken. Vereinbaren Sie einen Termin mit ihr, und bitten Sie sie, Fotos aus verschiedenen Lebensphasen mitzubringen. Breiten Sie die Bilder in chronologischer Reihenfolge auf dem Tisch aus, und fangen Sie an.

Ihre Aufgabe bei einer Standortbestimmung besteht darin, Ihre Freundin oder Klientin vom Nutzen des Wandels zu überzeugen. Suchen Sie auf den Fotos nach Merkmalen, die sich geändert haben, etwa das Kinn oder die Haarlinie. Deuten Sie jede Nuance, auf die Sie hinweisen. Vergleichen Sie das älteste Foto mit dem zweitältesten und so weiter.

Bei dieser Gelegenheit können Sie auch Bilder aus der Jugend deuten. Dem steht nichts im Wege, weil Ihre Freundin ja kein leicht zu beeindruckendes Mädchen mehr ist. Das Mindestalter Ihrer Klientin sollte 35 Jahre sein – je älter, desto besser.

Die meisten älteren Menschen trauern ihrer jugendlichen Attraktivität nach. Mit Ihrer Deutung eröffnen Sie ihnen eine ganz neue Perspektive und zeigen ihnen, daß die vielen Gesichter zunehmenden Fortschritt und Weisheit widerspiegeln.

Partnerberatung

Wenn wieder einmal eine Bekannte sich verlobt oder ein runder Hochzeitstag ansteht, können Sie mit einer perfekten Überraschung aufwarten: Deuten Sie die Gesichter der Partner. Paare zu deuten lohnt sich nicht nur, weil Sie dafür ein Honorar berechnen können, sondern auch deshalb, weil Sie den Leuten manchen Streit oder Kummer ersparen können, wenn Sie Ähnlichkeiten und Unterschiede enthüllen.

Eines sollten Sie aber von vornherein klar und deutlich sagen: »Es geht nicht darum, ob Sie zu einander passen, sondern darum, wie – welche Gemeinsamkeiten Sie haben und wie Sie von Ihren Unterschieden profitieren können.«

Viele Menschen wünschen sich einen Partner, der »so ist wie ich«. Als Gesichtsdeuter decken Sie aber oft auch diametrale Gegensätze auf. Je glücklicher zwei Menschen sind, desto herzlicher lachen sie, wenn sie sich in Ihren Ausführungen wiedererkennen. Und so gehen Sie vor:

- Setzen Sie sich mit Ihren Klienten an einen Tisch. Halten Sie einen Spiegel und ein Diktiergerät bereit.
- Analysieren Sie eine Stunde lang eine Kategorie nach der anderen. Vergleichen Sie die einzelnen Merkmale, und stellen Sie Unterschiede heraus.
- Zeigen Sie Ähnlichkeiten auf, die dem Paar das gemeinsame Leben erleichtern. Vergessen Sie aber nicht, unter Umständen auf mangelnde Toleranz für andere hinzuweisen.
- Erklären Sie, welchen Vorteil Unterschiede haben: Die beiden können voneinander lernen und ergänzen sich.
- Achten Sie darauf, wie Ihre Klienten reagieren, und legen Sie ihnen nahe, Unterschiede zu respektieren und daraus zu lernen.

Einmal las ich die Gesichter von Kathy und Peter, zwei Jungverheirateten, deren persönlicher Stil sich in vieler Hinsicht unterschied. Das ist nicht ungewöhnlich, doch Peter schien unzufrieden. Jedes Mal, wenn ich auf einen Unterschied hinwies, brüstete er sich: »Siehst du, Kathy, du solltest mehr wie ich sein. Ich bin dir diesbezüglich überlegen.« Nach sechs Monaten verließ sie ihn. Ich glaube kaum, daß das Zufall war.

Ein anderes Mal beriet ich Anna und Viktor auf einer Party. Wann immer ich ein Merkmal Annas beschrieb, starrte sie in den Spiegel, als könne sie nicht glauben, daß es dort mehr zu sehen gab als ihr geschicktes Make-up. Dann wandte sie sich an Viktor: »Ach, ich weiß nicht ... Schatz, bin ich wirklich so?« Anna war für Viktor anscheinend eine Art Vorzeigefrau. Das ist nicht unbedingt schlecht, aber wenn jemand so wenig Eigenständigkeit besitzt wie Anna, sind Probleme unvermeidlich. Solche Frauen sollten mit ihrem Partner zu einem Physiognomen gehen, sich die Bandaufzeichnung geben lassen und sie jeden Tag anhören. Anna kann nur davon profitieren, wenn sie sich nicht über ihr ansprechendes Äußeres definiert.

Es lohnt sich auch, wenn beide Partner sich vor der Heirat beraten lassen. Zwei Verliebten können Sie zwar schwer begreiflich machen, daß sie schrecklich zueinander passen; ein nachdenklicher Partner wird jedoch sehr wohl bemerken, wie der oder die andere während der Deutung reagiert.

Wenn Sie ein Paar kennen, das Ihrer Meinung nach mit der Ehe unbedingt warten sollte, könnte es sinnvoll sein, die beiden zu einem Physiognomen zu schicken – als Verlobungsgeschenk. Was sie dort erfahren, veranlaßt sie vielleicht, noch einmal über eine Ehe nachzudenken, die zum Scheitern verurteilt ist.

Romantikern möchte ich jedoch versichern, daß die meisten Leute einander nach der Gesichtsdeutung mit größerer Achtung begegnen. Vielleicht haben Sie sogar das Glück, von einem Paar engagiert zu werden, das seine goldene Hochzeit feiert!

Beratung vor kosmetischen Operationen

Schönheitschirurgen werden Ihre Dienste wohl kaum in Anspruch nehmen, doch wenn Sie sich einen guten Ruf geschaffen haben, tun es vielleicht die Patienten. Kosmetische Operationen sind heutzutage ein großes Geschäft, und als Physiognom können Sie den Leuten eine wertvolle Zweitmeinung bieten. Und da Ihr Honorar viel niedriger ist als die Operationskosten, sind Sie sogar preiswert. So gehen Sie vor:

- Erkundigen Sie sich, was die Klientin oder der Klient mit der Operation erreichen will.
- Folgen Sie den Schritten, die ich im Abschnitt über die Deutung des Potentials beschrieben habe – aber erläutern Sie das unerwünschte Merkmal zuletzt.
- Der Höhepunkt dieser Beratung kommt zum Schluß, wenn Sie zeigen, wie der problematische Teil des Gesichts mit der Persönlichkeit zusammenhängt. Welche Lebensthemen spricht dieser Teil an? Wenn beispielsweise die Nase kürzer werden soll, erklären Sie, welche Merkmale etwas mit dem Timing und der Kreativität zu tun haben. Welches natürliche Gleichgewicht würde zerstört? Gibt es eine vernünftige Hoffnung auf Vorteile? Sehen Sie verborgene Probleme, mit denen die Klientin oder der Klient sich auseinandersetzen sollte?

Trotz ihrer angeblichen Vorteile kann die kosmetische Chirurgie nicht behaupten, ein ganzheitliches Verfahren zu sein. Die Physiognomik hingegen ist ganzheitlich, denn ihr Ziel besteht darin, den Klienten als individuelle Einheit von Körper, Seele und Geist zu respektieren.

Wir sind mehr als ein Wesen, bei dem nur seine Rolle in der Gesellschaft von Bedeutung ist. Ihre Klienten sollten spüren, daß sie tief im Inneren unersetzbare Talente haben, die genutzt werden wollen und durch Ihre Gesichtsdeutung enthüllt werden können.

Helfen Sie Ihren Klienten, darüber nachzudenken, worauf es wirklich ankommt. Das Gesicht des Menschen ist keine Spielwiese, die wir ohne innere Folgen umkrempeln können. Da Gesicht und Persönlichkeit zusammenhängen, gehen die Folgen weit über die Ebene der Eitelkeit hinaus. So kann eine Nasenoperation beispielsweise das berufliche Talent verändern, eine Kinnoperation den Umgang mit Konflikten. Ein geliftetes Gesicht bewirkt am wenigsten; dieser Eingriff löscht mit den Falten nur die Weisheit vieler Jahre aus.

Intelligente Menschen begreifen das. Eine Gesichtsoperation ist eben nicht nur Kosmetik, und darum sollte man darüber nachdenken, bevor man sich unters Messer legt. Es ist nicht Ihre Aufgabe, für Ihre Klienten zu entscheiden. Es genügt, wenn Sie wichtige Fragen aufwerfen. Manche Klienten gehen glücklich nach Hause und sind mehr denn je vom Sinn der Operation überzeugt. Andere sind ebenso glücklich, weil sie beschlossen haben, sich nicht operieren zu lassen. Diese Leute haben nicht nur Geld gespart; sie haben auch ihr Gesicht gewahrt.

Tätigkeit als Gesellschaftskommentator

Denken Sie beim Ausdruck »Gesellschaftskommentator« an ihren betrunkenen Onkel Kurt oder an die klatschsüchtige Nachbarin? Darum geht es hier nicht. Viele Leute müssen heutzutage geschulte Gesellschaftskommentatoren sein, zum Beispiel politische Beobachter, Pressesprecher, Werbefachleute, Gastgeber und Produzenten von Talkshows, Journalisten, Soziologieprofessoren und deren Studenten. Ich behaupte nicht, daß Kenntnisse in Physiognomik das einzige ist, was man in diesen interessanten Berufen braucht. Aber Sie leisten in jedem dieser Berufe mehr, wenn Sie Gesichter deuten können.

In unserer Kultur und in den Medien wimmelt es von bekannten Unterhaltungskünstlern, Politikern oder Stars. Die Physiognomik zeigt Ihnen einen ganz neuen Weg, berühmte Gesichter zu analysieren. Suchen Sie nach den wahren Talenten und Schwachstellen einer Berühmtheit! Diese Art Jagd macht Spaß; denn PR-Spezialisten wollen den Stars ein ganz bestimmtes Image vermitteln, und Sie durchschauen ihre Taktik.

Immer wieder lesen Sie Geschichten über einen neuen »glücklichen« oder »erfolgreichen« Star, auf dessen Foto die Kurve des unteren Augenlids ein historisches Tief erreicht. Beliebt sind auch Storys über die allergrößten »Sexsymbole« (jede Zeitschrift feiert jemand anders). Schauen Sie sich das Foto an, und untersuchen Sie die Gesichtsmerkmale. Heutzutage hat Herr Sexy eine sehr ausgeprägte Oberlippe und (wenn er über 30 ist) mindestens ein Grübchen. Wahrscheinlich besitzt er einen Macho-Höcker, anliegende Ohren und untere Augenlider, deren maximale Krümmung auf einer Skala von 1 bis 10 den Wert 2 erreicht. Wenn er einen Schnurrbart trägt, rahmt er wahrscheinlich die Oberlippe ein, verbirgt sie aber nicht.

Was sagt uns das ständige Kommen und Gehen der Stars? Als Gesellschaftskommentator denken Sie darüber nach und überlegen sich, wie Sie mit Ihren Fähigkeiten nicht nur Spaß haben, sondern auch Geld verdienen können:

- Viele Werbestrategen engagieren Models, deren Gesicht der Botschaft widerspricht, die sie vermitteln sollen. Es lohnt sich also, Sie anzuheuern, um herauszufinden, welche Models die Aussage der Werbung unterstützen. Schreiben Sie einige gute Kommentare zu bereits laufenden Werbefeldzügen, und bitten Sie um ein Gespräch mit einem Manager der größten Werbeagentur in Ihrer Umgebung. Machen Sie ihm klar, was Sie zu bieten haben.

- Erweitern Sie Ihren Klientenstamm. Schreiben Sie für die Lokalzeitung einen Artikel über das Gesicht berühmter Leute, und erwähnen Sie am Ende Ihre diversen Dienstleistungen. In der Regel druckt die Zeitung Ihre Telefonnummer nicht ab; sie stellt Sie jedoch als Physiognom und Berater vor und nennt Ihren Wohnort.
- Gefällt Ihnen ein Chatroom im Internet besonders gut? Auch dort können Sie ein paar Kommentare von sich geben und ihren Service anbieten.
- Bewerben Sie sich als Gastredner an Schulen und Volkshochschulen, und halten Sie einen interessanten Vortrag, der die Zuhörer nachdenklich macht. Anschließend verteilen Sie Ihre Visitenkarten.
- Wenn Sie für eine gemeinnützige Organisation arbeiten, können Sie als Gesellschaftskommentator Spendengelder sammeln. Als Gesichtsdeuter wissen Sie natürlich, wie Sie Ihr Anliegen einem potentiellen Mäzen schmackhaft machen. Das Gesicht verrät Ihnen, was den edlen Spender am meisten beeindruckt, und wenn Sie sich auf dieses Feld konzentrieren, sind Sie gegenüber Ihren Mitbewerbern im Vorteil.

Wie Sie sehen, können Sie Ihr Wissen als Gesellschaftskommentator tatsächlich praktisch anwenden. Wenn Sie sozusagen im weiten Feld der Public Relations arbeiten, zahlen Ihre Kenntnisse sich aus. Natürlich sollten Sie keine abfälligen Bemerkungen über andere Leute veröffentlichen. Weisen Sie statt dessen auf Talente hin und nennen Sie mögliche Probleme.

Wenn Sie nicht nur Ihren Spaß haben, sondern auch Geld verdienen wollen, dürfen Sie Ihre Dienste nicht verschenken. Manchmal können Sie kostenlos vorführen, was Sie zu bieten haben; aber Sie sollten immer Ihre Visitenkarte bei sich haben und sie potentiellen Klienten überreichen.

Gründen Sie ein Geschäft

Es ist nicht schwer, ein kleines Geschäft zu gründen, vor allem wenn Sie als Teilzeitphysiognom anfangen. Überlegen Sie, in welcher Form Sie auftreten wollen und welche Kosten Sie von der Steuer absetzen können. Ein Steuerberater kann Ihnen dazu wertvolle Tips geben.

Im Internet finden Sie ebenfalls nützliche Anregungen für Geschäftsgründer, ebenso in einer guten Buchhandlung oder in der örtlichen Bibliothek. Außerdem sollten Sie folgende Punkte beachten:

- Bieten Sie eine Spezialität an, die Sie wirklich interessiert. Wählen Sie einen Vorschlag aus diesem Kapitel aus, oder erfinden Sie etwas Neues.
- Analysieren Sie Ihre Zielgruppe. Wer wird Ihr Klient sein? Wie kommen Sie an diese Leute heran?
- Legen Sie genau fest, welchen Service Sie anbieten und was Sie dafür verlangen. Meist ist es sinnvoll, mehrere Angebote zu unterschiedlichen Preisen zu machen. Manche Leute suchen sich dann das billigste aus, andere bevorzugen grundsätzlich das teuerste.
- Lassen Sie Werbematerial drucken. Anfangs genügt vielleicht eine Visitenkarte, die Ihnen sofort mehr Glaubwürdigkeit und Seriosität verleiht und der Welt verkündet, daß Sie tatsächlich ein selbständiger Physiognom sind.

Beraten Sie einen Klienten nach dem anderen. Helfen Sie den Leuten, ihre Probleme zu lösen, oder lindern Sie ihren Kummer. Erkundigen Sie sich höflich nach ihrem Beruf. Erarbeiten Sie sich einen guten Namen als seriöser, hilfsbereiter Gesichtsdeuter. Dann rollt der Rubel bald von selbst.

Professionelle Gesichtsdeutung

Wie erwerben Sie die Kenntnisse und Fähigkeiten, die Sie als Profi brauchen? Um aus der Gesichtsdeutung einen Beruf machen zu können, müssen Sie wirklich gut sein. Es ist durchaus möglich, dieses Ziel durch Selbststudium zu erreichen. Unterschätzen Sie aber den Wert eines Lehrers nicht. Schon ein einfacher zweistündiger Kurs kann Sie sechs Monate weiter voranbringen. Auch eine Einzelstunde mit einem Meister der Gesichtsdeutung ist inspirierend.

Wir alle leisten unseren ganz persönlichen Beitrag für die Gemeinschaft. Vielleicht besteht Ihr Beitrag unter anderem darin, Gesichter zu deuten; oder Sie entdecken in Ihrem eigenen Gesicht etwas, was Sie dazu inspiriert, Ihre Fähigkeiten besser zu nutzen. Einerlei, welchen Beruf Sie haben, Sie helfen den Menschen am besten, wenn Sie Ihre Talente nutzen, und das setzt voraus, daß Sie diese Talente kennen und anerkennen.

Dank

Ich bin dankbar dafür, daß es die Physiognomik gibt, denn sie hat im Laufe von Jahrtausenden vielen Menschen (unter anderem auch mir) geholfen. Sie macht uns auf einen Aspekt des Lebens aufmerksam, der meist vernachlässigt oder ignoriert wird, und sie verbessert die Kommunikation. Seit 1971 unterrichte ich Persönlichkeitsentwicklung und bin daher gut mit den Schattenseiten der Lehrberufe vertraut: Oft herrscht Konkurrenzdenken, Eifersucht und so weiter. Aber meine Kolleginnen und Kollegen auf dem Gebiet der Physiognomik sind großzügig und hilfsbereit.

Zu den Menschen, deren Güte ich nie vergessen werde, gehören R. Neville Johnston, Carl Wagner, June Canoles, Joanna Brandt und natürlich Narayan-Sing. Hätte ich einen anderen gebeten, ein Vorwort für das Buch einer »Konkurrentin« zu schreiben, wäre dieser wohl entrüstet gewesen. Narayan hingegen und all die anderen hervorragenden Lehrer und Lehrerinnen wissen, daß wir gemeinsam mehr erreichen. Er fragte einfach: »Wie kann ich dir helfen?«

Tausende von Menschen, die mir erlaubten, ihr Gesicht zu deuten, haben ebenfalls zu diesem Buch beigetragen. Das gleiche gilt für Schüler, die bei mir lernten, um Physiognomen zu werden. Ich danke allen, und ich weiß aus eigener Erfahrung, wie verwundbar man sich anfangs fühlt, wenn man körperliche Merkmale so deuten läßt, als wären sie Türen zur Seele. Ich erinnere mich noch gut daran, wie ich unter dem professionellen Blick von Timothy Mar zusammenzuckte, als mein Gesicht zum erstenmal gelesen wurde. Ich hatte das Gefühl, in unbekanntes Wasser zu springen. Ich schwimme gern, und ich erforsche auch gern die Mysterien des Lebens – aber woher weiß ich, daß das Wasser nicht beißend kalt ist?

Eine andere Art Risiko sind jene Leute eingegangen, die mich als Lehrerin oder Entertainerin auf Partys engagiert haben. Da ich aus Platzgründen nicht allen danken kann, greife ich hier nur die heraus, deren Hilfe für mich besonders wichtig war: Deb Weitz, Maureen McCracken, Audrie Smilie, Sam und Martha Ashelman, Sheila Weiner und Juli Verrier. Für ihren Beitrag an diesem Buch – es ist mein fünftes über Physiognomik – gilt mein besonderer Dank der Illustratorin Robin Ludt sowie Amy Patton und Sue und Alex Kramer.

Ich müßte einige Seiten, ja ganze Bücher füllen, um meinem Mann Mitch Weber und meinem Sohn Matt für ihre Inspiration und ihre Unterstützung zu danken. Sie sorgen dafür, daß ich das Lachen nicht vergesse.

Hilfreiche Literatur

Does, Willem van der / Straaten, Peter van: *So bin ich nun mal!* Egoisten, Exzentriker und andere Nervensägen erkennen und erfolgreich ausbremsen. Oesch, Zürich 2008

Dychtwald, Ken: *Körperbwußtsein.* Synthesis, Essen 1981

Feyerer, Gabriele: *Original Indian*Essence®*. Heilwissen der Indianer für unsere Gesundheit. Oesch, Zürich. ISBN 978-3-0350-3017-4

Frank, Kai Uwe: *Altchinesische Heilungswege.* Das Handbuch der fernöstlichen Naturheilkunde. 6. Auflage. Oesch, Zürich. ISBN 3-0350-5021-9

Glass, Lillian: *Ich weiß, was Sie denken!* Vier glasklare Methoden, Menschen zu durchschauen. 6. Auflage. ISBN 978-3-0350-00078-8

dies.: *Mit mir nie wieder!* 10 Methoden, mit Menschen umzugehen, die Ihnen das Leben schwer machen. Oesch, Zürich. ISBN 978-3-0350-0014-6

Hay, Louise L.: *Heile deinen Körper.* Seelisch-geistige Gründe für körperliche Krankheit. Lychow, Berlin 2003

Hürlimann, Gertrud: *Handlesen.* Methodisch aufgebautes astro-chirologisches Lehrbuch. 11. Auflage. Oesch, Zürich. ISBN 978-3-0350-1502-7

Jackson-Main, Peter: *Praktische Irisdiagnose.* Was wir in unseren Augen lesen können. Neue Wege zu Vorsorge, Heilung und Wohlbefinden. Oesch, Zürich. ISBN 978-3-0350-1506-8

Khalsa, Narayan Singh: *Was Gesichter verraten.* Chinesische Physiognomik. Ullstein, Berlin

Lad, Vasant: *Selbstheilung mit Ayurveda.* Das Standardwerk der indischen Heilkunde. Droemer, München

Leibold, Gerhard: *Gesichtsdiagnose.* Schüßler-Salze und ihre praktische Anwendung im Alltag. 2. Auflage. ISBN 978-3-0350-1505-8

ders.: *Das große Handbuch Schüßler-Salze.* Mineralsalze für Gesundheit und ein gutes Leben. Oesch, Zürich. ISBN 978-3-0350-3027-3

Reichle, Franz: *Das Wissen vom Heilen.* Tibetische Medizin. 6., gründlich überarbeitete und erweiterte Neuausgabe. Oesch, Zürich. ISBN 978-3-0350-3010-5

Dr. Andrea Überalls Tibetische Hausapotheke. Die Geheimnisse lebenslanger Gesundheit. 2. Auflage. Oesch, Zürich. ISBN 978-3-0350-3018-1

Wagner, Carl: *Jeder ist einmalig.* Biochemische Konstitutionstypen des Menschen. Fredriksen, München

Wilde, Oscar: *Das Bildnis des Dorian Gray.* Reclam, Leipzig

Personenregister

Die Menschen, die ich in diesem Buch erwähne, sind von unterschiedlicher Herkunft und haben verschiedene Berufe. Alle sind auf ihre Art berühmt, auch wenn Ihnen nicht alle vertraut sein mögen. Beinamen habe ich nur bei einigen Berühmtheiten erwähnt, die man sonst nicht erkennen würde, etwa Billy the Kid.